KB188502

구약성서 형성의 역사 04

태초에:
창조와 제사장 역사

In the Beginning: Creation and the Priestly History
by Robert B. Coote & David R. Ord

Copyright ⓒ 1991 Robert B. Coote & David R. Ord
Korean translation copyright ⓒ 2023 HanulMPlus Inc.

All rights reserved. This Korean edition was published by arrangement with the authors.

이 책의 한국어판 저작권은 저자와의 독점 계약으로 한울엠플러스(주)에 있습니다.
저작권법에 의해 보호를 받는 저작물이므로 무단 전재 및 복제를 금합니다.

구약성서
형성의 역사

04

태초에: 창조와 제사장 역사

IN THE BEGINNING:

Creation and the Priestly History

로버트 쿠트·데이빗 오르드 지음

우택주 옮김

'구약성서 형성의 역사' 제4권으로서
구약성서의 P문서를 다룬 책

한울
아카데미

첫째 날 하나님은 감자를 창조하셨다
둘째 날 하나님은 감자를 창조하셨다
셋째 날 하나님은 또 감자를 창조하셨다
넷째 날과 다섯째 날도 하나님은 감자를 창조하셨다
이제 여섯째 날이 되었다. 왜 하나님은 우리를 창조하셨지? ─내가
당신에게 묻습니다.

— 알렉산더 아스콜도프가 각본을 쓴 Kommissar, 1987(1967) 중에서
우크라이나 유대인 촌락의 땜장이 예핌 마가자닉의 말.

차례

추천의 글

미국 GTU의 은퇴교수인 로버트 쿠트(Robert B. Coote)의 위대한 역작들이 드디어 우리말로 완역되었다. 『성서의 처음 역사(The Bible's First History, 1989)』는 오경의 첫 번째 문서인 'J 문서'가 다윗 왕의 통치를 정당화하기 위해 기록된 문서임을 밝히고 있고, 『여로보암과 혁명의 역사(In Defense of Revolution: The Elohist History, 1991)』를 통해서는 오경의 두 번째 문서인 'E 문서'가 북왕국의 궁정 서기관의 작품으로 여로보암의 입장에서 기록되었음을 알려주고 있다. 또한 『신명기 역사[The Deutronomistic History, 2012 (강의원고)]』는 북왕국 멸망 이후 요시야 시대에 다윗 왕조의 정통성을 잇고 있는 남왕국에 이스라엘에 대한 통치권이 있음을 선전하기 위한 문서였으며, 이번에 번역된 『태초에: 창조와 제사장 역사(In the Beginning: Creation and the Priestly History, 1991)』는 오경의 또 다른 문서인 'P문서'(제사장 문서)를 통해 제사장 그룹의 평소 관심사였던 창조, 안식일, 언약, 할례, 제사 등에 대한 주제들을 상세히 다뤄주고 있다.

이 역서가 주는 좋은 통찰력이 있다면 다음과 같다. 쿠트 교수는 사회과학적 비평방법을 사용하여 'P 문서'를 레위 지파 계열의 두 그룹('예루살렘의 사독계 제사장 그룹'과 '레위 그룹') 사이의 긴장 관계로 해석했으며, 또한 'P 문서'의 저자를 기원전 6세기 페르시아 제국의 후원을 받던 예루살렘의 제사장 집단으로 이해한다. 이들은 토지를 보유한 엘리트 그룹이었고, 넓게는 페르시아 제국에 의존하던 자들이었다고 그들의 정체를 밝히고 있다. 그러면서 쿠트 교수는 'P 문서'의 핵심을 솔로몬이 세운 성전 제사장 직제를 포로기 이후에 부활시켜 가장 철저하고, 가장 강력하게 후원하는 일이었다고 말한다. 오경 형성의 가설인 문서설을 받아들여 'J, E, D, P' 문서들을 사회과학적 관점에서 고찰한 쿠트 교수의 숭고한 노력에 찬사를 보내며, 이 네 권의 책을 사명감으로 여기고 혼신의 힘을 다해 번역한 우택주 교수님의 학문적 열정에 깊은 존경을 표한다. 이 책은 신학자들과 신학생들에게 많은 도전과 성찰의 결과물이 될 것이 분명하며, 이에 이 역서를 추천한다.

소형근 교수(서울신학대학교 구약학)

창조 이야기에 관심이 있다고 생각하는 이들은 많지만, 이 이야기가 태동한 맥락에 대해 진지하게 고민해본 이들은 많을 것 같지 않다. 안타깝지만, 한국 교회의 문화는 그런 진지한 질문을 받아낼 만한 너비와 깊이를 갖추는 일에는 별 관심이 없는 듯하다. 하지만 창세기 1장의 창조 이야기는 왜 성서의 첫머리에 놓이게 되었을까? 누가, 왜 기록했을까? 우리 시대엔 어떻게 읽어야 할까? 창조가 기독교 신앙의 근간이라면, 이런 질문을 진지하게 고민하는 일이 신앙에 도움이 되지 않는다고 쉽게 말하긴 어려울 것이다. 이런 질문이 장려되지 않는 분위기는, 사실 이런 질문을 다루는 것은, 여느 중요한 질문이 그런 것처럼, 꽤 위험한 일이 될 수 있으며 그 위험한 길을 안전하게 함께할 동반자나 선생이 마땅찮기 때문일 것이다. 하지만 과학 시대를 살아가는 기독교인에게 창세기 1장을 진지하게 이해하는 일은 이제 마냥 회피할 수 있는 일이 아니다. 과학의 영향력은 좋든 싫든 더욱 커질 것이고, 과학이 말하는 '관찰된 세계'와 성서가 말하는 '고백된 세계' 사이의 간극을 조율하는 과제는 더욱 중요해질 수밖에 없다. 특히 과학적 세계관을 깊이 체득한 젊은 세대에 더욱 그렇다.

로버트 쿠트 교수의 『창조와 제사장 역사』는 우리에게 익숙한 창조 이야기를 우리에게 매우 낯선 제사장 집단의 삶, 세계관, 언어 속에서 풀어낸다. 창세기 1장이 제사장 집단의 세계관의 집결체라는 것은 학계의 오랜 정설이다. 그런데 왜 우리는 이에 대한 알기 쉬운 설명을 접하지 못하는 것일까? 이 책은 질서, 제의, 정결 등의 제사장 관점의 핵심어를 통해 창조 이야기의 진짜 모습을 우리 앞에 풀어낸다. 이뿐만 아니라 그렇게 찾은 창조의 의의를 신약성서를 거쳐 우리 시대에까지 끌어온다는 점은 이 책만의 장점이다. 출간된 지 한참이 지난 지금에 와서야 번역된 것이 아쉽지만, 학문적 유산을 현장과 연결하는 이런 종류의 책은 아직까지도 많지 않다. 창조는 익숙하지만 제사장은 낯설고 거부감이 든다면, 바로 이 책을 집어 들기를 권한다. 그 낯선 여정의 끝에 창조 신앙에 숨겨진 여러 얼굴을 만날 수 있을 것이다. 현대를 살아가는 우리의 창세기 독법이 얼마나 본래의 맥락에 이질적인지 깨닫는 것이야말로 창조 신앙의 정수를 재정립해 가는 여정의 첫걸음이 될 것이다.

홍국평 교수(연세대 연합신학대학원)

머리말

이 책은 성서의 처음 네 권을 구성하는 전승들을 설명한 네 번째 책이다. 첫 번째 책은 J(『성서의 처음 역사』), 두 번째 책은 E(『여로보암과 혁명의 역사』), 세 번째 책은 D(『신명기 역사』)였다. 이 책은 성서학자들이 사경(四經) 가운데 P라고 표기하는 제사장 전승이 갖고 있는 기본적 특징을 설명한다.

이 책은 처음 두 권의 책과 두 가지 점이 다르다. 첫째, P를 새롭게 보는 관점을 발전시키기보다는 이미 잘 확립된 가정들을 설명하는 데 주안점을 둔다. 기존 해설은 성서를 연구할 때 아주 다양한 주제를 포함하고 있으나 그들의 상호 관계를 한군데 모아 놓고 설명하거나 제시한 적이 한 번도 없다. 창조, 안식일, 제사 등과 같은 사경의 제사장 전승과 관련된 주제 중에 어느 하나라도 제대로 이해하려면 이 전승의 요점 전부를 기본적으로 충분하게 파악하는 일이 필요하다.

둘째, 이 책은 제사장 전승을 역사적으로 연구한 결과를 설명하기보다는 미국의 기독교 문화가 보여준 관심사를 토론하는 데 기여할 생각으로 집필했다. 성서가 말하듯이 세상이 7일 동안 창조되었다는 것이 대중의 생각이다. 이에 관하여 더 많이 알기를 원하는 사람은 창조 사상을 반박하는 과학 서적들을 읽어볼 수 있다. 그런 책들은 창세기 1장이 말한 대로 세상이 창조된 것이 아니라고 말한다('들어가기'의 더 읽을 글 참조). 그래서 창세기 1장을 설명하는 책이 필요하다. 만일 창세기 1장이 세계 창조를 있는 그대로 묘사한 것이 아니라면 무엇을 말하고 있는가? 이 책은 바로 그런 질문에 대한 완벽하고도 비평적인 답변을 드리려는 것이다. 만일 제사장 역사의 특정한 시점에서 무엇인가를 논의하기를 원하면 그 답변은 곧장 창세기 1장에서 찾을 수 있다. 제사장 저자들은 어쩌면 그렇게 해주기를 원했을 것이다.

각주와 참고문헌은 우리가 여러 학자에게 큰 신세를 졌음을 알려준다. 마빈 체이니 교수는 우리가 준비하고 작성한 원고를 비평적으로 읽고 많은 도움을 주었다. 학생들과 교우들도 비평적인 의견을 나누어주었다. 그 모든 분께 깊은 감사를 드린다. 또 이 책의 색인을 만들어준 나의 아내 폴리 쿠트 교수에게도 감사한 마음을 전한다.

글을 옮기면서

이 책은 오경(五經)의 제사장 전승(P)을 설명합니다. 제사장 전승(P)은 창세기, 출애굽기, 레위기, 민수기를 구성하고 있는 세 가지 전승(J, E, P) 중 가장 마지막에 작성된 것입니다. 저자는 이것을 주전 6세기에 권력과 지위를 박탈당하고 바빌론에 포로로 잡혀간 예루살렘 성전의 제사장들이 작성한 글로 생각합니다. 그래서 그들의 정치사회적 현실에 비추어 창세기 1장의 창조 기사로 시작해서 제사장 직제, 안식일, 식사법, 언약, 할례, 장막, 제사, 사회질서라는 주제들을 차례로 설명합니다. 그리고 이 제사장 전승의 초점인 성전의 운명이 신약성서에서 어떻게 반영 또는 변형되고 있는지 집요하고 일관성 있게 풀이합니다. 저자의 모든 논의가 방대한 지식을 체계적으로 전개하고 있음은 두말할 여지가 없습니다. 이 책의 페이지마다 그런 인상을 줍니다. 특히 구약성서가 1주일을 7일로 계산하는 방식의 기원을 고대 근동의 풍부한 자료를 활용하여 다룰 때는 더욱 그렇습니다.

최근까지 서구의 학자들은 P가 오경의 어느 단락에서 끝나는지(성막 완성을 보도하는 출 40장? 성결법전이 시작되기 직전인 레 16장? 레위기 9장? 민수기 27장? 신명기 34장? 여호수아? 등등) 또 그것은 성결법전(레 17~26장[H])과 어떤 관계를 지니는지 또 P가 마무리된 이후에 추가된 전승(Post-P)을 지적하며 포로후기 제사장 집단의 오경 해석의 여정을 풀이하는 데 집중하는 것 같습니다. 그들의 논의가 오경(과 구약시대 이스라엘의 신앙) 이해에 크게 기여할 것이 분명하고 계속 관심을 기울여야 할 부분입니다.

이러한 학문적 분위기와 달리 이 책은 창세기의 이곳저곳에 흩어져 있고 이어지는 출애굽기 서두 일부와 25~31장, 35~40장, 그리고 레위기 전체(P+H), 민수기 1~10장, 26~36장에 흩어져 있는 P를 한군데 모아 놓고 그것을 전부 창세기 1장에 등장하는 창조의 빛에 비추어 설명합니다. 저자가 목차 앞 페이지에 알렉산더 아스콜도프의 영화 〈콤미사르〉(Kommissar)에 등장하는 우크라이나 유대인 땜장이 예핌 마가자닉이 한 말을 인용한 이유가 여기에 있습니다. 우리가 만일 농부가 되어 감자에 목숨을 걸고 산다면 우리의 창조 이야기는 온통 감자를 만드는 이야기로 가득할 것입니다. 마찬가지로 창세기 1장은 페르시아 시대 예루살렘 제사장 계층이 가진 관심사, 즉 안식일, 짐승 제사, 식사법 등등을 반영하고 있다는 것입니다.

그동안 저는 감리교신학대학교의 임상국 교수와 함께 오경을 구성하는 네 가지 전승(J, E, D, P)에 관한 쿠트 교수님의 저술을 차례로 번역해왔습니다. 처음 두 권(J와 E)은 임상국 교수와 함께 작업했고 나머지 두 권은 사정상 저 혼자 작업했습니다. 하지만 임상국 교수님의 격려와 조언은 그치지 않았습니다. 구약성서를 공부하고 가르치는 우리가 10년 가까이 쿠트 교수님의 글을 번역하면서 함께 나눈 시간은 무엇과도 비길 수 없이 귀합니다. 그중 쿠트 교수님의 마지막 책을 번역하면서 그동안 나누어 주신 임상국 교수님의 열정과 우정에 깊은 감사의 마음을 전합니다.

로버트 쿠트 교수님이 집필한 네 권의 책을 우리말로 옮기는 작업은 마치 위대한 장인(匠人) 앞에 무릎을 꿇고 글자 하나하나를 천천히 배우는 경험이었고 그 이상이었습니다. 저는 개인적으로 그분의 글에 나타난 학문과 사상 그리고 인품과 신앙을 성실하게 배울 수 있어서 너무 소중하고 귀한 시간을 보냈습니다. 쿠트 교수님은 오래전에 출판된 자신의 글에 새로운 참고문헌을 신속히 업데이트해주셨고 본문을 옮길 때 의문이 생겨 질문하면 즉각 답변을 해주시고 지체한 적이 한 번도 없었습니다. 그만큼 성실한 선생님이십니다. 그런 분의 글을 옮기면서 너무나 많은 것을 배웠기에 이보다 더 큰 기쁨과 영예는 없다고 생각합니다. 다시 한번 머리 숙여 스승이면서 동료가 되어주신 저자 로버트 쿠트 교수님께 진심으로 깊은 감사의 마음을 전합니다.

끝으로 네 권의 책을 '구약성서 형성의 역사' 시리즈로 만들어 소개하자는 의견을 내시고 그동안 내내 꼼꼼하게 편집 작업을 진행해주신 한울엠플러스의 김용진 선생님과 외국출판사와 논문 사용계약을 맺느라 애써주신 윤순현 부장님 그리고 김종수 사장님께 진심으로 깊은 감사의 말씀을 드립니다.

- 성서 연구, 이제 다시 시작입니다 -

2023년 봄
우택주

들어가기

창세기 1장은 세상 창조의 과정을 정확하게 기록한 것일까? 이 질문은 성경을 믿고 싶지만 창조 기사가 현대과학의 발견과 모순된다는 정보를 접하는 수많은 사람을 혼란스럽고 당황하게 만든다.

많은 사람은 창세기 1장에 기록된 그대로 세상이 창조되었다는 것이 사실인지 아닌지에 따라 성서의 타당성 여부가 결정된다고 생각한다. 창세기 1장은 하나님이 세상을 6일 동안에 창조했다고 말한다. 그들은 이것을 권위 있는 내용이라고 생각한다. 그들은 성서가 역사적으로나 과학적으로 정확하며 그렇지 않다면 믿을 필요가 없다고 주장한다. 성서의 권위를 놓고 이런 입장을 가진 사람은 오직 하나의 답변만이 가능하다. 즉 동의하든지 반대하든지 하나의 입장만 가능하다. 여러분은 성서를 믿고 있거나 믿지 않거나 둘 중 하나에 속한다.

우리는 본문에 전혀 다른 질문을 던진다. 창세기 1장의 창조 기사가 정확하다고 믿느냐 그렇지 않냐 대신에, 그 기사가 *무슨 의미를 지니는지*를 물어보는 것이다.

의미를 묻는 질문은 창세기 1장에 관한 논의를 역사적·과학적 의미에서 성서가 권위가 있는지 없는지를 물어보는 질문과는 아주 다른 프레임에 놓는다. 그 질문은 단순히 예와 아니오로 대답하는 것보다 상당히 복잡한 답변을 요구한다. 성서는 우리 시대보다 아주 오래전, 우리가 모르는 아주 낯선 장소에서, 우리와 친숙하지 않은 아주 낯선 문화권에서 그리고 현대의 영어나 한글이 아닌 아주 낯선 언어로 기록되었다. 그런데 창세기 1장의 의도가 그것을 처음 기록한 사람이나 우리에게 똑같은 의미를 지닌다고 어떻게 확신할 수 있는가?

현대의 창조 이슈는 우리가 사는 세상과 우주가 어떻게, 언제 존재하게 되었는지를 묻는다. 우리 인간은 시간 의식을 소유하고 있다. 이 순간은 지나간 순간과 다르고 오늘은 어제와 다르며 올해는 작년과 다르다. 마찬가지로 미래는 현재와 다를 것이다. 우리의 시간 개념은 다음과 같은 질문을 던진다. 우리가 시간을 계속 거슬러 올라가면 최종적으로 무엇을 만나는가? 시작은 어디에 있는가? 그때 무슨 일이 일어났는가? 심오한 노력을 기울이지 않더라도 누구든, 심지어 가장 학식이 많은 과학자라도 아무것도 알 수 없는 시간 속에서 헤매고 있을 것이다. 실제로 과학자들은 기원에 관하여 많은 질문을 던진다. 하지만 현재로서는 대답할 길이 전혀 없다. 이것은 특히 '왜?'라는 질문 앞에 그렇다. 그것은 망원경이나 시험관으로 해결될 성질의 것이 아니다. 과학자들은 이 질문들을 제쳐 놓고 자신들이 조사할 수 있는 현실들에 관하여 질문하기를 좋아한다.

창세기 1장의 저자가 창조에 관한 글을 쓸 때 과연 현대 과학자와 똑같은 관심을 가졌을까? 창조의 *방식*(how)과 *시간*(when)이 그의 관심사였을까 아니면 창조 질서가 *왜*(why) 지금과 같은 모습을 지니게 되었는지를 묻고 그런 이슈들에 답하려는 관심을 가졌을까? 마지막 질문은 오늘날 우리가 창조 문제를 다룰 때 전혀 논의한 적이 없는 것들이다.

현대과학이 태초에 대하여 말하기 위해서는 우리가 직접 경험하지 못한 태초의 세상을 우리가 경험한 현재의 세상과 같거나 비교할 수 있다는 가정에서 출발해야 한다. 사람들은 어렵지 않게 이것을 가정한다. 시간은 어느 정도 연속성이 있다고 생각한다. 그것이 합리적이다. 그것은 우리 존재의 일부이기 때문이다. 태초의 묘사는 그것이 아무리 신비롭다고 할지라도 현재 우리가 경험하는 것 그리고 실제로 이해할 수 있는 것으로 제한하는 성향이 있다.

역사가들도 똑같은 한계에 부딪힌다. 과거에 대한 그들의 관점은 불가불 현재에 관한 관점에 영향을 받으며 그것은 증거를 다루는 방식과 역사에서 일차적으로 중요하다고 여기는 일에 영향을 미친다.

잘 알다시피 서로 다른 나라와 문화 속에 사는 사람은 사물을 바라보는 관점이 상당히 다르다. 미국인은 라틴 아메리카, 중국, 중동, 아프리카 사람과 관점이 다르다. 같은 세대라도 다른 사람의 관점을 이해하려면 상당히 긴 시간을 쏟아부어야 한다. 그렇다면 우리와 수천 년이나 동떨어져 있는 사람들의 생각과 느낌을 찾아내는 일은 또 얼마나 어렵겠는가? 우리는 많은 경우 과거에 살았던 사람들이 어떤 생각을 했는지 전혀 알 수 없다. 실상은 앞선 시대에 대해 잘 모르면 모를수록 그 시대에 관한 이야기들은 사실상 현재의 관심사를 말하는 수가 많다. 특히 미지의 태초에 대해서 말할 때 더욱 그렇다. 태초에 관한 이야기를 할 때면 이미 알고 있는 현재에 근거해서 말할 수밖에 없다. 태초와 현재의 연속성을 가정하고 전개하는 모습은 태초에 관한 우리의 관심사도 마찬가지다. 태초를 생각하는 가장 공통된 이유는 현재를 보다 잘 이해하기 위함이다.

과학자와 역사가는 태초에 존재하지 않았다. 창조에 대해 말하려면 이미 알려진 세상을 활용하여 말해야 한다. 마찬가지로 창세기 1장을 쓴 저자도 창조의 순간에는 존재하지 않았다. 그는 우리처럼 자신을 에워싸고 있는 물리적 세계와 생물학적 세계의 역사적 기원에 대하여 아는 것이 하나도 없었다. 그렇다면 그는 무엇에 근거를 두고 창조 이야기를 했을까?

우리는 이 질문을 성서의 권위에 의지하여 대답할 수 있다. 통상적인 대답은 하나님이 창세기 1장의 저자라는 것이다. 그렇게 되면 문제는 믿느냐 믿지 않느냐로 간단해진다. 하지만 "창조 이야기가 무슨 의미를 지니는가?"라고 바꾸어 질문하면 문제는 달라진다. 의미의 맥락으로 보면 저자는 그가 사는 세상에 관심을 두고 있으며 당시의 정치, 사회, 문화적 이슈에 관심을 두고 있음이 분명하다. 창조 이야기는 글이 기록되던 시대에 살던 사람들의 관심사를 이야기하는 하나의 방식이었다. 이렇게 볼 때 창세기 1장과 과학은 하나의 공통점을 지닌다. 둘 다 현재의 것으로 과거를 이야기한다는 사실이다.

과학이든 창세기 1장이든 창조의 관점을 이해하기 위하여 우리는 각각 과거를 기술할 때 현재의 어떤 특징을 활용했는지 물어볼 수 있다. 둘 다 현재는 자체의 문화적·도덕적 특성을 가지며 그 안에서 권력, 권리, 세계관, 권위가 역할을 한다. 과학적 창조관이든 창세기 1장의 창조관이든 진리는 그것이 현재를 얼마나 정당하게 해석하는지 또 우리가 현재를 평가하는 가치 기준은 얼마나 정당한지에 달려 있다.

창세기 1장의 진리에 대하여 논쟁하는 경우를 되돌아보면 이 기사와 성서의 또 다른 창조 기사에 깃들어 있는 가치 기준과 정치에 대해서는 거의 관심을 쏟지 않는다. 창세기 1장의 가치들과 정치적 가정에 대하여 무엇인가를 배우고 나면 당시의 언어로 표현된 진리를 깨달을 수 있다. 아울러 현대의 논쟁에 등장하는 우주론, 고생물학, 지질학, 생물학 등등의 문제를 덧붙이지 않을 수 있다.

성서의 창조 기사들은 과학적 의미의 창조 이야기가 아니다. 그것들의 주요 관심사는 질서, 세계 구조, 순서, 관계를 서술하는 데 있다. 창조 자체가 아니다. 그것들은 서로 다르고 성서의 세계 저 너머에 등장하는 창조 이야기와도 다르다. 그것들은 물리적 세계의 기원을 말하지 않는다. 그것은 삼라만상의 질서 또는 구조를 말한다. 이런 의미에서 창조는 세계의 구조와 질서에 관한 이야기이다. 그런 세계에서는 종교는 물론이고 정치, 경제, 사회적 관계가 각각의 역할을 한다. 그러므로 우리는 하나의 창조가 다른 곳의 것과 비교해서 어떻게 일어났는지를 물을 것이 아니라 저자가 사는 세계의 특정한 질서가 주어진 창조 기사에 내포되어 있는지를 물어보아야 한다.

성서 시대의 다른 장소에서 다른 사람들이 쓰고 읽은 창조 판본들이 여럿 존재한다는 사실은 역사가들에게 잘 알려져 있다. 창세기 1장의 의미를 알기 위해서 우리는 창세기 1장부터 시작하지 않고 그와 유사한 고대의 다른 문헌들로 시작할 것이다. 그것들을 그들의 맥락에서 살피고 창조에 관한 수많은 성서 기사의 역사적 맥락을 살핀 다음에 세상이 어떻게 시작되었는지를 다루는 고대의 모든 창조 기사 중 가장 유명한 기사들이 지닌 본문의 특정한 배경과 역사적 배경을 조사할 것이다. 독자들 상당수는 우리가 다루는 성서 안팎의 문헌과 친숙하지 않으나 그것들은 뒤따르는 설명에 중요한 기초가 되기 때문에 그것들을 많이 인용할 것이다. 이것을 지루하게 여기는 독자도 있을 것이다. 그런 분께는 이 책의 처음 두 장이 전개하는 내용만을 잘 참고 읽어달라는 부탁을 드린다.

여기서 말하는 내용 상당 부분은 이미 기존의 참고문헌과 교과서들에 잘 소개되어 있다. 하지만 그런 글들의 구조는 지금 이 책에서 제시된 것처럼 다루어진 적이 없다. 내용을 잘 아는 분들도 창세기 1장의 창조 기사와 관련짓지 못하는 경우가 많다. 성서의 창조 이야기처럼 친숙한 주제가 여기에서 논의하듯이 전혀 친숙하지 않은 주제와 관련이 있다는 사실을 받아들이기가 어려울 수도 있다.

창조 이야기의 관심사

고대 근동 전통 — 또는 이 문제에 관한 다른 전통 — 에는 일반적으로 물질과 우주 전체가 어떻게 존재했는지를 과학적으로 이해한다는 의미의 일반적인 창조 전통 같은 것은 존재하지 않았다. 특별한 사물이나 상황 또는 상황의 조합이 창조되기는 하지만 사물 전체를 창조하는 것은 아니다.

창조 이야기는 사람의 일상사에 영향을 주는 사물과 상황을 설명한다. 이를테면 치통을 일으키는 원인 같은 것이 될 수 있다. 어떤 아카드어 본문에는 치통을 낫게 하는 주문이 기록되어 있다. 거기에서는 심각한 치통을 일으키는 것으로 생각하는 '벌레' 이야기를 한다. 아누 신이 하늘을 만든 다음에 하늘은 땅을, 땅은 강을, 강은 운하를, 운하는 벌레를 만들었다. 벌레는 에아 신과 샤마쉬 신을 찾아가 무화과와 살구 외에 갉아 먹을 음식을 달라고 간청했다. 신들은 그가 "치아의 피를 빨아먹고" "잇몸의 뿌리를 갉아 먹을 수 있도록" 허락했다.[1] 실제로 큰일, 즉 종합적인 관점을 언급한 창조 이야기들은 사람들의 세

---

1   James B. Pritchard, *Ancient Near Eastern Texts according to the Old Testament*, 2d

계관과 그것이 땅, 사람의 지위, 노동의 역할, 왕권(권력)의 기능, 그리고 신들의 숭배와 무슨 관계가 있는지 담고 있다.

고대 세계에서 글을 쓰는 곳은 궁전과 성전이 있는 거대한 도심지였다. 성전과 궁전은 국가를 대표했고 국가는 부유한 지주계층으로 이루어진 영향력 있는 가문들의 힘을 조직하였다. 성전 봉사를 담당한 서기관 계층과 제사장 계층은 밀접한 관계가 있었다. 그래서 창조에 관하여 말하는 본문들은 이런 궁전과 성전에서 나온다. 성전은 신의 궁전으로, 또는 하늘이나 지하에 사는 신들의 궁전을 본따 지상에 세운 건물로 여겨졌다. 그래서 궁전이나 성전을 표현할 때 종종 '집'이란 단어를 사용한다.

'세상'을 창조한다는 생각은 사람이 생각하는 범위에 달려 있다. 고대 근동의 창조는 특별한 제의적[2] 배경에서 나온 것이므로 지금까지 가장 흔한 창조 개념은 중앙에 도시가 있고 그중에서 가장 중요한 구조물은 성전이라고 생각하는 세상 창조 개념이다. 성전은 우리가 접하는 거의 모든 창조 이야기의 초점이다. 만약 농부에게 세상의 창조 개념이 있다면 거기에는 그들의 '세상'이 반영되어 있을 것이다. 농부나 촌민의 세상은 성전 중심의 국가가 생각하는 세상보다 훨씬 소박하고, 마을과 촌락의 식량 생산과 가족의 안전에 영향을 주는 환경적 조건에 더 많은 초점을 맞출 것이다.

메소포타미아

우리에게 알려진 창조 본문을 이용한 사례는 성전의 세계를 반영한다. 이를테면 바빌론의 신 나부의 성전 정화 예식의 하나로 주문을 암송하기 시작할 때 짧은 이야기가 나온다. 나부는 바빌론 인근의 도시 보르시파의 신이었다. 나

---

ed. (Princeton: Princeton University Press, 1955), 100~101. *ANET*로 약칭.

2   오늘날 대중들이 사용하는 제의(cult)라는 단어는 부정적인 뜻을 지닌다. 그것은 보통 주류 기독교에서 벗어난 종교조직을 가리킨다. 여기서는 이 단어를 종교적 체계를 뜻하는 전문적인 의미로 사용한다.

부 제의가 신 바빌론 제국 시대에 중요해졌을 때 나부는 바빌론의 신 마르둑의 아들이 되었다고 한다. 주문을 시작하는 창조 이야기의 주요 테마는 마르둑이 바빌론의 신 가운데 으뜸이라는 것을 정당화하는 일이다. 이 본문은 아래와 같이 시작한다.

거룩한 집, 거룩한 곳에 세워진 신들의 집은 아직 만들어지지 않았다. 갈대는 자라지 않았고 나무도 창조되지 않았다. 벽돌 하나도 놓이지 않았고 벽돌을 만드는 틀도 만들어지지 않았다. 집이 만들어지지 않았고 도시도 세워지지 않았다. 도시 하나도 만들어지지 않았고 살아있는 생물도 (제자리에) 없었다. 니푸르 도시와 그곳의 성전은 세워지지 않았다. 도시 우룩과 그곳의 성전은 세워지지 않았다. 하부 유프라테스 강의 석호들과 그들의 도시 에리두는 아직 세워지지 않았다. 거룩한 집, 신들의 집, 그 거처는 만들어지지 않았다. 온 땅은 바다였다. 바다에서 샘이 흘러넘쳤다. 그때 에리두가 지어졌고 에사길라가 만들어졌으며[에사길라는 에리두에 있는 에아 또는 엔키의 성전 명칭이었다. 나중에 마르둑은 에아 신의 특징을 많이 취했고 바빌론의 마르둑 성전도 아래처럼 에사길라라고 불렸다], 루갈두쿠가는 에사길라의 기초를 석호들 안에 놓았다. 바빌론이 만들어졌고 에사길라가 완성되었다. 루갈두쿠가는 아누나키 신들을 동등하게 만들었다. 그들은 경건하게 거룩한 도시, 마음의 즐거움의 거처라고 불렀다. 마르둑은 물 표면에 갈대로 틀을 세웠다. 그는 흙을 창조하여 갈대 틀 위에 흙을 부었다. 그는 신들을 마음의 즐거움의 거처에 정착시키려고 인간을 만들었다. 아루루는 마르둑과 함께 인간의 씨앗을 창조했다. 그는 가축과 스텝의 생물들을 창조했다. 그는 티그리스 강과 유프라테스 강을 창조했고 제자리에 두었다. 그는 그들의 이름을 적절히 선포하였다. 그는 풀, 습지의 골풀, 갈대와 나무를 창조하였다. 그는 들판의 곡식, 땅, 습지, 수수밭, 암소와 송아지, 암양과 새끼 양, 사육하는 양, 과수원과 숲, 야생의 양, 양모용 양(?) ...을 창조했다. 주 마르둑은 바닷가에 댐을 쌓아 올렸다; [...] 습지를 ... 존재하게 만든 ... 마른 땅으로 만들었다. 그는 갈대를 창조했고, 그가 창조한 곳에 … 나무를 만들었다. 그는 벽돌을 놓고 벽돌 틀을 지었다. 그는 집을 짓고 도시를 세웠다. 그는 도시를 만들고 그 안에 생명체를 두었다. 그는 니푸르와 성전을 세웠다. 그는 우룩과 성전을 세웠다.[3]

알려진 거의 모든 경우처럼 여기서 세상의 창조는 사실상 제의 즉 국가의 제사장 의식의 창조를 말한다.

이 이야기에 등장하는 많은 요소는 고대 근동에서 제의를 창조하는 이야기에 공통으로 나온다. 특별히 신이 관심 가진 항목들은 창조 이전의 세상의 상태를 묘사한다. 언급된 항목들 ─ 갈대, 나무, 벽돌, 벽돌 틀 ─ 은 진흙 벽돌로 짓는 성전 건축에 필수적인 것들이다. 창조의 질서는 바다로부터 시작되고 창조의 질서가 어지럽혀지지 않도록 바다의 경계선이 설정된다. 가장 힘센 신이 일꾼들을 지휘한다. 그래서 건축에 가담한 핵심 일꾼이 되어 적어도 명목상의 소유권을 가진다. 하지만 실제로는 고용한 일꾼들이나 강제로 동원한 일꾼들이 성전을 지었다. 신은 인간을 창조하여 세상 특히 제의에서 신들을 대신하여 일하고 봉사하도록 만들었다. 신들은 지배계층처럼 그들의 궁전과 성전에서 손을 더럽히는 일은 하지 않는다. 지배계층이 하는 일은 주로 왕실을 위하여 군사원정을 나서거나 제사장 계층을 위해 짐승을 도살하거나 서류작업을 한다. 피조된 짐승들은 제의에 사용하기 위함이었다. 이 모든 것은 문제의 제의, 여기서는 보르시파의 제의를 정화하거나 다시 세우기 위한 준비 작업이거나 동반되는 것들이다.

성전 복구를 지시하는 바빌론의 어떤 제의 본문은 제물과 찬양을 바치도록 요구하고 난 뒤 다음과 같은 내용을 암송한다.

---

3   Alexander Heidel, *The Babylonian Genesis* (Chicago: University of Chicago Press, 1951), 61~63. 번역은 약간 수정함.

아누 신이 하늘을 창조하고 에아가 그의 거처인 압수를 지을 때 에아는 압수에서 진흙을 꺼냈다. 그는 성전들을 복구하기 위해 벽돌의 신 쿨라를 창조했다. 그는 건축 재료를 얻으려고 갈대 습지와 숲을 창조했다. 그는 목수와 대장장이 신들을 창조하여 건축 작업을 끝마쳤다. 그는 무엇이든 [...] 위하여 산과 바다를 창조했다. 그는 금세공, 대장장이, 조각가, 석공의 신들을 창조하여 일을 맡기고 제수용품을 [...] 풍부하게 만들었다. 그는 곡식, 가축, 포도주와 과일의 신들을 창조하여 정기적으로 바치는 제물을 풍부하게 만들었다. 그는 마르둑의 요리사와 잔을 든 자를 창조하여 제물을 바치도록 만들었다. 그는 왕을 창조하여 성전을 관리하도록 만들었다. 그는 인간을 창조하여 신들을 섬기는 일을 수행하게 만들었다.[4]

인간 창조는 에사길라와 그 제의를 창조하는 바빌론 이야기 ― 처음에 등장하는 두 단어, *에누마 엘리쉬*로 부름 ― 에 거의 완벽하게 상세히 설명되어 있다. 바빌론어로 이 단어들은 '위에 ...할 때(when above)'를 뜻한다. 창세기 1장을 포함하여 다른 고대의 창조 이야기들처럼 이 이야기는 여덟 줄 길이의 삽입어구 '...할 때'로 장면의 배경을 시작하고 아홉째 줄에 이르러 비로소 '그때에... '라는 말로 행동 묘사를 시작한다. 이야기 전체는 일곱 개 토판으로 되어 있다. 창조 행위는 이 토판 중 다섯째와 여섯째 토판에 묘사되어 있다.

첫 번째 토판에서 신들 가운데 최초의 부부 ― 담수의 남신 압수와 염수의 여신 티아맛 ― 는 여러 세대에 걸쳐 신들을 낳았다. 여기에 아누, 하늘 신과 에아가 포함된다. 때가 되자 신참 신들은 고참 신들에게 건방지고 귀찮게 굴었다. 압수는 잠을 방해하는 그들을 막으려고 결심했다. 이 계획이 에아에게 새어나갔다. 영리한 신 에아는 압수를 유혹하여 잠들게 만든 뒤 살해했다. 그리고 "압수 위에 그는 거처를 만들고" 자기 아내 담키나에게 들어가 마르둑을 낳았다.

---

4   Heidel, *Babylonian Genesis*, 65~66. 조금 수정한 번역.

마르둑은 영웅 같은 자식이었다. 그가 출생할 때 신들은 흥분하여 소란스러웠고 티아맛을 괴롭혔다. 밤낮으로 압수의 죽음을 받아들이지 못한 티아맛은 드디어 신참 신들과 전쟁할 계획을 세웠다. 티아맛은 무기와 가공할 괴물을 창조하여 그들을 상대로 휘둘렀고 군대의 우두머리로 킹구를 임명하였다.

두 번째 토판이 시작될 때 고참 신 가운데 안샤르는 티아맛과 싸울 대적자를 찾고 있었다. 그는 압수를 치느라 노쇠해진 에아를 부추겼으나 티아맛의 적수가 되지 못했다. 아무도 안샤르의 요청으로 전투에 나섰으나 역시 패배하고 돌아온다. 안샤르에게는 이제 마르둑밖에 없었다. 마르둑은 아버지와 안샤르의 조언을 듣고 순순히 싸움을 하기로 마음먹는다.

세 번째 토판에서 마르둑과 티아맛은 전쟁을 준비한다. 표현된 언어를 보면 신들보다는 집단이나 파벌 싸움을 시사한다.

티아맛은 회의를 소집하고 격노하였다. 모든 신, 심지어는 고참 신들이 그녀와 맞서게 하려고 창조한 신들도 그녀에게로 갔다. 그들은 갈라서서 티아맛의 편으로 갔다. 그들은 분노하며 밤낮으로 쉬지 않고 계책을 세웠다. 그들은 연기를 피우고 격노하면서 투쟁 의지를 다졌다. 그들은 회의를 소집하고 싸울 계획을 세웠다.[5]

이러한 말투는 엘리트 파벌들이 국가의 조세권과 제의적 특권을 두고 다투는 모습을 연상시킨다. 마르둑은 국가를 창조한 신이 아니라 반대파에게 패배할 위협이 닥칠 때 이에 맞서 저항할 권리가 있는 바빌론의 특정 파벌의 대표이다.

네 번째 토판에서는 거대한 전쟁이 일어나고 마르둑이 승리한다. 네 번째 토판 끝과 다섯 번째 토판에서는 우리가 다른 창조 이야기에서 본 것과 같은

---

5   Heidel, *Babylonian Genesis*, 26, 31.

소금 바다를 가리키는 티아맛의 머리와 시체로부터 마르둑이 땅과 하늘의 세상을 창조한다. 상당한 간격을 둔 다음 여섯 번째 토판은 마르둑의 세상에서 누가 일을 할 것인지를 다룬다. 그는 지혜로운 에아가 내놓은 계획을 숙고한 뒤 연로한 전사에게 알린다.

나는 피를 만들고 뼈가 생기게 할 것이다. 그리고 인간을 만들 것이다. '인간'이 그 이름이 될 것이다. 그래, 나는 인간을 창조할 것이다, '인간'을. 그에게 신들이 하던 봉사의 일을 맡길 텐데 그러면 신들은 편안히 쉴 수 있을 것이다.

에아는 마르둑과 좀 다른 계획을 제안했다.

신들의 형제가 구원받도록 하자. 그를 파멸하고 인간을 만들자. 위대한 신들을 이곳에 모으고 반란을 일으킨 죄가 있는 파벌이 구원받도록 하자. 그러나 반역한 다른 신들을 세우자.

마르둑은 반란의 주모자를 처형하자는 생각에 동의했다. 그는 에아의 계획을 실행에 옮겼다.

킹구의 피로 그들은 인간을 창조했다. 에아는 신들의 일을 그들에게 떠맡기고 신들에게 자유를 주었다.

신들은 크게 기뻐하며 자유를 누렸고 세상 질서 한가운데 그들의 자리가 배정되었을 때 그 대가로 마르둑의 부탁을 들어주기로 결정했다.

"그대에게 우리가 감사하다는 표시를 어떻게 할까요? 오라, 우리가 '성소'라고 부르는 것을 짓자. 그곳이 밤에 우리의 휴식하는 거처가 될 것이[이야기 서두에 압수와 티아맛이 신참 신들이 일으킨 소란 때문에 잠들기 어려웠던 것을 인유(引喩)하고 있음]. 오라, 우리가 그 안에서 편히 휴식할 것이다. 거기서 우리는 뒤로 편히 기대어 앉는 의자6를 놓을 연단을 세우자. 축제가 열리는 날 도착하여 우리가 거기서 휴식하자."

마르둑이 이 소리를 듣고 얼굴빛이 마치 대낮같이 환히 빛나면서 말했다. "바빌론에 여러분이 원하는 건축물을 지읍시다. 벽돌 건물을 짓고 그것을 성소라고 부릅시다."

신들은 괭이로 땅을 팠다. 첫해에 그들은 벽돌을 만들었다. 둘째 해가 되었을 때 그들은 에사길라의 꼭대기를 하늘 높이, 하늘 위에 있는 우주의 물과 같은 높이로 세웠다. 압수의 높은 탑을 건축한 뒤 그들은 그 안에 마르둑, 엔릴, 에아를 위해 거처를 지었다. 그는 근엄한 모습으로 그들 앞에 앉았다.7

여섯 번째 토판의 결론과 일곱 번째 토판 전체가 신들은 자신들을 숭배하는 예배당을 건축하고 그들 앞의 보좌에 앉은 마르둑을 찬양하라고 선포한다. 그리고 그의 이름이나 별칭을 오십 가지나 나열하여 신 가운데에서 가장 위대한 신으로 치켜세운다. 그렇게 해서 바빌론의 마르둑 제의를 세상의 중심으로 삼는다.

인간의 창조를 비슷하게 묘사하는 또 다른 바빌론 본문은 *아트라하시스*(*Atrahasis*) 서사시이다. 아트라하시스는 이야기 속에 등장하는 영웅의 이름이며 노아처럼 대홍수에서 살아남은 사람이다. 그것은 온전한 의미의 창조 이야기는 아니지만 인간을 창조하여 신들을 노동으로부터 구원하는 방식으로 전개된다는 점에서 비슷하다. 더구나 인간 창조를 출생 과정을 통해 묘사하므로 그것은 제의와 그것이 '아이를 갖는 여인과 갖지 못하는 여인'에 대한 관계에

---

6   당시에 흔한 가구가 아니다.

7   Heidel, *Babylonian Genesis*, 46~49.

관심을 가진다. 이 본문은 "(나중의) 인간처럼 신들이 높은 신들을 위해 노동을 하고 땀을 흘렸을 때 …"라는 문장으로 시작한다. 상급 신들을 위해 노동을 하는 하급 신들은 처지에 불만을 품고 반란을 일으켰다. 에아가 계획을 하나 내놓았다. 신들의 반란을 일으킨 주동자는 처형하고 그의 피를 진흙과 섞은 뒤 그렇게 섞은 혼합물로 사람을 창조하자는 것이었다. 이 계획은 실행에 옮겨졌다. 다만 임신하고 출산하는 과정을 세우는 방식으로 진행한다. 인간이 창조되었을 때 그들은 예상대로 메소포타미아 제의에 필요한 일들을 담당했다.

> 곡괭이와 삽으로 그들은 성소를 짓고 거대한 운하와 둑을 만들었다. 백성과 신들에게 식량을 공급하기 위해서였다.[8]

훗날 인간의 수가 늘어 신들의 휴식이 방해받자 엔릴 신은 인간에게 역병을 내리기로 결심했다. 에아는 역병의 신을 제외한 모든 신에게 제물을 주지 말라고 인간에게 조언했다. 역병의 신은 활동을 유보했고, 인간은 고통을 당하지 않았다. 인간이 계속해서 휴식을 방해하자 엔릴은 비의 신 아닷에게 비를 내리지 말고 기근을 일으키라고 시켰다. 인간들이 아닷의 제의만 섬기자 그는 슬그머니 비를 내려 인간을 구원해주었다. 마지막으로 엔릴은 다시 가뭄을 명령하면서 어떤 신도 자기 명령을 거역하지 말라고 지시했다. 에아를 섬기던 아트라하시스 왕은 신에게 열심히 간구했다. 에아가 엔릴의 명령을 우습게 만들었을 때 엔릴은 아주 색다르고 급작스런 조치를 하려고 결심했다. 그는 기근을 끝내고 무서운 홍수를 일으키기로 마음먹었다.

이어지는 에피소드는 수백 년에 걸쳐 저 유명한 고대의 길가메쉬 서사시로 알려진다. 에아는 아트라하시스에게 임박한 홍수를 피하라고 경고했고 그는

---

8   W. G. Lambert and A. R. Millard, *Atra-hasis: The Babylonian Story of the Flood* (Oxford: Clarendon Press, 1969), 64~67.

배를 만들어 목숨을 건질 수 있었다. 모든 인간이 대홍수로 거의 죽고 물이 줄어들자 에아는 엔릴을 달래어 인류가 계속 살아갈 수 있도록 조치한다. 그러나 그 수는 예전보다 훨씬 줄어들었다. 줄어든 숫자는 여러 계층의 여성 제사장들에게 자녀를 갖지 말라고 하는 명령으로 말미암아 생겼다.

> *우그밥투 여인들, 엔투 여인들, 이기치투 여인들*을 세우고 그들을 금기로 삼아 출산을 멈추게 하자.[9]

출산을 제한하는 이유는 아마도 국가의 힘 있는 가문들의 재산을 제의로 통제하려는 시도와 상관이 있을 것이다. 또 독신이나 불임의 종교적 개념이 고대 메소포타미아 도시에서 인구조절의 필요를 인식했다는 것을 의미할 가능성도 있다.[10]

엔키(에아)와 닌마의 신화는 똑같은 상황과 관계가 있다. 예전에 신들은 자신들의 제의에서 수고를 해야 했다. 이 본문의 서두는 단편적이다.

> 하늘이 땅에서 ...하던 그날, 그날 밤, 하늘이 땅에서 ...하던 그해, 운명이 정해진 해, 아눈나 신들이 태어나던 때, 신들의 어머니가 신부가 되던 때, 신들의 어머니들이 ...을 낳을 때, 신들이 목숨을 유지하려고 일하던 때, 모든 신이 서서 일했고 하급 신들은 바구니를 들었다(강제부역을 했다). 운하를 판 흙을 신들은 하랄리에 쌓아두었다. 신들은 그 일에 불평과 불만을 털어놓았다. 그때 가장 지혜롭고 모든 위대한 신들을 지은 자, 엔키는 압수의 빈 공간, 누구도 내부를 본 적 없는 곳에 침대를 놓고 누워서 잠을 자고 있었다.[11]

---

9   Lambert and Millard, 102~103.

10   Anne Drafkorn Kilmer, "The Mesopotamian Concept of Overpopulation and its Solution as Reflected in the Mythology," *Orientalia* 41 (1972), 특히 171~173.

11   Richard Caplice의 번역.

일하는 인간을 창조하여 신들을 쉬게 하는 일과 제의의 관계는 다음의 창조 이야기에 명백하게 나타난다. 곧 말하려는 *우주무아*는 니푸르 도시의 신성한 성전 지역이었다. 세상에 질서가 세워졌을 때 아누난키 신들은 엔릴에게 "우리가 창조할 것이 또 있습니까?"라고 묻는다.

하늘과 땅의 결합, 우주무아에서 두 *람가*(공예의) 신들을 죽이자. 그 피로 인간을 만들자. 평생 신들을 섬기는 일이 그들의 운명이 될 것이다. 도랑을 유지하고, 높이 들림 받은 성소가 되기에 합당한 신들의 처소를 위해 손에 호미와 바구니를 들게 하고, 항상 들과 들을 구분하고 경계선의 도랑물이 올바로 흘러가도록 하며 경계석을 보수하고 땅의 네 곳에 물을 주며 풍성한 식물을 재배하도록 하자, 비를...

여백을 둔 뒤에 본문은 계속 말한다.

경계선을 유지하고 식량창고를 채우고, 아눈나키의 들판이 풍성하게 자라도록 하고 땅의 풍요를 늘리며 신들의 축제를 지키고 신들의 커다란 집에 시원한 물을 붓는 것이 높이 들림 받은 성소에 합당하다.12

수 세기나 일찍 작성된 수메르의 창조 본문도 내용이 유사하다. 그것도 마찬가지로 니푸르 성전이 세워진 질서의 창조를 언급한다.

엔릴이 만물을 빛나게 했을 때 주, 엔릴은 운명을 변함없이 결정하여 땅의 씨앗이 나오고 그는 서둘러 하늘과 땅을 분리시켜 씨앗이 땅에서 자라게 하였고 우주무아가 최초의 인간이 태어나도록 만들었다. 그가 두란키에13 난 상처를 싸매

---

12   Heidel, *Babylonian Genesis*, 68~70.

고 거기에 괭이를 놓자 날이 밝았다. 그는 일감을 배정했고...운반하는 바구니에 손을 뻗었다. 그리고 괭이를 찬미하면서 우주무아로 갖고 왔다. 그는 첫 번째 인간을 (고랑)에 두었다. 엔릴은 사람에게 은혜를 베풀었고... 사람들은 괭이를 손에 쥐었다.[14]

이집트

고대 세계에 기록으로 전해지는 창조 이야기는 전부 창조와 제의의 관계가 똑같이 나타난다. 고대 근동 문헌 가운데 메소포타미아의 것과 쌍벽을 이루는 이집트 문헌에서도 그것을 볼 수 있다. 창조 사상을 사용한 어느 이집트 제의는 귀인이 사후의 생에 드리는 제의였다. 대다수 이집트인은 세상을 창조한 신을 아툼이라고 생각했다. 왕에게 피라미드를 바치는 초기 제의를 기록한 본문에서는 피라미드를 보호하는 일을 물 가운데 솟아오르는 언덕으로 세상을 창조하는 일과 비교한다.

아툼이여, 당신은 (최초의) 언덕 위에 높이 계셨습니다. 당신은 헬리오폴리스의 성전의 거룩한 돌로 만든 거룩한 새처럼 (신성한 성소의 돌로부터) 일어섰습니다. 당신은 공기의 신을 내뱉고 소리를 내며 습기의 여신을 내보냈습니다. 당신은 그들을 팔로 감싸고 ...그래서 이 (죽은) 왕, 이 건축물, 이 피라미드를 팔로 감쌌습니다.[15]

---

13   두란키는 '하늘과 땅의 결합'을 의미하며 우주무아처럼 니푸르의 성전 지역을 가르킨다. Tikva Frymer-Kenski, "The Planting of Man: A Study in Biblical Imagery," in *Love and Death in the Ancient Near East: Essays in Honor of Marvin H. Pope*, eds. John H. Marks and Robert M. Good, (Guilford, Conn.: Four Quaters Publishing Company, 1987), 129~136, 특히 130~131 참조.

14   G. Pettinato, *Das altorientalische Menschenbild und die sumerischen und akkadischen Schöpfungsmythen* (Heidelberg: Carl Winter, 1971), 31, 82~85.

15   *ANET*, 3 (일부 수정).

일찍이 창조를 언급한 다른 이집트 문헌도 창조와 제의가 연관이 있음을 명백하게 말한다. 이것은 창세기 1장을 작성한 시기보다 천오백 년이나 빠른 기원전 2200년경의 어느 통치자가 아들에게 준 가르침 속에 들어 있다.

신의 가축, 사람들은 가르침을 잘 받았다. 그분은 하늘과 땅을 그들이 바라는 대로 지었고 물속 괴물을 격퇴하였다. 그분은 그들의 코에 생명의 숨을 만들었다. 그분의 몸에서 나온 그들은 모양새가 그분과 같다. 그분은 그들이 바라는 대로 하늘에서 일어선다. 그는 그들을 위해 식물, 짐승, 가축, 물고기를 만들어 그들을 먹였다. 그는 원수를 도륙하고 자기 자식들에게 상처를 입힌다. 그들이 반역하려고 생각했기 때문이다. 그는 그들이 바라는 대로 낮의 빛을 만든다. ....그는 그들 주변에 성소를 세웠고 그들이 울 때 듣는다.[16]

그러나 주요 창조 본문은 고대 이집트의 주요 제의장소인 멤피스와 테베에서 나온다. 최초의 이집트 제의 중심지, 또는 수도는 멤피스였다. 그곳은 상부 이집트와 하부 이집트를 최초로 다스린 도시였다. 멤피스에서는 신 프타가 생각하는 행위(부자에게 어울리는 개념)로 창조한다는 개념이 나왔다. 프타는 세상을 마음속으로 생각하고 그 생각을 말로 뱉어 존재하게 만들었다. 그것은 무려 이천 년 뒤에 등장하는 창세기 1장의 하나님의 모습과 같다. 창조의 자리, 멤피스는 '두 개의 땅이 연합하는 곳'이고 프타의 성전은 '상부 이집트와 하부 이집트의 무게를 다는 추'로 묘사되었다.[17] 위대한 신 아툼을 창조한 존재도 바로 프타였다.

아툼의 모습으로 심장이 생겼고 혀가 생겼다. 위대하고 전능한 자는 프타이

---

16   *ANET*, 417.

17   *ANET*, 4.

다. 그는 생각을 통해 모든 신에게 생명과 활력을 전해주었다. 그렇게 해서 호루스는 프타가 되었고[즉, 호루스는 생각의 속성을 지녔다] 그의 혀를 통해 토트는 프타[연설의 속성을 지녔다]가 되었다. 그래서 생각과 혀는 몸체의 각 기관을 통제하게 되었고 이로써 프타는 모든 신, 모든 사람, 모든 가축, 모든 기어다니는 것, 살아있는 모든 것의 몸과 입에 있다고 가르치며 그가 원하는 모든 것을 생각하고 명령한다. ...프타가 "모든 것을 만들었고 신들을 존재하게 만들었다"라고 말한다. 그는 실제로 신들을 낳은 분이며 만물, 음식과 공급, 신들의 제물, 각종 좋은 것...들이 그로 말미암아 나왔다.

　　그는 신들을 만들었고 도시들을 세웠으며 행정구역을 창설했고 신들을 성소에 두었고 제물을 확립했고 성소를 세웠으며 그들의 몸을 생각이 만족스럽게 여기는 대로 만들었다. 그래서 신들은 각종 양모, 돌, 진흙 또는 성장하는 땅, 프타 위에 자라는 모든 것의 몸 안에 들어갔다.[18]

이 창조 기사에서는 명령이란 단어가 중요한 역할을 하고 명령을 통해 통치와 행정구역을 창조한다. 각 구역에는 행정관 역할을 하는 여러 지역 신들이 수많이 자리를 차지하고 지역주민의 농산물을 공급받는다. 생각과 입에서 나온 명령이 중요하나 어떤 사람의 명령은 다른 이의 것보다 더 중요하다. 가장 중요한 명령은 멤피스의 통치자와 제사장들에게서 나온다.

훗날 신 왕국 시기에 테베에는 엄청나게 큰 성전과 함께 새로운 수도가 세워진다. 당시 테베의 통치자들이 보기에 가장 중요한 명령은 더 이상 멤피스나 이 본문이 작성되던 시기의 아마르나에서 나오지 않았다. 그것은 카르낙의 거대한 신전과 성소들이 있는 테베에서 나왔다. 테베의 최고신은 아몬-레였다. 스물여덟 줄의 시문 중 하나는 도시와 수호신에 관해서 다음과 같이 적고 있다.

18　*ANET*, 4~6, 발췌하고 약간 수정함.

질서가 더욱 잘 세워진 곳은 다른 도시가 아니라 테베이다. 물과 땅은 태초부터 그녀의 안에 있었다. 모래가 들판의 경계를 지우고 (최초의) 언덕 위에 그녀의 땅을 창조하였다. 그래서 땅이 존재하게 되었다. 그리고 사람들이 그 안에 생겼고 그녀의 진짜 이름을 지닌 모든 도시를 세웠다. 이는 그들이 테베, 즉 레의 눈의 관리를 받는 경우에만 '도시'라고 부를 수 있기 때문이다. 그 웅장함은 건전한 눈이요 은혜로운 눈으로 임하여 땅에 생명력을 공급하고, 카르낙 근처 이쉬루라고 일컬어지는 성소에 두 개의 땅의 여인, 세크메트와 같은 모습으로 휴식하면서 앉아 있다. 사람들은 "테베라는 이름을 지닌 그녀는 참으로 부유하다"라고 말한다.[19]

우가릿

창조 기사와 제의의 관계를 보여주는 고대 근동의 사례를 더 많이 인용할 수 있으나 하나만 더 인용해보자. 그것은 앞에서 살펴본 것보다 어떤 면에서 성서와 훨씬 더 밀접한 관련이 있다. 이 기사는 오늘날 시리아의 지중해안에 위치하고 예루살렘에서 북쪽으로 이백 마일 떨어져 있는 우가릿이란 도시에서 나온 것이다. 언어와 주제는 성서에 있는 창조 기사와 상당히 유사하다.

바알 이야기는 바알의 주인, 족장 모습의 엘로 시작한다. 그는 신성한 장막에서 열린 신들의 회의 맨 앞에 앉아 있다. 티아맛과 비슷한 얌 또는 바다의 신이 보낸 사자들이 도착하여 엘에게 바알을 바다(얌)에게 넘기라고 요구한다. 그래서 그는 "자기 소유라고 주장한다."[20] 이런 일이 벌어지면 바알이 서 있는 궁전의 원칙과 왕조 계승의 통치가 세워지지 않을 것이다. 사실 바닷물을 머금은 땅에서는 농작물이 자랄 수 없으므로 바다가 다스리면 번영할 수 있을지

---

19 ANET, 8. 수정함.
20 바알 이야기의 번역은 Michael David Coogan, *Stories from Ancient Canaan* (Philadelphia: Westminster Press, 1978), 86~115에서 인용함.

불확실하고 또 하늘에서 비를 내려 신선한 물로 땅의 비옥함을 대표하는 바알이 땅에 풍요를 가져올지도 불확실해진다. 우가릿은 상업 국가이므로 지역 농산물을 중요하게 취급해야 한다.

바알의 측근 가운데 공예의 신이 바알의 승리를 예고했다.

> 구름을 타는 자여, 거듭 말합니다.
> 보십시오, 바알이여, 당신의 적을.
> 보십시오, 당신은 적을 죽일 것입니다.
> 보십시오, 당신은 원수를 섬멸할 것입니다.
> 당신은 영원히 왕이 될 것이고,
> 당신의 나라는 영원무궁할 것입니다.

공예의 신은 바알이 운전자와 추격자라고 부르는 두 개의 마술 방망이를 만들었다. "운전자여, 바다를 보좌에서 끌어내라. 추격자여, 바다를 보좌에서 추격하라." 바알은 이것들을 사용하여 바다를 죽인다. 이제 젊은 바알은 자기 집을 갖기 원한다. 다른 신들은 바알을 위해 로비하고 바알은 드디어 엘을 설득하여 자기 집을 짓는 일을 허락받는다. 또다시 공예의 신이 나선다. 그는 엄청난 금, 은, 귀한 목재로 덮개, 긴 의자, 화려한 연단과 보좌, 식탁과 그릇들을 만든다. 성전이 완공되었을 때,

> 정복자 바알은 기뻤다.
> "내가 은으로 집을
> 금으로 궁전을 지었다."
> 바알은 집을 마련했고
> 하닷[바알]은 궁전 안에 준비물들을 만들었다.
> 그는 황소를 도살하고

양,

황소들, 살진 숫양들

한 살배기 송아지들을 잡았다.

그는 어린 양과 염소 새끼들을 목을 졸라 죽였다.

그는 형제들을 집으로 초대했다.

궁전으로 사촌들을.

아세라의 아들 칠십 명을 초대했다.

그는 신들에게 양을 주었다.

그는 신들에게 암양들을 주었다.

그는 신들에게 황소들을 주었다.

그는 신들에게 자리를 주었다.

그는 신들에게 보좌를 주었다.

그는 신들에게 포도주 한 단지를 주었다.

그는 신들과 여신들에게 포도주 한 통을 주었다.

그는 날카로운 칼로 살진 가슴 부위 고기를 잘랐다.

그들은 큰 잔으로 포도주를 마셨다.

붉은 포도주를 황금 잔으로 …

바알은 육십육 곳의 도시를 무너뜨렸다,

칠십칠 곳의 작은 도시를.

바알은 팔십 곳을 약탈했다,

바알은 구십 곳을 약탈했다.

그리고 바알은 자기 집으로 돌아갔다.

바알은 신들의 먹거리 공급을 제도화했고 나중에 우가릿 왕국의 제의로 실행되었다. 이렇게 지원을 받은 바알은 백여 곳의 작은 도시와 촌락 그리고 촌락 노동자들을 붙잡았다. 우가릿 왕은 그들을 다스리고 그들의 생산물로 번영을 누렸다.

창조 본문들이 고대 도시의 제의와 깊은 연관이 있다는 사실은 놀라운 일이 아니다. 창조는 신들의 활동이나 기능이다. 창조는 이미 알려진 세상이 본래 신에 의해 생성되었다는 것을 의미한다. 제의는 그 신을 만나서 섬기는 장소와 기회를 제공하고, 또 제의가 그 신이 만든 세상의 중앙에 자리하고 있으므로 '창조'라고 부르는 세계 조성의 이야기는 자연스럽게 제의의 일부가 될 수밖에 없다. 성서도 마찬가지이다.

창조 이야기는 하나가 아니다

사람들은 창세기 1장이 성서의 유일한 창조 기사가 아니라는 사실에 깜짝 놀란다. 성서에는 여러 개의 창조 기사가 있다. 창세기 1장은 유일한 창조 기사가 아니다. 그것은 하나의 창조 기사일 뿐이다. 성서의 서두에 나오기 때문에 가장 유명해진 것이다. 그러나 성서 중에 가장 오래된 창조 기사도 아니고, 성서에서 가장 흔한 창조관을 나타내는 것도 아니다.

출애굽

성서에서 가장 먼저 창조를 언급한 곳은 출애굽기 15장 1~18절이다. 그것은 전쟁 승리를 축하하는 노래이다. 현재 형태는 기원전 10세기 다윗이 다스리던 시기 이전이나 그가 통치하던 중에 작성되었을 것이다. 이 노래는 세 가지 중요한 방식으로 전형적인 성서의 창조 기사에 속한다. 첫째, 창조는 명백히 특정 공동체나 사회의 세계 창조를 언급하는 것으로 이해된다. 둘째, 창조는 특히 하나님이 바다의 물을 물리치거나 하나님이 그 물들을 통제하는 식으로 표현된다. 셋째, 창조 기사는 특정 공동체가 제의에 초점을 두는 일과 창조를 연결시킨다.

> 그가 바로의 병거와 그의 군대를 바다에 던지시니
> 최고의 지휘관들이 홍해에 잠겼고
> 깊은 물이 그들을 덮으니
> 그들이 돌처럼 깊음 속에 가라앉았도다(15:4)
> 주의 콧김에 물이 쌓이되
> 파도가 언덕 같이 일어서고
> 큰물이 바다 가운데 엉기나이다(15:8)
> 주께서 바람을 일으키시매 바다가 그들을 덮으시니
> 그들이 거센 물에 납 같이 잠겼나이다(15:10)

이 노래는 계속해서 백성이 이 하나님의 행동으로 구원받거나 '속량하는' 과정을 묘사한다. 주변 국가의 왕과 백성은 이 백성이 그들의 하나님에게 보호받는 모습을 보고 공포에 사로잡힌다.

> 주의 백성이 통과하기까지
> 곧 주께서 사신 백성이 통과하기까지였나이다(15:16b)

여기서 '사신 (백성)'은 RSV가 '창조된 (백성)'으로 번역한 단어로서 창세기 14장 19절, 22절에서 하나님을 하늘과 땅의 창조주('천지의 주재'-옮긴이)로 묘사할 때 사용한 말과 같은 단어이다.[1] 실제로 성서의 모든 창조 기사처럼 이 최초의 창조 기사는 창조를 제의와 연결시키고 있다.

---

1   새 번역은 '속량한 (백성)'으로 번역함-옮긴이.

주께서 백성을 인도하사 그들을 주의 기업의 산에 심으시리이다

야훼여 이는 주의 처소를 삼으시려고 예비하신 것이라

주여 이것이 주의 손으로 세우신 성소로소이다(15:17)

고대 근동의 다른 창조 기사처럼 이것도 긴 이야기의 일부로서 왕이 다스리는 도성에 희생제의를 세우는 데 기여한다. 그것은 다윗 시대에 작성된 성서의 처음 역사와 통합되었다. 그것은 다윗의 서기관이 다윗 시절의 상대적으로 소박한 장막 제의 특히 다윗 왕의 제의를 예루살렘에 세우고 시내 광야에 순례하여 드리는 제의를 왕궁을 자주 드나들며 다윗의 통치를 지지하는 반유목민들의 전통 속에 수립하려는 시도이다.[2]

성전

다윗은 야훼에게 합당한 성전을 지을 형편이 되지 못했다. 대신 아들 솔로몬이 지었다. 솔로몬의 성전은 다윗 가문이 다스리는 왕조의 예배당이었고 지중해 동부에 전형적으로 나타나는 성전 형태를 지녔다. 그것이 나타내는 하나님 개념은 우가릿의 바알 신화에 등장하는 바알 개념에 가깝다. 솔로몬은 두로에서 청동 기술자를 데려와 성전의 청동 용기와 장식물 공예의 감독을 맡겼다. 그중에는 성전 안에 바다를 상징하기 위해 물을 담아두는 거대한 청동 대야가 있다.

또 바다를 부어 만들었으니 그 직경이 십 규빗이요 그 모양이 둥글며 그 높이는 다섯 규빗이요 주위는 삼십 규빗 줄을 두를 만하며 그 가장자리 아래에는 돌아가며 박이 있는데 매 규빗에 열 개씩 있어서 바다 주위에 둘렸으니 그 박은 바

---

2   Robert B. Coote and David R. Ord, *The Bible's First History* (Minneapolis: Fortress Press, 1989), 『성서의 처음 역사』, 우택주 · 임상국 역 (파주: 한울엠플러스, 2017).

다를 부어 만들 때에 두 줄로 부어 만들었으며 그 바다를 소 열두 마리가 받쳤으니 셋은 북쪽을 향하였으며 셋은 서쪽을 향하였고 셋은 남쪽을 향하였고 셋은 동쪽을 향하였으며 바다를 그 위에 놓았고 소의 뒤에는 다 안으로 두었으며 바다의 두께는 한 손 너비만 하고 그것의 가는 백합화의 양식으로 잔 가와 같이 만들었으니 그 바다에는 이천 밧을 담겠더라 (왕상 7:23~26, RSV)[3]

왕의 성전 제의 개념에서 이 물품은 바알처럼 야훼가 무찌른 바다였다. 시편 29편이 이것을 묘사한다. 그것은 바알 찬양시이며 바알 신의 이름 대신에 야훼를 부르고 찬양하는 데 사용한 시이다.

야훼의 소리가 물 위에 있도다
영광의 하나님이 우렛소리를 내시니
야훼는 많은 물 위에 계시도다
야훼의 소리가 힘 있음이여
야훼의 소리가 위엄차도다…
야훼께서 홍수 때에 좌정하셨음이여
야훼께서 영원하도록 왕으로 좌정하시도다 (29:3~4, 10)

야훼가 우가릿의 바다 신 또는 바빌론의 티아맛 신으로 표현된 바다의 거센 물을 이기고 승리했다는 이 개념은 성서의 다른 글에서 여러 번 축하된다. 여기에는 시편 93편과 95~99편이 포함된다. 이들 모두 제의의 창조는 세계의 창조와 마찬가지이다. 바다를 무찌르는 일이 창조의 선결조건이기 때문이다.

---

3   이 책은 RSV(*Revised Standard Version*)와 NAB(*New American Bible*; New York: P. J. Kenedy and Sons, 1970)를 주로 인용하며 이 표시가 없는 경우는 저자가 직접 번역한 것이다. 그러나 한국어 번역서는 우리나라 독자의 편의를 위해 「개역개정」을 인용했다ㅡ옮긴이.

성서의 바다는 바빌론 신화와 우가릿 문헌처럼 종종 용이나 괴물로 묘사된다. 때로는 같은 단어를 쓰기도 한다. 도시와 제의를 재창조하는 비전을 기술하는 이사야 27장 1절은 우가릿 본문에 등장하는 것과 똑같은 명칭과 별명을 사용하고 있다.

그날에 야훼께서 그의 견고하고 크고 강한 칼로 날랜 뱀 리워야단 곧 꼬불꼬불한 뱀 리워야단을 벌하시며 바다에 있는 용을 죽이시리라.

이 괴물의 또 다른 이름은 '커다란' 자, 라합이었다. 똑같은 사건을 언급한 욥은 이렇게 설명한다.

하나님이 진노를 돌이키지 아니하시나니
라합을 돕는 자들이 그 밑에 굴복하겠거든 (욥 9:13, RSV)

또 비슷한 표현이 있다.

그는 능력으로 바다를 잔잔하게 하며
지혜로 라합을 깨뜨리시며 그의 입김으로 하늘을 맑게 하시고
손으로 날렵한 뱀을 무찌르시나니 (욥 26:12~13)

욥기 끝부분에서 야훼의 창조 행위를 장황하게 묘사할 때도 야훼는 마찬가지 표현을 사용한다.

내가 땅의 기초를 놓을 때에 네가 어디 있었느냐 (욥 38:4)
네가 낚시로 리워야단을 끌어낼 수 있겠느냐
노끈으로 그 혀를 맬 수 있겠느냐 (욥 41:1)

이어서 야훼가 이 바다 괴물을 무찌른다는 내용의 창조 행위를 상세히 묘사한다.

제2 이사야와 포로기

기원전 6세기의 제2 이사야는[4] 예루살렘의 왕실 제의가 창조 사건과 비슷하게 반복되어 다시 수립될 것을 내다보았다.

> 야훼의 팔이여 깨소서 깨소서
> 능력을 베푸소서
> 옛날 옛시대에 깨신 것같이 하소서
> 라합을 저미시고
> 용을 찌르신 이가 어찌 주가 아니시며
> 바다를, 넓고 깊은 물을[5] 말리시고
> 바다 깊은 곳에 길을 내어
> 구속받은 자들을 건너게 하신 이가
> 어찌 주가 아니시니이까
> 야훼께 구속받은 자들이 돌아와
> 노래하며 시온으로 돌아오니 (사 51:9~11)

특히 기원전 6세기에 예루살렘의 왕실 제의가 무너지고 파괴된 사실을 탄식하는 시편들에는 이와 유사한 표현들이 많이 나타난다.

---

4   제2 이사야는 이사야서 안에 기원전 8세기에 예루살렘에서 활동한 예언자 이사야가 1~33장을 기록한 것과 달리 기원전 539년 바빌론에 거주하는 유다인 예언자가 기록한 이사야서를 가리킨다. 그의 이름은 알려지지 않고 마치 이사야가 직접 작성한 것처럼 되어 있다. 이사야 40~55장과 34~35장이 여기에 해당한다.

5   히브리어 *테홈*(tehom)은 바빌론의 *티아맛*(Tiamat)과 동족어이다.

하나님이여 물들이 주를 보았나이다

물들이 주를 보고 두려워하며

깊음도 진동하였고

구름이 물을 쏟고 궁창이 소리를 내며

주의 화살도 날아갔나이다

회오리바람 중에 주의 우렛소리가 있으며

번개가 세계를 비추며

땅이 흔들리고 움직였나이다

주의 길은 바다에 있었고

주의 곧은길이 큰물에 있었으나

주의 발자취를 알 수 없었나이다

주의 백성을 양떼 같이

모세와 아론의 손으로 인도하셨나이다 (시 77:16~20)

주께서 주의 능력으로 바다를 나누시고

물 가운데 용들의 머리를 깨뜨리셨으며

리워야단의 머리를 부수시고

그것을 [사막에 사는 자에게] 음식으로 주셨으며

주께서 바위를 쪼개어 큰물을 내시며

주께서 늘 흐르는 강들을 마르게 하셨나이다

낮도 주의 것이요, 밤도 주의 것이라

주께서 빛과 해를 마련하셨으며 주께서 땅의 경계를 정하시며

주께서 여름과 겨울을 만드셨나이다 (시 74:13~17)

마지막 기사에서 제의를 위해 바다를 무찌르는 일이 어떻게 모든 세상의 창
조보다 먼저 일어나는지를 주목하라. 마지막 줄은 계절 변화보다 팔레스타인

의 9월을 기준으로 보통 건기와 우기가 바뀌는 것을 조직했다는 말이다.

시 89편에 또 다른 사례가 나타난다.

> 야훼여 주의 기이한 일을 하늘이 찬양할 것이요
> 주의 성실도 거룩한 자들의 모임 가운데에서 찬양하리이다
> 주께서 바다의 파도를 다스리시며
> 그 파도가 일어날 때에 잔잔하게 하시나이다
> 주께서 라합을 죽임당한 자 같이 깨뜨리시고
> 주의 원수를 주의 능력의 팔로 흩으셨나이다
> 하늘이 주의 것이요 땅도 주의 것이라
> 세계와 그중에 충만한 것을 주께서 건설하셨나이다 (시 89:5, 9~11)

이 구절들은 시인이 환란을 당한 다윗 가문에게 하나님께서 긍휼을 베풀어 달라고 간청하는 시 78편의 서두에 속한다. 이 노래가 작성되기 전 성전 제의는 사백 년간 지속된 것으로 추정된다. 야훼는 이어서 다음과 같이 약속한다.

> 내가 나의 거룩함으로 한 번 맹세하였은즉
> 다윗에게 거짓말을 하지 아니할 것이라
> 그의 후손이 장구하고 그의 왕위는 해 같이 내 앞에 항상 있으며
> 또 궁창의 확실한 증인인 달 같이
> 영원히 견고하게 되리라 하셨도다 (시 78:35~37)

예레미야와 아모스

다윗 가문의 안정성은 창조의 안정성 자체로 확보된다. 이런 사상은 예레미야 31장 35~37절과 33장 19~22절에 언급된 창조와 비슷하다. 거기에 함축된 창조 기사는 창세기 1장과 아주 비슷하다.

야훼께서 이와 같이 말씀하셨느니라

그는 해를 낮의 빛으로 주셨고

달과 별들을 밤의 빛으로 정하였고

바다를 뒤흔들어 그 파도로 소리치게 하나니

그의 이름은 만군의 야훼니라

"이 법도가 내 앞에서 폐할진대

이스라엘 자손도 내 앞에서 끊어져

영원히 나라가 되지 못하리라"

야훼의 말씀이니라

야훼께서 이와 같이 말씀하시니라

"위에 있는 하늘을 측량할 수 있으며

밑에 있는 땅의 기초를 탐지할 수 있다면

내가 이스라엘 자손이 행한 모든 일로 말미암아

그들을 다 버리리라" 야훼의 말씀이니라 (렘 31:35~37)

야훼의 말씀이 예레미야에게 임하니라

"야훼께서 이와 같이 말씀하시니라 너희가 능히 낮에 대한 나의 언약과 밤에 대한 나의 언약을 깨뜨려 주야로 그 때를 잃게 할 수 있을진대 내 종 다윗에게 세운 나의 언약도 깨뜨려 그에게 그의 자리에 앉아 다스릴 아들이 없게 할 수 있겠으며 …하늘의 만상은 셀 수 없으며 바다의 모래는 측량할 수 없나니 내가 그와 같이 내 종 다윗의 자손과 …을 번성하게 하리라" 하시니라 (렘 33:19~22)

아모스서에서도 비슷한 이미지를 사용한다. 아모스서의 기원전 7세기 편집본에서[6] 예루살렘을 한 번 더 가리킨다.

---

6   이 편집본을 아모스 B라고 부른다. 거의 모든 성서처럼 아모스는 긴 시간에 걸쳐 작성되었

보라 산들을 지으며

바람을 창조하며

자기 뜻을 사람에게 보이며

아침을 어둡게 하며

땅의 높은 데를 밟는 이는

그의 이름이 만군의 하나님 야훼시니라 (암 4:13)

묘성과 삼성을 만드시며

사망의 그늘을 아침으로 바꾸시고

낮을 어두운 밤으로 바꾸시며

바닷물을 불러 지면에 쏟으시는 이를 찾으라

그의 이름은 야훼시니라 (암 5:8)

회복된 창조는 뒤집혀진 창조이기도 하다. 예레미야 4장 23~26절의 비전은 당대의 불의에 대한 야훼의 응답으로 세계 질서가 혼돈으로 바뀌었다고 본다.

보라 내가 땅을 본즉 혼돈하고 공허하며

하늘에는 빛이 없으며

다. 내용 대부분은 기원전 8세기에 살았던 예언자 아모스가 한 말이다. 아모스서의 곳곳에서는 서로 다른 시대와 장소에 관심을 기울이는 내용을 반영하는 식으로 기록되었다. 아모스 A는 8세기 사마리아의 지배계층을 탄핵하는 연설들이다. 아모스 B는 예루살렘 북쪽에 위치한 벧엘의 이스라엘 제의와 관계된 연설과 사건을 언급한다. 이 연설과 사건 일부는 아모스가 작성했고 일부는 7세기에 예루살렘 서기관이 작성했다. 그것들이 아모스서에 포함된 까닭은 아모스의 관심사를 반영하고 있을 뿐만 아니라 7세기 후반 유다 왕 요시야 시절에 예루살렘 통치자들이 벧엘을 향해 가졌던 적대감을 표현하기 때문이다. Robert B. Coote, 『아모스서의 형성과 신학』, 우택주 역 (서울: 대한기독교서회, 2004)을 참조하라. 반대되는 견해는 Max E. Polley, *Amos and the Davidic Empire: A Socio-historical Approach* (New York: Oxford University Press, 1989)를 참조하라.

내가 산을 본즉 다 진동하며

작은 산들도 요동하며

내가 본즉 사람이 없으며

공중의 새가 다 날아갔으며

보라 내가 본즉 좋은 땅이 황무지가 되었으며

그 모든 성읍이 무너졌으니

야훼 때문이며

그의 맹렬한 진노 때문이다7 (렘 4:23~26)

그 밖의 시편들

제의와 그 중심에 사회질서가 있음을 보여주려고 이런 창조 이미지를 사용할 때 적어도 두 개의 상이한 제의 개념을 볼 수 있다. 하나는 제의가 관할구역의 핵심이라는 것이다. 시편 24편은 이런 생각을 대변한다.

땅과 거기에 충만한 것과

세계와 그 가운데에 사는 자들은

다 야훼의 것이로다

야훼께서 그 터를 바다 위에 세우심이여

강들 위에 건설하셨도다

야훼의 산에 오를 자가 누구며

그의 거룩한 곳에 설 자가 누구인가 (24:1~3)

대답은 송사를 처리할 때 공정하고 진실한 증언을 통해 판결하는 자가 하나

---

7   이 번역은 Michael Fishbane의 것이다["Jeremiah IV 23-26 and Job III 3-13: A Recovered Use of the Creation Pattern," *Vetus Testamentum* 21 (1971): 151~167].

님의 제의에 합당한 자라는 것이다.

또 다른 하나는 선택된 제사장이 하나님에게 음식을 드리고 스스로 하나님의 대리인으로 여기는 장소로서의 제의이다. 이 개념은 시 8편에 나타난다. 거기에는 솔로몬 성전에서 봉사하던 제사장들의 생각과 이보다 훨씬 후에 창세기 1장의 저자들이 인간을 묘사할 때의 생각이 들어 있다.

> 야훼 우리 주여
>
> 주의 이름이 어찌 그리 아름다운지요
>
> 주의 영광이 하늘을 …
>
> 어린 아이들과 젖먹이들의 입으로[8]
>
> 권능을 세우심이여
>
> 이는 원수들과 보복자들을
>
> 잠잠하게 하려 하심이니이다
>
> 주의 손가락으로 만드신
>
> 주의 하늘
>
> 주께서 베풀어 두신
>
> 달과 별들을 내가 보오니
>
> 사람이 무엇이기에 주께서 그를 생각하시며
>
> 인자가 무엇이기에 그를 돌보시나이까
>
> 그를 하나님보다 조금 못하게 하시고
>
> 영화와 존귀로 관을 씌우셨나이다
>
> 주의 손으로 만드신 것을 다스리게 하시고
>
> 만물을 그의 발 아래 두셨으니
>
> 곧 모든 소와 양과

---

8   사람들이 있기 전, 즉 하나님이 사람들을 창조하기 전.

들짐승이며

공중의 새와 바다의 물고기와

바닷길에 다니는 것이니이다

야훼 우리 주여

주의 이름이 온 땅에 어찌 그리 아름다운지요(8:1~9)

인간을 하나님보다 조금 못한 존재로 생각하는 것은 도성의 엘리트 제사장들에게서 나온 것이다. 제사장들은 제의에서 짐승을 잡아 제물로 바치고 자신들을 마치 신처럼 생각하며 살았다.

하나님의 창조에 대한 또 다른 생각은 페르시아와 그리스 시대의 예루살렘 성전 제의에서 부른 찬송들을 통해 표현되었다. 시 104편은 창조 질서의 개요를 상세히 언급한다. 순서는 창세기 1장과 상당히 다르다. 여기서 땅이 모습을 갖추고 식물이 나타날 때 짐승과 인간은 이미 존재하고 있다. 시 136편은 선례에서 살펴보았듯이 세상 창조와 하나님 백성의 창조를 같은 시간대로 놓고 묘사한다. 이 시편의 후렴구를 빼고 읽어보면 세상 창조의 순서는 다음과 같다.

지혜로 하늘을 지은 신에게

땅을 물 위에 펴신 이에게

큰 빛들을 지으신 이에게

해로 낮을 주관하게 하신 이에게

달과 별들로 밤을 주관하게 하신 이에게 (시 136:5~9)

최소 두 편의 시에는 제사장들의 창조 명령 또는 창조의 말씀이 나타난다.

야훼의 말씀으로 하늘이 지음이 되었으며

그 만상을 그의 입 기운으로 이루었도다

그가 바닷물을 모아 무더기 같이 쌓으시며

깊은 물을 곳간에 두시도다 (시 33:6~7)

또 이 구절에서 암시하는 창조의 순서는 다른 시편과 차이가 있음을 볼 수 있다.

해와 달아 그를 찬양하며

밝은 별들아 다 그를 찬양할지어다

하늘의 하늘도 그를 찬양하며

하늘 위에 있는 물들도 그를 찬양할지어다

그것들이 야훼의 이름을 찬양함은

그가 명령하시므로 지음을 받았도다

그가 또 그것들을 영원히 세우시고

폐하지 못할 명령을 정하셨도다

너희 용들과 바다여

땅에서 야훼를 찬양하라

불과 우박과 눈과 안개와[9]

그의 말씀을 따르는 광풍이며

산들과 모든 작은 산과

과수와 모든 백향목이며

짐승과 모든 가축과

기는 것과 나는 새며

세상의 모든 왕들과 모든 백성들과

고관들과 땅의 모든 재판관들이며

---

9   우박, 눈, 안개는 태고의 깊음에서 나온다.

2. 창조 이야기는 하나가 아니다 53

총각과 처녀와

노인과 아이들아 (시 148:3~12)

창세기 1장은 구약성서에 나타나는 여러 창조 기사 가운데 하나이다. 특별한 점은 전형적이지 않다는 것뿐이다. 여기에서는 야훼가 노골적으로 저항하는 바다 이미지를 가진 우주의 물을 통제하는 모습을 지나치듯 언급한다. 바다는 왕과 성전 제의가 수립될 때 야훼의 위엄과 힘으로 제압된다. 창세기의 창조 기사를 인용하는 느헤미야 9장 6절에서 분명히 알 수 있듯이 피조 세계의 순서가 다른 것을 알 수 있다. 창세기 1장이 하늘, 물, 땅의 순서로 창조되는 것과 달리 느헤미야서는 하늘, 땅, 물의 순서로 진행한다.

오직 주는 야훼시라 하늘과 하늘들의 하늘과 일월성신과 땅과 땅 위의 만물과

바다와 그 가운데 모든 것을 지으시고 다 보존하시오니 (느 9:6)

창세기 1장의 만물의 창조 순서는 그것을 작성한 문학적·역사적 상황에 따라 특별한 목적을 지닌 것이 분명하다. 이제 그 상황이 무엇인지 알아보자. 창세기 1장은 누가 왜 썼을까?

누가 창세기 1장을 썼는가?

창세기 1장의 창조 이야기는 누가 창조했는가? 창세기, 출애굽기, 레위기, 민수기, 신명기는 다윗의 나라가 세워지기 전에 작성된 것처럼 보이지만 그것들의 최초의 형태는 우리에게 익숙한 다섯 권으로 배열되지 않았다. 하나의 줄거리를 지닌 이야기로 보이지만 사실은 서로 다른 시기에 기록된 네 개의 이야기가 얽혀있다.[1] 우리는 성서의 처음 다섯 권의 토대가 되는 네 개의 문학 작품을 쓴 사람들의 이름을 모르기 때문에 보통 J, E, D, P라는 글자로 쓴다.

오경

이 네 개의 이야기는 이스라엘의 역사가 위태로울 때 생겨났다. 각각은 이스라엘의 특정 집단(모든 이스라엘이 아님)이 변화된 상황의 필요에 대처하기 위해 새롭게 기술한 것이다. 각각은 제의를 정당화하는 역사로 되어 있고 통치자들이나 통치 집단들이 통치 초기에 연이어 쓴 것이다. J는 다윗이 이스라

---

1   성서학자들은 그 이야기들을 문서 띠(층) 또는 자료라고 말한다.

엘 나라의 왕으로 군림하게 되었을 때 기록되었다. 군주시대 이스라엘의 역사가 진행되는 동안 이 문서는 주기적으로 재작성 과정을 거쳤다. 한 번도 독자적 작품으로 완성된 적이 없는 E와 P는 J를 보충하고 개정한 형태로 존재하였다. 창세기 1장의 창조 이야기는 P의 서두이고 반면에 창세기 2장 4b절에서 시작하는 창조 이야기는 J의 서두이다. D는 완성된 이야기로서 오경에 신명기서 전부를 포함하고 있다. 그러나 그것은 이야기 전체의 서두이고 열왕기서까지 이어진다. 이렇게 재작성하는 과정의 최종 산물이 오경과 전기 예언서, 즉 창세기부터 열왕기하까지(히브리어 성서에서 아주 후대에 작성된 룻기는 제외함) 이어지는 성서이다.

성서는 천 년이 넘는 길고도 복잡한 저작 과정을 통해 존재하게 되었으므로 세대마다 수만 명이 넘는 사오십 세대가 겪은 경험을 나타낸다. 각 세대의 경험은 다를 수밖에 없을 뿐만 아니라 같은 세대라고 할지라도 권력, 권리, 세상 이치에 대한 생각은 근본적으로 달랐다. 예를 들어 농부는 창조 질서와 자기 처지에 대한 생각이 정치적·사회적 엘리트가 주장하는 것과 달랐다. 대다수 농민은 통치자들을 섬기기 위해 지음받았다고 믿으면서도 통치자들은 압제자이며 불의를 행하는 자들이라고 여겼을 수도 있다. 반면에 통치자들은 그들이 남긴 문헌을 읽어볼 때 자신들의 우월한 사회적 지위를 하나님이 주신 특권이라고 여기는 경향이 있다.

창세기 1장의 창조 기사를 누가 썼는지에 대한 질문에 대답하려면 그것이 어느 세대에서 유래하였고 또 누구의 관점과 특권을 나타내는지 알아야 한다.

엘리트 제사장

우리가 아는 글쓰기는 대략 오천 년 전으로 거슬러 올라가지만 흔하지 않고 귀했다. 심지어 통치자들도 서기관들에게 전폭적으로 의존하였다. 온 나라에서 서기관들만이 사실상 글을 읽고 쓸 줄 아는 유일한 존재였다. 이 서기관들은 일반적으로 제사장 직제 안에서 사무직을 담당했다. 제사장들은 국가 수립과 유지에 실질적인 역할을 했다.

고대의 성전들은 백성 가운데 다수를 차지하는 농민에게 신에 대한 경외심을 불러일으킴으로써 사회의 법과 질서의 원천이 되었고, 특히 표면적인 사회질서의 혜택을 누리는 자들의 후원을 받았다. 고대 근동 전역에 걸쳐 통치자들은 제사장 가문이 세습적으로 운영하는 성전 조직을 후원했고 또 그들의 지지를 받았다. 이 조직들은 통치 가문과 통치 계층의 합법성을 지지했다. 그래서 제사장 직제는 국가와 긴밀한 관계가 있었다. 제사장들은 통치 계층의 일원이었다. 사실 제사 제도와 정치적 위계질서는 거의 구분할 수 없을 정도이다. 팔레스타인의 경우, 페르시아 시대에 예루살렘의 성전 제사장들이 식민지유다의 지역 통치자로 군림한 것은 좋은 사례이다.

성전을 관리하는 제사장들은 통치자들이 부과하는 세금을 거두면서 소유지안의 촌락으로부터 막대한 토지 사용료와 더불어 제사를 통해 많은 재물을 받는다. 국가 성소는 고기를 제물로 바치는 제의를 거행했다.[2] 계층으로서의 제사장의 1차적 특권은 고기를 많이 먹는 것이며 특정 기간에 그들이 직접 감독하고 참관한 경우가 아니라면 절대로 고기를 먹지 못하게 할 권한도 갖고 있었다. 사실 그런 권한은 강제로 행사할 수 없는 일이다. 희생 제사는 본질적으로 직위를 가진 자와 성전 조직 그리고 그것을 재가하고 힘을 실어주는 정치적·법적 조직에게 바치는 공물과 다를 바 없다. 이스라엘 성전 제의에서 양을 강조하는 것은 아마도 예루살렘이 양과 염소가 지역경제의 주요 축을 이루고 있는 팔레스타인의 국경지대에 가깝기 때문일 것이다. 그러나 제사로 드리는 짐승의 수컷 가운데 병든 것은 피하고 건강한 것으로 드려야 하는 까닭은 그것이 제사장 계층의 식량이기 때문이다.[3]

---

2   곡식 제물도 있지만 고기 제물을 바치는 제의가 두드러진 특징이었다.

3   "영양이 부족하지 않은 서구사회에서는 흠 없는 가축을 제물로 바치는 일이 어떤 의미를 지니는지 잘 모른다. 고기는 아주 부유한 사람들을 제외하고는 구약에서 아주 드물게 먹는 음식이었다. 번제로 드리기 위해 양이나 소를 태워 연기를 피우는 모습을 보면 얼굴이 핼

국가의 희생 제사는 상근하는 전문가가 필요했다. 그래서 제사장 직제는 전문가들로 이루어진다. 성전에서 제사장들이 집례하는 제물을 먹는 성전 제의는 토지보유권과 결합되어 있어서 제의를 거행하는 제사장들과 보조원들이 다른 일을 통해 생계를 유지하지 않고 제물을 도살하고, 제의를 요구하며, 금기 전문가, 예술가, 서기관, 법률가, 재판관, 상담가, 예언자, 용사로서의 임무를 수행할 수 있었다. 이 많은 역할은 일관성이 있었고 제사장이란 한마디 말로 그것들을 거행하는 사람을 가리키는 것이 바로 성소와 예식이었다. 팔레스타인의 제사장 제도는 천 년 넘게 이어졌고 역사적 변동이 생길 때마다 그들의 특권과 책임은 달라졌다.

지중해 주변의 세계는 서로 다른 수준에서 관할하는 성소들이 많이 있었다. 그러나 가장 중요한 것은 도성에 있는 국가 성소였다. 팔레스타인 성소들은 성서 시대에 여러 중요한 제사장 집단들이 관리했다. 가장 명백하게 나타난 사례는 예루살렘에 있는 다윗 왕가의 성전 제사장직이었다. 성서 팔레스타인의 제사장 계급은 단순히 또 다른 부류의 통치 계층이라고 볼 수 없다. 그들은 다른 엘리트에 비해 자신들의 독특성을 확대하기를 소망했다. 그래서 그들은 창세기 1장을 기초로 하는 제사장 제의를 각고의 노력을 기울여 소상히 묘사했고 그렇게 하는 의도는 제사장을 평민은 물론이고 다른 엘리트들과도 구분 짓기 위함이었다.

고대 세계의 대다수 제사장처럼 예루살렘의 제사장 직제에는 중요한 서무 기능이 있었다. 성서는 거의 온전히 예루살렘 제사장 직제에서 서무를 맡은 사람들로부터 나온다. 그래서 이러한 제사장 직제는 우리에게 특별히 흥미롭다. 이 제사장 직제를 이해할 때 불확실한 부분과 알 수 없는 부분이 있지만 대략적 개요는 다음과 같이 서술할 수 있다.

쑥하게 될 것이다. 가난한 이스라엘 백성은 엄청나게 고통스러웠을 것이 틀림없다"[Gordon J. Wenham, *The Book of Leviticus* (Grand Rapids, Eerdmans, 1979), 51].

다윗 왕가의 제사장들

이스라엘을 완전하게 조직적으로 통치한 다윗은 서로 경쟁하는 두 부류의 제사장 집단을 후원했다. 한 명은 아비아달이고 다른 한 명은 사독이었다. 아비아달은 실로 출신이고 조상은 이론상 모세로 소급된다. 사독은 다윗 집안의 제사장으로 임명된 사람으로서 유다 지역 출신이며 다윗이 권력을 잡을 때 도움을 준 여러 가문과 밀접한 연관이 있다. 사독의 후손들은 아론을 조상으로 삼았다.

모세와 아론은 둘 다 이집트식 이름이다. 둘 다 레위 제사장 가문이고 그중에는 더러 이집트식 이름을 지닌다. 이 오래되고 규모가 큰 가문은 이집트가 팔레스타인을 지배하던 신왕국 시대에 세력을 확립했다. 이집트 정권이 물러가고 팔레스타인 산지에 촌락들이 개별적으로 생겨나 농사를 지을 때 성서의 이스라엘이 국가로 출범하는 지역 여러 곳에서 여러 가문이 제사장의 특권을 유지하였다. 다윗이 정권을 쥘 때 그는 레위인의 지지를 끌어모았고 모세의 권위를 수용하고 조성하여 모세의 이름으로 소박한 제의법을 반포하였다. 한때 모세는 자기 가문을 대표하는 인물로서 가문의 기억 속에 상당한 특권을 갖고 높은 명망을 지녔었다.

솔로몬이 민중 세력과 대조적으로 궁중 세력의 지원을 받아 왕위를 계승했을 때 레위인의 전폭적 지지를 받던 아비아달을 내쫓고 사독 한 명을 제사장의 우두머리로 세워 자신이 지은 성전을 맡기고 제사장 제도를 확립하였다. 그리고 사독 가문은 아론의 혈통을 이은 레위 자손임을 내세웠다. 그런 사실이 다윗 시절과 그 이전에 소유했던 땅 전역의 제사장으로 일했던 레위인들의 폭넓은 지지를 끌어내지는 못했다. 레위인들은 특별히 북쪽 산지의 전통적인 실로 성소에 중요한 존재였다.

모세가 왕가에 오래도록 중요한 인물이었던 반면 아론은 성전 제사장들의 조상이자 후견인으로 여겨졌다. 북 왕국 이스라엘이 존재하던 때 벧엘에는 아론계 제사장들이 있었을 것이다. 예루살렘 성전의 사독계 제사장들은 이론상 레위인에게 속한 특정 가문이었다. 온 땅에 흩어져 섬기던 레위인들은 사독 가문에게 특권을 빼앗겼다고 생각했다.

사독 가문은 특권적 지위를 이용하여 유다에서 강력한 영향력을 가진 가문이 되었고 권력과 특권은 수 세기 동안 이어졌다. 이 지배적인 제사장 가문의 전통은 솔로몬 시절 초기에 발전했고 왕실 예배당이던 성전의 호화로운 예식을 거행했다. 특정 시기의 성전의 상대적 중요성에 따라 성장과 쇠퇴를 거듭했으나 그 가문은 온 나라에서 가장 강력한 세력을 유지했다. 그들은 다윗 시대부터 성서 시대 초반부에 항상 지배적인 엘리트 통치계층에 속했다.

사독 가문은 특히 히스기야 시절에 세력을 확고히 굳혔다. 히스기야는 성전에서 모세의 권위와 연관성이 있는 놋 뱀 상징을 제거했다. 히스기야의 성전 개혁을 통해 제사장들은 예식을 전부 예루살렘에서 거행해야 했다. 그런 규제는 히스기야 때에 처음으로 이루어졌고 예루살렘 바깥에 살던 제사장들의 영향력을 크게 제한하였다. 히스기야의 영토는 앗수르의 압박으로 상당히 줄어들었으나 그는 사독 가문을 강력히 지지하여 예루살렘과 헤브론 주변을 확장한 정도의 작은 영토 안에서 권력을 강화하려고 했다. 성전 재원은 크게 줄었으나 성전 제사장 직제는 히스기야의 개혁조치를 통해 이득을 보았다. 성전 재원이 줄어들 때면 아론계 사독 제사장들은 언제든 특권을 내세웠고 온 땅에 흩어져 사는 레위인은 결과적으로 어려움을 겪었다.

히스기야 이후 한 세기가 지났을 때 요시야는 앗수르 제국이 정복 전쟁의 결과로 세력이 약해지자 나라를 부흥시킬 절호의 기회라고 생각했다. 유다와 더불어 팔레스타인의 이스라엘 지역에서 다윗 가문의 통치주권과 위신을 회복하려고 했을 때 그는 이집트의 후원을 받았을 것이다. 훗날 그는 이집트에 반기를 들었으나 그를 지지하던 파벌은 친이집트 계열이었고 아울러 이후에 팔레스타인을 장악한 친바빌론 계열이었다. 앗수르가 위협을 하던 시기에 사독 가문은 앗수르 점령군과 결탁하고 타협하였다. 그들은 다윗 왕가의 권력과 위신이 줄어들자 개인적으로 권력을 도모했다. 요시야는 앗수르에게 맞설 계획을 세워 대중적 인기를 얻기 위해 사독 가문이 아니라 지역의 레위인 가문들과 손을 잡고 권력을 강화하였다. 그의 계획은 군사 정벌과 힐기야, 사반, 예레미야 등이 속한 파벌의 지지를 받아 부분적으로 성공했다. 이 사람들은 실로 전승을 대표하며 모세와 사무엘이 아론보다 더 권위 있는 존재라고 생각했다. 요시야는 히스기야와 비슷한 중앙 집중화 계획을 추진했고 레위인들은 예루살렘의 제사장 직무수행의 특권에서 배제되지 않았다. 요시야가 성전을 개혁할 때 레위인들은 장차 수 세기 동안 성전에서 보조원, 하인, 행정 서무, 서기관 등의 일을 맡았다. 주로 고기로 제물을 바치는 예식을 보조하는 일이었다.

요시야는 오늘날 신명기 역사로 알려진 법전과 역사를 편찬했다. 그것은 모세 전승과 다윗 전승을 복합적으로 융합시킨 것이다. D는 요시야의 법전과 역사이다.

바빌론은 기원전 605년, 604년, 598년에 유다를 침공했다. 기원전 598년 그들은 다윗 왕족 대다수를 끌어가고 대신 꼭두각시 지도자를 보좌에 앉혔다. 11년 뒤에는 성전도 파괴하였다. 다윗의 군주국가 후반의 사독 제사장들은 바빌론 치하에서 극심한 핍박과 박탈감을 맛보았다. 제사장 가문에 속한 주요 인사들은 처형당했고 바빌론에 끌려간 사람들은 수백 명이나 되었다. 에스겔은 그중에 대표적인 인물이었다.

바빌론이 팔레스타인을 다스리는 동안 요시야를 지지했던 레위 집단은 친바빌론 파였다. 그들의 생각과 기대감은 신명기 역사, 예레미야서 그리고 아모스서와 미가서의 신명기 역사적 단락과 같은 문헌들에 담겨 있다.

페르시아 시대

페르시아 지배층은 바빌론 제국을 장악할 때 두 세대 전에 유다를 이끌었던 엘리트 가문의 충성스런 후손들을 찾았다. 처음에는 세스바살과 스룹바벨처럼 다윗 왕가 사람을 총독으로 임명하여 돌려보내는 듯했다. 하지만 페르시아 제국에 다리우스가 등장하면서 곧 다윗 왕가의 후손들은 모두 사라졌다. 페르시아는 지역 군주의 통치를 허용할 수가 없었고 또 예레미야서에 웅변적으로 표현되어 있듯이 다윗 왕가에 바빌론 정권을 받아들이는 사람들이 상당히 많았기 때문일 것이다. 왕가가 몰락하는 분위기 속에서 사독 제사장 가문은 다시 독자 생존의 길을 모색했다.

새로운 성전 건설과 페르시아 정부의 우호적 정책 때문에 남아 있던 아론계 사독 제사장들은 다시 권력을 잡을 기회가 생겼고 요시야 파벌은 실권하였다. 사독 가문은 성전 세금과 조공 수령인의 신분을 회복하였다. 그들은 다시 페르시아가 지배하는 팔레스타인에서 전통적인 토지보유권을 회복하고 지역주민의 후원자가 되었다. 그들은 새로운 엘리트 통치자들이 되었다. 다만 이번에는 그들의 권력을 지켜주는 다윗 왕가가 없는 상태에서 왕권을 대행하였다. 왕가의 일원이 아닌 세 번째 총독 엘나단은 기원전 6세기에 다윗 왕가의 공주와 결혼했다. 총독의 권력도 당시의 우두머리 제사장, 여호수아와 맺는 관계에 그 성패가 달려 있기 때문이었다. 복권된 사독 제사장의 권력이 증대하는 모습은 여호수아의 직함을 보면 알 수 있다. 그는 선임 제사장이 아니라 대제사장이었다. 이것은 그의 행정 권한이 증가했고 중요한 책무를 지녔음을 보여준다.

사독 제사장직은 페르시아 사람들 아래 있지 않았고 성공하기 위해 다윗 왕가가 필요하지 않았다. 그들은 지식계층이었고 그들이 관리하는 백성의 문화 중심이라는 특권을 자처했다.

문인사회가 미치는 인식의 집중과 체계화와 정치 집중 즉 국가는 병행될 필요가 없다. 그들은 종종 경쟁자이다. 전자가 후자를 장악할 때도 있으나 … 폭력 전문가와 신앙 전문가는 사실 독자적으로 움직이는 경쟁자인 경우가 많고 그들의 활동 영역은 … 종종 공존하지 않는다. 잠정적인 두 파트너 중에 문화와 권력 [국가의 권력으로서]은 … 농경 시대에 흔한 여건 속에서는 어느 쪽도 다른 쪽으로 기우는 법이 결코 없다.[4]

사독 가문은 군주 시대의 조상들로부터 물려받은 관습, 금기, 율법을 통해 권위를 행사했다. 백 년 넘게 성전의 경전들은 요시야가 세운 모세 계열의 레위인 서기관들이 쥐고 있었다. 그러나 이제는 그것을 사독 제사장들이 장악했다. 요시야 파벌이 작성한 모든 문서는 오늘날 2순위의 경전으로 밀려났다. 오늘날 남아있는 예언서(히브리어 성서에서 토라와 성문서로 분류되지 않은 두 번째 문서 모음—옮긴이)가 바로 사독 제사장들이 감독한 성전의 경전 두루마리들 가운데 이차적 권위를 지닌 문서라는 표시이다. 제일 중요한 위치는 페르시아가 후원하는 사독 제사장 집단의 생각과 관점이 차지하였고 이것이 현재 우리가 가진 제사장 역사이다. 그것이 바로 제사장이 마무리한 성서의 처음 네 권이다. 제사장 역사는 군주시대 성전의 경전에 제사장들의 생각과 관점을 핵심으로 삼은 역사이다.

그러나 레위인들은 성전 시설에서 중요한 보조적 역할을 계속 수행했다. 이것을 역대기서와 레위인들이 작성한 시편들에서 볼 수 있다. 이 글들은 서기관들의 작업이 이어졌음을 알려준다. 그래서 경전의 일부는 아론계 사독 제사장의 관점을 보여주지만 아론계 자체의 입장보다 페르시아의 입장과 더 가까운 경우 레위인을 생각나게 만든다. 성전에서 계속 경전을 작성할 때 레위인의 영향을 보여주는 좋은 사례가 이사야서이다.

사독 제사장이 성전을 관장할 때 페르시아의 후원을 받아 재건된 성전은 어려움이 많았다. 재건된 성전은 외형으로 보나 영향력을 미치는 범위로 보나 인상적이지 않았다. 솔로몬, 여호사밧, 웃시야, 요시야가 다스리던 황금기에 비해 농업 생산의 기반도 상당히 줄어든 상태였다. 그럼에도 사독 제사장의 율법이 지닌 권위는 대대적으로 강화되었다. 적어도 페르시아는 제국에 순응하는 팔레스타인 사람들을 좋게 생각한다는 명분에 기초를 두고 말이다.

---

4   Ernst Gellner, *Nations and Nationalism* (Ithaca: Cornell University Press, 1983), 8~9, 11.

북동쪽에서 남서쪽으로 이어지는 축을 중심으로 이루어지는 지중해 연안무역은 대체로 페르시아의 간섭 없이 다시 활성화되면서 제사장 가문들은 점차 자신들의 이익만을 더욱 챙기게 되었다. 팔레스타인에서 페르시아의 권위를 유지할 책임을 지닌 자들은 주로 그리스가 통제하는 교역로를 통해 교역하는 저지대와 건조지대에 사는 가문들과 연합함으로써 페르시아의 이해는 물론이고 그들이 관할하는 팔레스타인 촌락민들의 이해에도 어긋난 처신을 했다. 아론계 제사장들은 성전의 이익보다 자기 집안의 이익을 앞세웠고 성전에 손해가 가더라도 사익을 취하기 위해 성전을 이용하였다. 기원전 5세기 중반의 사독 가문은 또다시 7세기 중반의 사독 가문처럼 제국에게는 은밀히 반대하고 외부 세력―7세기의 앗수르와 5세기 당시는 주로 그리스―의 후원을 받아 강력한 파벌을 형성한 귀족이 되었다. 성전을 통해 운영하던 페르시아의 권위는 점점 종이호랑이가 되었다.

　이런 상황에서 레위인처럼 성전 제사장 계층 가운데 직급이 낮은 가문들은 심각한 타격을 받았다. 결과적으로 그들은 토라의 법전에 관심을 쏟기 시작했고 주로 모세와 연대했으며 사독 가문은 아론과 연대했다. 이들의 불만은 이사야 56~66장에서 읽을 수 있다. 거기서 그들은 아브라함을 상징적 인물로 삼고 할례를 강조하는 사독 가문을 비난하고 이에 맞서 모세의 율법을 철저히 지키기를 내세웠다(아브라함은 서남부 지역의 교역 상인을 대표했을 것이다. 사독 가문의 이익은 아브라함으로 상징되었다. 왜냐하면 그들이 페르시아가 통제하지 않은 서남부 지역의 교역으로 혜택을 얻는 사람들이었기 때문이다). 직급이 낮은 제사장들은 만일 사독 가문이 권위의 근거로 삼는 주요 경전이었던 아론계 토라의 의로운 율법이 현재의 토라에 포함된 신명기의 가르침처럼 레위인에게 제대로 식량을 공급해주는 일들이 실제로 시행된다면 성전에서 새로운 부가 빠져나가는 것이 아니라 흘러 들어오는 모습을 상상했다.

　이러한 레위인들의 관심사는 페르시아의 관심사와 정확히 일치했다. 페르시아는 지역 귀족 세력의 증가하는 힘을 감소시키면서 팔레스타인의 통치권위의 초점이며 페르시아로 바치는 조공 중심지인 성전의 부와 위신이 증진되기를 원했다. 그들은 페르시아 제국에 충성하는 아론계 서기관, 에스라를 보냈다. 그는 지역 아론계를 포함한 유다의 귀족들이 그리스와 연줄이 닿는 저지대 가문 사이에 맺은 혼인 관계를 무산시키려고 했다. 또 신명기 역사의 모세 이야기(신명기)를 포함하여 모세가 전한 아론계 율법을 재확증하는 자신의 프로그램으로 지역 레위인을 후원하였다. 이사야 56~66장에 나타난 레위인 비전은 페르시아가 5세기 중반에 총독으로 파송한 느헤미야의 지지를 받았다. 이 모든 조치는 페르시아 측이 페르시아에 불리하게 팔레스타인 교역을 지배하는 지역 제사장들, 그리스 세력, 그리고 '아브라함' 세력 또는 남부의 유목민들의 세력을 꺾으려는 시도였다.

예루살렘의 다윗 성전에 자리를 잡은 제사장 가문들은 제2 성전 시대가 이어지는 동안 다양한 세력들과 연대하면서 살아갔다. 우리가 구약성서라고 부르는 책이 바로 그들의 경전이다. 제사장 역사(P)는 페르시아의 후원을 받아 기원전 6세기에 권력을 잡은 사독 제사장 가문의 전승과 율법들을 기록해 놓은 것이었다. 창세기 1장의 창조 이야기를 작성한 자들이 바로 그들이었다. 제사장 작품의 주안점은 궁극적으로는 솔로몬이 세운 팔레스타인의 성전 제사장 직제를 부활시켜 가장 철저하고 가장 강력하게 후원하는 일에 있었다. 그것은 페르시아 정책의 일환이었다.

공인 역사의 개정

기원전 6세기 후반 예루살렘의 아론계 사독 가문 제사장들은 그들의 전승과 율법을 오늘날 우리가 사경(四經)이라고 부르는 제사장 역사로 기록했다. 여기서 P는 저자와 작품을 동시에 가리킨다. P가 개인인지 위원회와 같은 집단인지는 그것이 갖는 의미와 큰 상관이 없다. 제사장 역사는 창세기와 출애굽기, 레위기 전체(성결법전이라고 부르는 레위기 17~26장 포함), 그리고 3/4 분량의 민수기에 나타난다. 현재 형태의 토라는 아론계 제사장들이 후원하였다. 여러 가지 점에서 특이한 에스겔서를 제외한 나머지 예언서는 주로 레위인에게서 유래하였다. 창세기 1장으로 시작하는 제사장 역사는 아론계 성전 제사장들의 특권을 대변한다.

제사장들이 쓴 글, 특히 창조 기사를 이해할 때 그것이 바빌론 포로로 살던 사독 가문이 바빌론이 페르시아에게 무너지기 전에 쓴 것인지 아니면 페르시아가 바빌론이나 예루살렘을 지배하면서 다윗 성전과 경전 규범을 회복하고 난 뒤에 쓴 것인지를 결정하는 일은 크게 중요하지 않다.[1]

JE 사용

제사장 저자가 진공 속에서 전승을 기록한 것이 아니라는 생각은 매우 중요
하다. 바빌론에 있든 예루살렘에 있든, 그는 예루살렘 중심의 공인 역사를 전
해 받았고 접근할 수 있었다. 그 역사는 야훼 제의를 세상의 중심으로 삼으며
앞선 시대의 아론계 성전에서 유래한 것이다. 이 역사는 학자들이 J라고 부르
는 문서로 시작하여 E라고 부르는 개정된 역사를 통합한 JE라고 종종 부른다.
제사장 역사는 이 역사를 기초로 삼는다.[2] 제사장 역사가 독자적으로 존재했
는지 아니면 처음부터 공인 역사의 개정판으로 존재했는지는 판단할 수 없고
중요하지도 않다.[3]

---

1   에스겔은 바빌론에 유배된 다윗 왕실 입장에서 제의를 회복하는 일에 관심을 가진 제사장
     으로 보는 것이 좋다. 에스겔은 다윗 가문을 언급하고 종종 인용한다. 반면에 제사장 저자
     는 다윗을 전혀 언급하지 않고 왕이나 군주제를 대수롭지 않게 말한다(창 17:6, 16; 35:11).
     이것은 제사장 역사가 포로기 이후 페르시아가 통치할 때, 특히 기원전 520~15년에 성전
     을 재건한 직전이나 직후에 쓰였음을 가리킨다. 그때 아론계 제사장들은 도성의 왕실이 누
     리는 것과 같은 특권225을 누렸으나 자율성을 가진 군주제로 운영되지 못했다. 바빌론 왕
     들은 제국의 마르둑 제의에 유다인의 참여를 압박하면서도 유배된 다윗 왕실의 문서작성
     이나 성직자들의 활동은 후원했다. 문제는 제사장 역사가 바빌론 통치자와 페르시아 통치
     자 중 어느 쪽을 후원하는 프로그램처럼 보이는가 하는 것이다. 전자는 다윗 가문의 회복
     을 암시하고 후자는 다윗 가문을 용인했으나 성전을 재건한 뒤에는 그렇지 않았다. P가 제
     사장의 성소를 장막으로 다루고 있기 때문에(9장 참조), 우리는 기원전 538~520년을 선호
     한다. Ernst Axel Knauf, *Ismael: Untersuchungen zur Geschichte Palästinas und
     Nordarabiens im 1. Jahrtausend v. Chr.*, 2nd ed. (Wiesbaden: Otto Harrassowitz,
     1989), 61 참고.
2   P의 언어는 군주 시대의 특징을 보여주며 신명기 역사와 예레미야가 군주시대 전승이라는
     의미로 P를 지시하거나 인용했을 수 있다. 하지만 현재 형태는 왕실 문서인 JE를 다룰 수
     있었던 사독 제사장들이 복권한 뒤의 저작물로서 JE를 바탕으로 작성되었다. 그래서 P는
     이를테면 에스라에 의해 성전에 가장 중요한 경전으로서 그 권위를 확증 받았고 주요 규례
     인 안식일은 느헤미야에 의해 페르시아 제국의 이름으로 시행되었다.
3   점차 많은 역사가가 P는 JE의 개정이란 견해를 취한다. Frederick H. Cryer, "The
     Interrelationships of Gen 5, 32; 11, 10~11 and the Chronology of the Flood (Gen 6-9),"
     Biblica 66 (1985): 244~248; Frank Moore Cross, *Canaanite Myth and Hebrew Epic:
     Essays in the History of the Religion of Israel* (Cambridge: Harvard University Press,

제사장 저자가 다윗의 국가역사를 사용하는 모습은 기원전 6세기 말 예루살렘 성전 관리당사자들의 관심사를 배경에 놓고 이해해야 한다. 공인 역사는 인류의 처음 이십이 세대에 관한 이야기를 한다. 하나님은 이스라엘 나라의 백성을 전부 데려왔고 이집트를 공동의 적으로 삼는 모티프는 단합을 강화해 주었다. 이집트는 팔레스타인 땅에서 가장 중요한 위협적 상대였고 아론계는 페르시아에 충성스럽게 비쳐야 했으므로 이런 기본 주제가 제사장 저자에게는 유용했다. 제사장 저자는 이집트에 반대함으로써 이스라엘의 친이집트 파벌에 대한 신뢰성을 떨어뜨리고 친페르시아 집단이 충성하는 집단이라고 주장한다.

공인 역사에서 시내 산에서 공포된 짧은 율법은 주로 제의법이었다.[4] 제사장 저자는 역사의 이 자리에 출애굽기 25장부터 시작하는 유다의 공인 제의법을 삽입하여 웅장한 모습으로 변형시켰다.

1973), 293~325("Priestly Work") 참고. 이 입장에 대한 비판을 위해, Klaus Koch, "P-Kein Redaktor," *Vetus Testamentum* 37 (1987), 446~467을 보라. 또한 J. A. Emerton, "The Priestly Writer in Genesis," *Journal of Theological Studies* 39 (1988), 381~400의 해설도 참조하라. 대다수 전승과 기본 개념들은 군주 시대에서 유래했다고 생각할 수 있다. 상당수 학자는 제사장 문서의 전승이 적어도 기원전 8세기 히스기야 때에 유래했다는 증거를 제시한다. M. Haran, "Behind the Scenes of History: Determining the Date of the Priestly Source," *Journal of Biblical Literature* 100 (1981), 321~333; Ziont Zevit, "Converging Lines of Evidence Bearing on the Date of P," *Zeitschrift für die alttestamentliche Wissenschaft* 94 (1982), 481~511; Richard E. Friedman, *Who Wrote the Bible?* (New York: Summit books, 1987), 171, 207~214를 보라. 이 견해에 대한 중요한 예외는 칠 일 주기로 안식일을 지키는 칠중 구조이다. 8장을 보라.

4   J에서 그것은 전부 제의법이었다. E는 다른 주제의 법들을 추가했고 이 작업은 주로 히스기야 치세에 이루어졌을 것이다. Robert B. Coote, *In Defence of Revolution: The Elohist History* (Minneapolis: Fortress, 1991), 117~138 [『여로보암과 혁명의 역사』, 우택주, 임상국 역 (파주: 한울엠플러스, 2018), 180~210].

역사 구조

제사장 저자가 승계한 역사는 일곱 세대씩 조직되었다. 이것은 일곱 세대를 세 번 반복한 뒤에 한 세대를 덧붙이는 식으로 구성된 것이었다. 그래서 창조부터 이스라엘이 약속의 땅에 진입하기 직전까지는 총 스물두 세대이다([7+7+7]+1=22). 마지막 세대는 약속의 성취를 경험한다. 제사장 저자는 세대 구조에 따라 조직한 이 역사를 수정했다. 그는 처음에 두 번의 세대 조합을 각각 열 세대씩으로 개편했다. 세 번째 조합은 일곱 세대가 되고 일곱 번째는 이스라엘이 약속의 땅을 차지하는 세대이다. 이렇게 개편한 역사 구조는 총 스물일곱 세대이다(10+10+7=27).

원역사에서 위대한 영웅 노아와 아브람은 각각 일곱 세대씩 조합된 역사에서 첫 번째 인물로 나온다. 제사장 저자는 이 인물들을 자신들이 개편한 역사 조합의 마지막 인물로 등장시킨다. 앞선 시대의 역사가 결론을 내리지 않고 미완성으로 열어두는 것과 달리 제사장 역사는 최종, 완결, 완전, 마지막이란 의미를 지닌다. 창조의 절정이 일곱 번째 날이란 점과 맥락을 같이 하여 세대별 구조를 숫자 일곱에 맞춰 점층적으로 기술한 특징을 고려하여, 일곱 번째 세대의 인물 에녹은 "하나님과 동행하더니 하나님이 그를 데려가셨다"(창 5:24)는 특징을 부여한다.

〈그림 1〉의 세로줄은 제사장 저자가 다섯 명의 이름을 새로 첨가하여(이탤릭체) 구조를 개편하였음을 보여준다. 두 명은 첫 번째 열 세대의 서두에 추가했고 나머지 세 명은 두 번째 열 세대의 끝부분에 추가했다.[5]

제사장 저자는 왜 원역사의 구조를 변경시켰을까? 그가 숫자 10, 7, 3에 관심이 있기 때문이다. 10은 제사장 저자에 특별히 의미심장한 숫자이다. 우리

---

5 JE 목록의 서두는 창 4장과 10장에 있고 P 목록의 서두는 창 5장과 11장에 나타난다. 첫 번째 조합에서 JE와 P의 이름들은 항상 동일하지 않으나 동일인임을 알 수 있을 정도로 유사하다.

〈그림 1〉 아담부터 갈렙까지 군주시대 역사(JE)와 제사장 역사(P)

JE	P
1 아담	1 아담
2 가인	*2 셋*
3 에녹	*3 에노스*
4 이랏	4 게난 (=가인)
5 므후야엘	5 마할랄렐 (=므후야엘)
6 므두사엘	6 야렛 (=이랏)
7 라멕	7 에녹
	8 므두셀라 (=므두사엘)
	9 라멕
8 노아	10 노아
9 셈	11 셈
10 아르박삿	12 아르박삿
11 셀라	13 셀라
12 에벨	14 에벨
13 벨렉	15 벨렉
	16 르우
	17 스룩
	18 나홀
14 데라	19 데라
15 아브람	20 아브라함
16 이삭	21 이삭
17 야곱	22 야곱
18 레위	23 레위
19 [ ]	24 그핫
20 [ ]	25 아므람
21 모세	26 모세
22 갈렙	27 갈렙

처럼 그것은 히브리어 셈법의 기초이고 열 손가락으로 계산하는 것이 편리하기에 생겼을 것이다. 그것은 제사장이 제의에 초점을 두고 작성한 역사의 다른 두 개의 숫자 7과 3을 합한 숫자이기도 하다. 제사장 저자는 매우 중요한 장막과 성전의 물품 다수를 10진법으로 배열한다.[6] 최근에 어느 성서학자는 제사장의 장막 치수를 대략 $10 \times 20 \times 7$ 규빗으로 계산했다.[7]

제사장 저자가 성전에서 변경한 세대별 원역사 구조 중에 중요하게 수정된 것은 일련의 언약을 소개하는 일이었다. 그것이 노아, 아브라함, 모세와 연관된 세 개의 언약이다. 그들은 각각 열 번째 세대, 스무 번째 세대, 그리고 스물여섯 번째 세대의 인물이다. 그것들은 지극히 중요하다는 의미에서 '영원한' 언약으로 부른다. 이 언약들은 각각 특별한 징표가 있고 하나님을 언급하거나 하나님에게 말할 때 특정 용어를 사용한다는 특징이 있다.

언약	징표	이름
노아 언약(창 9장)	활	하나님
아브라함 언약(창 17장)	할례	엘 샤다이
모세 언약(출 6장)	안식일	야훼

제사장 저자는 성전 중심으로 구성한 세계사의 기본 구조를 변경하고 이야기를 부분적으로 변경하여 아론계 제사장들의 관심사를 표현하였다. 모세는 야훼가 이집트에서 이스라엘을 구원하는 역사의 영웅이었다. 하지만 모세는 레위 집단의 영웅이었다. 그러므로 아론계 저자가 아론을 중요한 영웅으로 소개하는 일이 바람직했다. 원역사가 "야훼가 모세에게 말씀하기를..."이라고 되

---

6   예를 들어, 출 26장, 왕상 6~7장, 대하 4장, 겔 45장을 보라.
7   Richard E. Friedman, *Who Wrote the Bible?* (New York: Summit Books, 1987), 176~181.

어 있는 부분에서 제사장 저자는 여러 곳에 '그리고 아론에게'를 추가했다. 초창기 역사에는 모세가 특별한 지팡이를 갖고 있었다. 제사장이 개정한 역사에서는 그 지팡이가 아론의 것으로 나타난다. 초창기 역사에서 아론은 모세의 '레위인 형제'로 불렸다. 제사장이 개정한 역사에서는 아론이 장자이고 모세의 형이라는 점을 분명히 밝힌다. 제사장이 개정한 출애굽 이야기에 나타난 레위인 계보에서 아론의 가족은 언급되나 모세의 가족은 언급되지 않는다.[8]

제사장 저자는 아론계 가문이 제사장으로서 배타적인 특권을 갖고 있음을 확증하기 위해 초창기 역사의 이야기를 개정하였다. 그 이야기는 민수기 16장에 나타난다. 원래 이 본문은 르우벤의 아들들인 다단과 아비람이 모세의 권위에 도전하여 일으킨 반란 이야기였다. 그 반란은 땅이 열려 그들을 산 채로 집어삼킴으로써 끝난다. 제사장 저자가 추가한 부분에는 레위인 가운데 고라가 이끄는 무리가 도전한다. 그것은 모세가 아니라 '모세와 아론'에게 대항하는 사건이다. 그들은 아론이 어찌하여 제사장 직무를 독차지하는지 묻는다. 그 사람 외에 다른 사람들은 어째서 그 일을 할 수 없느냐고 묻는다. 마침내 고소인은 "회중 전체가 거룩하고 그 안에 속한 사람이 각각 거룩하다"라고 주장한다. 모세는 아론을 지지하는 모습으로 묘사된다. 그래서 제사장의 특권을 주장하는 자가 각기 야훼 앞에 분향하여 무슨 일이 일어나는지 보자고 제안한다. 아론과 레위인 양측은 제안대로 했다. 그러나 "불이 야훼로부터 나와 분향하는 이백오십 명을 불살랐다." 다만 아론에게는 그런 일이 벌어지지 않았다.

또 다른 제사장 이야기는 모세가 반석에서 물을 내는 이야기(출 17:2~7)의 복사한 이야기에 등장한다. 민수기 20:2~13은 아론이 모세와 함께 나온다. 모세가 반석을 쳐 물이 나올 때 야훼는 모세를 아론과 함께 꾸짖는다. "너희가 나를 믿지 아니하고 이스라엘 자손의 목전에서 내 거룩함을 나타내지 아니한 고로 너희는 이 회중을 내가 그들에게 준 땅으로 인도하여 들이지 못하리라."

---

8   Ibid., 190~191.

앞선 시대의 이야기에서는 순종적이고 선한 행위였으나 제사장 저자는 그것을 불순종하는 이야기로 바꾼다. 모세는 그로 인해 극도로 심각한 처벌을 받는다. 아론 역시 기본적으로 모세의 죄 때문에 고난을 받는다.[9]

제사장이 수정한 다른 부분들은 10과 3의 배수를 중심으로 조직하는 작업에서 확인할 수 있다. 이스라엘의 이야기보다 앞서 등장하는 전체 역사는 "이것은 ~의 계보/내력/이야기이다" 또는 "이것은 ~의 세대의 문서이다"라는 머리글을 사용하는 열 개의 세대 조합을 풀어 설명하는 식으로 되어 있다. 이 머리글은 처음에 창세기 1:1~2:3의 제사장의 창조 기사와 창세기 2:4의 "이것이 천지가 창조될 때에 하늘과 땅의 내력이니"로 시작하는 앞선 시대의 창조 기사를 잇는 부분에 나타난다. 제사장이 역사를 개정하는 곳에 이런 문구로 시작한 다른 사례들을 보면 알 수 있듯이 말하려는 것은 앞에서 말한 내용이 아니라 뒤따라오는 내용이다. 제사장 저자는 이러한 서두 문구를 통해 이어지는 원래의 창조 기사 전체가 자신의 창조 기사를 통해 조직적으로 제시한 기사를 구체적으로 보여주는 것으로 여김을 분명하게 밝히고 있다.

창세기에서 이런 유형의 또 다른 서두 문장은 아담, 노아, 노아의 아들들, 셈, 데라, 이스마엘,[10] 이삭에서, 야곱(이스라엘)의 '족보/계보'를 소개한다. 마지막 서두 문장, "야곱의 족보는 이러하니라"(창 37:2)는[11] 나머지 이스라엘 역사 전체, 즉 그들이 어떻게 이집트로 들어갔다가 안전하게 나왔는지를 소개하는 역할을 한다.[12]

제사장이 글을 개정한 구조라는 것을 보여주는 또 다른 사례는 광야 여정을 묘사할 때 시내 산 직전까지 머문 곳과 시내 산에서 마지막 도착지점까지 가는

---

9   Friedman, *Who Wrote the Bible?*, 197~201.

10 이스마엘에 대한 P의 관심사는 현재 Ernst Axel Knauf, *Ismael*, 56~65, 145~147에 설명되어 있다.

11 RSV: "이것은 야곱의 가족 역사이다."

12 민 3:1~3에 아론의 세대를 짧게 소개하는 것은 이 구조에 해당되지 않는다.

여정 중에 머문 곳을 각각 여섯 군데씩 배치하여 시내 산과 그곳에서 벌어진 일을 광야 여정의 중심축으로 삼는 데서 볼 수 있다. 이 장소들을 언급할 때는 이 중에 일곱 번째로 이스라엘 회중이 시내 산에 도착했을 때 사용한 표현 "그들이 르비딤을 떠나 시내 광야에 장막을 쳤다"(출 19:2)는 공식을 따른다. 또 제사장 저자는 여기서 날짜를 '삼 개월 되던 날'(즉, 셋째 달)이라고 명시한다. 그것은 이스라엘이 시내 산에서 칠칠절로 알려진 맥추절을 지킬 때 야훼로부터 모든 제의법과 사회법을 계시받았다는 제사장들의 관점을 나타낸다.

제사장의 강조점

제사장 저자는 자신들의 관점을 강조하기 위해 역사의 처음부터 이야기를 개정한다. 민족주의적 색채가 강했던 원역사와 달리 페르시아 치하에서 개정한 제사장의 역사는 범위가 우주적으로 확대된다. 원역사에서 노아의 홍수 이야기를 현재 본문에서 제사장 저자는 우주적인 홍수로 바꾸었다. 원역사는 비를 *게셈*(geshem), '폭우'라고 불렀으나(7:12) 제사장의 개정으로 *맙불*(mabbul), '대홍수'가 되었다(6:17; 7:6~10). 원역사에서는 단순히 비가 내렸다(7:12). 제사장이 개정한 역사에서는 "큰 깊음의 샘들이 터지며 하늘의 창문들이 열렸다"(7:11). 원역사에서는 비가 사십 주야 내렸다(7:4, 12, 17). 제사장 저자는 홍수가 노아가 육백 세가 되던 해에 내렸다(7:11)고 한다. 그 수치는 십과 육을 곱한 수이며 정확히 일 년 십 일 동안 지속되었다(8:14).[13]

원역사에서 노아는 정결한 짐승은 암수 일곱씩, 부정한 짐승은 암수 둘씩 배에 태웠다(7:2). 제사장 역사에서는 모든 생물을 암수 한 쌍씩 태운다(6:19). 원역사는 왜 희생제물을 드리는 일에 관심이 많은 제사장에게나 더 적합하게

---

13 P의 대홍수 연대기 구조는 다른 곳과 같이 구조적이고 산술적이지만 실제로는 이보다 훨씬 복잡하다. Frederick H. Cryer, "The Interrelationships of Gen. 5, 32; 11, 10~11 and the Chronology of the Flood (Gen 6-9)," *Biblica* 66 (1985): 244~248 참고.

보이는 정하고 부정한 짐승을 구분할까? 성서학자들이 이 단락의 저자를 P로 보아야 하는데 J로 잘못 본 것일까? 전혀 그렇지 않다. 원역사의 노아는 폭우가 끝난 뒤에 드릴 제사에 필요한 여분의 짐승이 필요했다. 제사장이 개정한 역사에는 아직 구별하여 세운 제사장이 없으므로 희생 제사가 없다. 제사 제도는 시내산 단락에 가야 생긴다. 정한 짐승이란 어떤 것인지에 대한 정의도 아직은 없다. 이런 규정은 시내 산에서 세 번째 영원한 언약을 명시한 다음에 등장한다.

제사장 저자는 원역사에 존재하지 않았던 특별한 해석을 갖고 있었다. 그는 역사의 서두에 가인이 아벨을 죽일 때처럼 피를 처리하는 절차를 감독하는 제사장도 없는데 피가 땅에 쏟아지는 일을 곤혹스럽게 여겼다. 그러한 폭력은 라멕이 사람을 죽일 때도 이어진다(창 4:23). 제사장 저자는 노아의 세대가 되었을 때 땅이 포악함과 부패로 가득한 것을 본다(창 6:11~13). 땅은 더러워졌다. 그래서 하나님은 대홍수를 보내 세상의 더러움을 씻어내야 한다. "대홍수는 처벌 방편이 아니라 ... 완전히 더러워진 세상을 제거하여 정결하고 깨끗해진 세상을 다시 시작하기 위한 방편이다."[14] 제사장의 관점에서 보면 대홍수는 우주를 정화하는 작업이다.

제사장 저자의 우주적 관점은 출애굽 기사에서 이집트에 내린 재앙 이야기를 수정한 모습에서도 볼 수 있다. 그는 각 재앙 이야기에 첨가한다. 예를 들어, 원역사에 따르면 피 재앙은 나일강에만 나타난다. 그러나 제사장 저자는 "야훼께서 또 모세에게 이르시되 아론에게 명령하기를 네 지팡이를 잡고 네 팔을 애굽의 물들과 강들과 운하와 못과 모든 호수 위에 내밀라 하라 그것들이 피가 되리니 애굽 온 땅과 나무 그릇과 돌 그릇 안에 모두 피가 있으리라"(출 7:19). '모든 호수'로 번역된 용어는 창세기 1:10에 '모인 물'로 번역된 희귀한

---

14   Tikva Frymer-Kenski, "The Atrahasis Epic and its Significacnce for our Understanding of Genesis 1-9." *Biblical Archaeologist* 40 (1977), 153.

표현이다. "출애굽 7:19에 이 단어가 사용된 것은 창세기 1:10과 연관되어 있고 재앙을 우주적 규모로 묘사하는 모습을 알려준다."[15] 제사장 저자는 개구리 재앙도 비슷한 방식으로 수정한다. "P가 개구리 재앙을 이집트의 모든 사람에게 벌어진 재앙으로 묘사하려고 결정한 것은 창세기 1장과 친숙하기 때문이라고 설명할 수 있다. 출애굽 7:28(MT=「개역개정」 8:3)는 JE 본문인데 동사 *샤라츠*(sharats), '무수히 생기다'는 창세기 1:20, "물들은 생물을 *번성하게* 하라"와 창세기 1:21, "하나님이 큰 바다 짐승들과 물에서 *번성하여* 움직이는 모든 생물을 ... 종류대로 창조하시니 하나님이 보시기에 좋았더라"와 연관이 있다.[16]

제사장이 개정한 역사는 원역사의 여덟 가지 재앙에 둘을 더하여 열 가지 재앙을 만든다. 추가된 재앙 중 하나가 이(lice) 재앙이다.

P는 이 재앙을 개구리와 파리 재앙 사이에 삽입함으로써 각각 물, 땅, 하늘과 연관된 생물이 이집트 땅에 충만해서 이집트 백성의 정상적인 삶을 어지럽히는 패턴을 만들었다. 이런 상황은 하나님이 인간에게 창세기 1:28에서 "생육하고 번성하여 땅에 충만하라, 땅을 정복하라, 바다의 물고기와 하늘의 새와 땅에 움직이는 모든 생물을 다스리라"고 축복하신 내용을 완전히 뒤집어 놓은 것이었다.[17]

제사장 저자가 추가한 나머지 재앙은 종기이다. 그것은 레위기 13장에서 관심을 표명한 내용과 맥락이 같다. "P가 재앙-출애굽 이야기를 결론지을 때 이집트의 모습은" 창세기 1장을 염두에 둔 것처럼 "사람이 없고, 짐승이 없으며, 식물이 없는 땅이다."[18]

---

15 Ziony Zevit, "The Priestly Redaction and Interpretation of the Plague Narrative in Exodus," *Jewish Quarterly Review* 66 (1976), 193~211, 특히 199쪽.

16 Ibid., 202.

17 Ibid., 205.

18 Ibid., 210.

이러한 독특한 특징을 지닌 역사는 예루살렘 성전이 바라본 세상의 역사를 제사장 버전으로 바라본 것이다. 그것이 바빌론과 팔레스타인 지역에서 페르시아 시대가 시작될 때 사독계 아론 제사장들이 보존한 역사이다. 기존의 JE 이야기는 다윗의 군주 시대와 페르시아 시대에 아론계 제사장들이 장악한 성전의 소관이었던 관습법과 기본적인 제의 규정과 금기를 기록하고 전수하기에 훨씬 적합한 문서가 되게끔 구조적으로 개선되었다.

모든 것이 제자리를 찾다

성서의 첫머리, 창세기 1:1~2:4a에 나오는 창조 이야기는 다윗 왕조 시대에 작성된 성전 역사를 아론계 제사장이 개정한 내용을 소개하고 있을 따름이다. 개정된 역사는 기원전 6세기 후반 아론계 제사장들이 자신들이 사는 세상의 모습과 그들이 생각하는 대로 세상이 존재하게 된 과정을 제시하고 있다. 아론계 제사장들은 재건된 성전에서 제사장 직무를 전담하여 내내 존재감을 과시했고 그들이 개정한 역사는 권위 있는 경전 역사 속에 자리를 잡은 역사가 되었다.

그런 의미에서 창세기 1장은 일반적이고 우주 보편적인 창조 기사가 아니다. 그것은 6세기 후반 페르시아가 통치하던 때 바빌론과 예루살렘에 살던 아론계 제사장들의 제의와 연관되어 있고 바로 그 제의에서 유래한 기사이다. 그것은 이미 알려진 고대 근동의 창조 기사처럼 희생 제사를 바치는 국가 제의를 가장 중시하던 전통의 일부였다. 그런 전통은 종종 제의를 재건하고 제사장들의 이론을 다시 개념화하고 재확인할 필요가 있을 때 기록되었다.

하지만 창세기 1장이 다른 창조 이야기들처럼 제의를 집행하는 제사장들이 기록해 놓은 것일지라도 창세기 1장의 창조관은 그것이 유래한 사회적 상황과 상관이 있다. 세상의 창조는 음식, 인구, 토지보유권과 같은 현실과 직접 연결되어 있다. 그것은 기원전 6세기 후반에 에루살렘에 사는 제사장 집단, 즉 토지를 보유한 엘리트이며 넓게 보면 페르시아 제국에 의존하는 자들이었던 그들이 세상이 어떻게 존재하게 되었는지를 설명하는 기사이다. 그들이 주로 하는 일은 페르시아가 지배하던 도성의 주민과 팔레스타인 촌민을 위하여 짐승을 제물 삼아 제사하는 일이었다.

여기서 제시하는 제사장 관점은 폭넓게 통합하고 포괄적이다. 중요한 것은 무엇이든지 서로 관련이 있다. 창세기 1장에 세워진 범주들과 구조들은 제사장들이 재구성한 역사에 등장하는 모든 것을 움직이는 원천이다. 그것은 모든 것이 자라는 씨앗이고 모든 꽃이 피어나는 꽃봉오리이다.

하나님이 ... 시작할 때

고대 근동의 창조 기사는 창조할 때 존재하는 상황을 묘사하는 진술로 시작하는 것이 관례였다. 바빌론 창조 기사, *에누마 엘리쉬*는 다음과 같은 말로 시작한다.

높은 하늘은 이름이 지어지지 않았고 아래로 단단한 땅을 이름 지어 부르지 않았을 때 무(無)이나 그것들을 낳은 자(아버지), 태고의 압수와 그 모두를 출산한 자(어머니), 티아맛, 그 물들은 한 몸으로 뒤엉켜 있었다. 갈대 오두막이 전혀 없고 축축한 땅도 나타나지 않았다. 어떤 신도 존재하지 않았고 이름을 부르지도 않았으며 그들의 운명도 정해지지 않았다.

이 모든 것은 최초의 창조 '사건'이 일어나기 전의 모습이라고 말한다.

그때 신들은 그 안에서 만들어지고 있었다.[1]

창세기 1장은 전형적인 창조 기사이다. 그래서 위와 똑같은 방식으로 시작한다. 전통적인 번역은 "태초에 하나님이 천지를 창조하시니라"이다. 이 번역(이것이 이 성서의 제목이기도 하다)은 부정확하다. 성서학자들은 일반적으로 이 문제를 알고 있으나 여러 번역 성경들은 전통에 따라 히브리어 문장을 계속 이렇게 번역하고 있다. 사실 창세기 1장은 *에누마 엘리쉬*처럼 최초의 창조 행위, 즉 하나님이 빛을 비추라고 명령하기 전에는 어떤 모습이었는지를 설명하는 것으로 시작한다.

> 하나님이 하늘과 땅을 창조했을 때 — 그때 땅은 형태나 틀이 없고 어둠이 바다 위에 덮여 있었으며 하나님의 바람은 물 위를 맴돌고 있었다 — 첫 번째로 하신 일은 "빛이 있으라"라고 말씀하신 것이었다. 그래서 빛이 생겼다.

창세기 1장의 창조 이야기를 읽는 독자들은 하나님이 창조한 첫 번째 사물이 '하늘과 땅(천지)'이라는 말을 읽을 때마다 당혹스러워한다. 독자들이 보기에 본문은 비록 하나님이 첫째 날에 천지를 창조했다고 말하나 그것은 둘째 날 하나님이 '궁창'을 만들 때 비로소 생긴다. 또 빛과 어둠, 낮과 밤은 바로 첫째 날에 창조되었다고 말하나 그것들은 넷째 날, 해와 달과 별들을 만들어야 생기는 것으로 알고 있다. 이 수수께끼의 답변은 서두에서 하나님이 '하늘과 땅(천지)'을 창조했다는 문장을 이어지는 내용 전체의 요약으로 보는 것이다. 그것은 창조 질서 각 부분이 아니라 엿새 동안의 창조로 완전히 갖추어진 구조와 조직을 말한다. 화자는 비슷한 방식으로 2장 1절에서 "천지와 만물이 다 이루어지니라"라고 요약한다.

그래도 분명한 것은 최초로 창조하는 순간에 상당히 많은 것이 이미 존재하고 있었다는 사실이다. 바다가 존재했다. 바다라는 단어는 바빌론 창조 신화

---

1   *ANET*, 60~61쪽, 1~9줄.

의 티아맛과 관련이 있다. 「개역개정」은 전통적인 번역을 따라 '깊음'이라고 번역한다. 그것은 아마 무(無)의 심연을 나타내는 말일 것이지만 실제로는 깊은 물을 가리킨다. 마찬가지로 바람도 이미 존재했다. 창조가 시작되는 장면에는 어둠으로 둘러싸인 바다가 포함되어 있고 바람이 불고 있었다. 무엇인가가 벌써 존재하고 있는데, 존재하지 않는 것이 있다면 그것은 바로 질서이다. 기원전 6세기에 토지를 보유한 제사장들이 대리통치를 하던 팔레스타인 땅에는 인간의 삶에 특징적인 것 그리고 사회적 실존에 중요한 것은 하나도 존재하지 않았다.

6일의 질서

창조되기 이전의 세상은 무질서한 세상이다. 텅 비어 있는 것이라기보다 전혀 조직되어 있지 않은 상태였다. 창조 기사가 실질적으로 강조하는 것은 하나님이 이것저것을 창조했다는 것이 아니라 시간을 특별한 순서에 따라 그리고 공간을 그 특별한 순서에 따라 창조했다는 것이다.[2]

그래도 하나님은 무질서로부터 사물을 *만든* 것이 아니라 무질서로부터 그것들을 불러내거나 *명령한다.* 창조의 첫 번째 행위는 "빛이 있으라"는 말씀이다. 이것은 초대가 아니라 명령이다. 제사장 역사의 창조는 주로 잇달아 내리는 명령으로 이루어진다. 제사장 역사 내내 하나님은 명령을 내리고 사람들은 그 명령에 순종한다. 아론계 제사장이 성전 조직 안에서 명령을 내리고 즉각 순종하기를 기대하는 모습과 비슷하다. 창조 질서도 이것과 전혀 다르지 않다. 온 우주가 순종한다. 누군가 죄를 지어 순종의 원리를 위반하면 창조 질서는 이 위반을 처리하도록 작동한다. 이것이 아론계 제사장 저자가 가장 중요

---

2   우가릿 문헌을 보면 창 1:2(「개역개정」, "혼돈하고 공허하며")의 신비스러운 어조가 담긴 히브리어 토후 바보후(*tohu wabohu*)는 "질서가 없고 생산성이 없음"을 뜻한다는 아주 뚜렷한 증거가 있다. David Toshio Tsumura, "**Nabalkutu**, *tu-a-bi-[u]* and *tohu wabohu*," *Ugarit-Forschungen* 19 (1987), 309~315 참고.

하게 여기는, 성막에서 희생제물을 드려 제사하는 근본 목적이다.

어둠은 이미 존재한다. 하나님은 빛을 가장 먼저 창조한다. 어둠과 빛의 순환은 날이라는 시간 단위를 특징짓는다. 이것은 제사장 저자가 창조 기사를 쓰려고 선택한 시간 단위이다.[3] 엿새 동안의 창조와 일곱째 날의 안식은 제사장이 역사를 재구성하는 정점에서 의미심장한 역할을 한다. 그러므로 하나님이 가장 먼저 이 시간 단위를 창조하는 것이 마땅하다. 창조 질서 안에서 어둠은 빛보다 먼저 존재했기 때문에 고대 이스라엘 사람들은 하루의 시작이 한밤중이나 새벽이 아니라 저녁에 시작한다고 생각했다. 이런 생각은 제사장 전승이 생기기 훨씬 전에 널리 알려져 있었으므로 제사장 기사는 그것을 따랐을 것이다.

다음으로 우리는 "하나님이 빛과 어둠을 나누었다"는 말씀을 읽는다. 나누다, 구분하다, 범주에 따라 분류하다와 같은 행위들은 제사장들의 생각에 창조 과정의 본질에 속한다. 하나님은 엿새 동안 나누고 분류하는 과정을 통해 세상을 조직한다.

첫째, 둘째, 셋째 날	넷째, 다섯째, 여섯째 날
빛	해, 달, 별
궁창	바다 짐승과 물고기, 새
땅, 식물	짐승, 사람

얼핏 보면 이 창조 순서는 특히 이 내용을 전하는 산문 이야기를 통해서 볼 때 질서가 없는 것처럼 보인다. 하지만 위의 도표에 나타난 용어들을 약간 다

---

3   1장과 2장을 살펴보면 그런 계획이 창조 기사에 반드시 필요한 것은 아니라는 것을 볼 수 있다.

르게 표현하면 창조 순서는 뚜렷한 패턴이 있다.

첫째, 둘째, 셋째 날	넷째, 다섯째, 여섯째 날
빛	**움직이는** *빛*들
윗물과 아랫물을 나누는 궁창	윗 물과 아랫 물에서 **움직이는** 존재들
움직이지 않는 식물이 나오는 *땅*	*땅*의 **움직이는** 존재들: 짐승이 먼저고 다음에 사람

첫째 날, 둘째 날, 셋째 날은 빛, 물, 땅을 정의한다. 이것들은 창조의 기본 요소이다. 그것들은 하늘과 땅과 그것들을 보이게 하는 빛으로 되어 있다.

바다와 하늘은 모두 고대인의 눈에 물로 이루어져 있다고 보는 점이 두드러진다. '궁창', *라키아*는 반투명이자 반구형의 딱딱한 지붕으로서 우주의 물을 둘로 나눈다. 반구형 지붕 위의 물은 하늘, 지붕 아래의 물은 바다라고 부른다. 우리는 구름이 없는 날에 윗물을 볼 수 있다(푸른 하늘이 바다색을 띠므로—옮긴이). 고대인의 눈으로 볼 때 저 위의 푸른색은 아래의 푸른 바다에서 볼 수 있는 것과 같은 요소로 되어 있다는 것이다. 나중에 대홍수가 일어날 때 하나님은 '하늘 문'을 열어 반구형 위의 물을 땅에 쏟아붓는다.

땅은 아랫물을 모아 땅이 드러나게 했을 때 생긴다. 땅은 그것이 드러나기 위해 어떤 명령이 떨어지기만 하면 나타나는 것처럼 이미 존재했다. 땅에서는 식물이 등장하고 제자리를 잡는다.

왼쪽 항의, 처음 사흘 동안 창조된 것들은 제자리에 고정되어 있다. 오른쪽 항의, 사흘 동안 창조된 것들은 처음 사흘 동안 이루어진 빛, 물, 땅의 순서를 따르지만 움직인다.

생명, 움직임, 피

두 번째 사흘 동안 창조된 것은 어떻게 지정되는가 또는 어떤 범주로 나누어지는가? 그것들은 생기가 불어 넣어졌는가? 살아있는가? 움직일 수 있는가? 처음 사흘 동안 세운 영역에 속하는가? 그것들은 이 질문 모두에 해당한다. 하늘의 빛들—해, 달, 별들—조차 생명체 범주에 속한다. 고대인들이 천체가 신들이라고 생각한 것과 같다. 더불어 그것들을 주관하는 것이 있다. 해와 달은 낮과 밤을 주관하고, 사람은 바다와 마른 땅에 사는 짐승을 주관한다. 그러나 기본 사상은 그것들이 움직인다는 것이다.

제사장 저자는 특별히 움직이는 물체의 특징에 관심을 가진다. 그의 주요 특권은 고기를 먹고 고기를 하나님께 바쳐 섬기는 일이다. 그렇게 하려면 짐승을 죽여 움직이지 못하게 해야 한다.

이렇게 창조된 생명체들의 움직임은 어떻게 가능해지는지 질문을 일으킨다. 그것들은 살아있다. 그러나 어떻게 계속해서 살아있는 것일까? 살기 위해서 피조물은 먹어야 하고 피를 간직하고 있어야 한다. 이 두 가지가 제사장 역사가 전개되는 동안 중심이 된다. 제사장 직분을 수행하는 예식의 기본 요소는 피의 처리에 있다. 순서는 고기에서 도살로 그다음에는 피에 대한 이론적 관심사로 이어진다. 특히 레위기에 실려 있는, 제사장 전통으로 명시되는 모든 기본적 금기는 피를 처리하는 문제에서 나온다.

두 번째 사흘 동안에 피조된 존재들의 일차적 특징이 움직임인 것처럼 하나님이 생명의 영역을 창조하고 그 영역 안에서 움직이는 살아있는 생명체들을 창조하기를 마쳤을 때 하나님은 움직임을 멈추고 안식일에 쉰다.

위의 도표에서 첫 번째 항목들과 두 번째 항목들이 보여주는 또 다른 차이는 재생산 기능에 있다. 제사장의 사고방식은 두 번째 항목의 생명체들은 다른 성과 관계를 맺음으로써 재생산을 하고 이와 대조적으로 식물은 스스로 복제한다. 그래서 저자는 "땅이 풀과 각기 종류대로 씨 맺는 채소와 각기 종류대로 씨 가진 열매 맺는 나무를 냈다"(창 1:12)고 설명한다. 움직이는 생명체들은 짝을 짓는 일을 제외하면 식물처럼 '각기 종류대로' 재생산한다. 즉 세대를 이어가며 똑같은 특징들을 반복한다. 하나님은 물속에 있는 생물을 '그 종류대로', 모든 새를 '그 종류대로', 야생 짐승을 '그 종류대로' 가축을 '그 종류대로' 모든 벌레를 '그 종류대로' 창조하였다. 이 모든 생물은 종류대로 재생산하며 그 목적을 위해 하나님은 "생육하고 번성하여 땅에 충만하라"는 명령을 내렸다. 생명체들이 계획대로 풍성해지면 제사장들이 위탁 운영하는 사회는 번창하게 된다. 그리고 그 일차적 수혜자는 자신들이었다.

사람은 어떤 '종류'인가? 그들의 종류는 언급되지 않은 대신에 하나님은 하나님이 임재하는 낮은 등급의 신이라고 밝힌다. "우리가 우리 형상을 따라 우리의 모양대로 우리가 사람을 만들자... 하나님이 자기 형상 곧 하나님의 형상대로 사람을 창조하셨다." 그들이 자녀를 낳을 때 그들이 전해주는 것이 곧 하나님의 형상이다. "하나님이 사람을 창조하실 때에 하나님의 모양대로 지으시되...아담이 130세에 자기의 모양 곧 자기의 형상과 같은 아들을 낳았다"(창 5:1, 3).

사람의 고귀함에 대한 이런 견해는 제사장만이 가진 독특한 것이며 시 8편에서 하나님이 "사람을 하나님보다 조금 못하게 하시고"라는 표현에서 찾아볼 수 있다. 그것은 신성을 본따 지어진 존재가 사람이라고 이해한다. 이상적인 사람이 등장하면 신성과 같은 것을 인식할 수가 있다. 그러므로 이러한 제사장 관점으로 볼 때 사람의 범주는 이런 이상을 성취하기에 가까운 존재로 보는 것이 적절하다. 하나님의 몸은 결함이 있거나 있어야 할 부분이 없거나 하지 않고, 혐오스러운 피부질환이나 종기가 생기지 않는다. 이런 것으로 고통받는 사람은 그렇지 않은 사람보다 하나님 모습을 닮지 않았기 때문에 온전하지 못한 사람인 것이 분명하다. 그런 사람은 성막이나 성전 제사장으로 직분을 수행하기에 적합지 않다.

사람에게는 번성하여 다스리라는 명령이 주어진다. 이것은 사람 중의 엘리트들 특히 통치하는 제사장들에게 주어진 명령이란 의미를 함축하고 있다. 그들은 실제로 다른 사람들보다 더 완벽하게 이 명령을 순종했다. 제사장 역사의 이야기와 계보를 작성할 때 강조점은 이스라엘 전체가 이 명령을 성취했는가에 놓여 있다.[4]

사람은 다른 짐승처럼 남성과 여성의 성을 지닌다. 그리고 자기복제가 아니라 이성 사이의 성관계를 통해 '생육하게' 된다. 이러한 창조 질서는 나머지 질서처럼 위반하면 안 된다. 그래서 레위기 20장은 동성애를 규제한다.

마지막으로 하나님은 움직이는 존재들이 계속 움직일 수 있도록 준비한다.

> 하나님이 이르시되 내가 온 지면의 씨 맺는 모든 채소와 씨 가진 열매 맺는 모든 나무를 너희에게 주노니 너희의 먹을거리가 되리라 또 땅의 모든 짐승과 하늘의 모든 새와 생명이 있어 땅에 기는 모든 새와 생명이 있어 땅에 기는 모든 것에게는 내가 모든 푸른 풀을 먹을거리로 주노라 (창 1:29~30).

둘째 줄의 모든 사물의 먹을거리는 식물이다. 이 지점까지 세워진 세상 질서에서 그들은 서로를 잡아먹고 피를 흘리면 안 된다. 제사장 직무의 일차적 특권은 피를 신중하게 다루고 그것이 창조 질서 가운데 제자리에 있도록 하는 것이다.

이 가르침은 가인과 라멕 그리고 잇달아 폭력(「개역개정」, '포악')으로 피를 흘리는 사건들로 위반된다. 제사장 저자는 이런 상황이 바로 홍수를 피할 수 없도록 만든 요인이라고 본다. 이렇게 무질서하게 피를 흘리는 상황 때문에 땅을 깨끗이 쓸어버린 다음 피를 흘리는 일과 관련된 명령이 노아에게 주어진

---

4 Walter Brueggemann은 "The Kerygma of the Priestly Writers"에서 이것이 마치 P의 핵심인 것처럼 전체 제사장 문헌의 주제라고 본다. 그것은 포로후기 아론계 제사장들의 입장에서 볼 때 필연적이었을 것이다. 추가로 Jeremy Cohen, *"Be Fertile and Increase, Fill the Earth and Master It": The Ancient and Medieval Career of a Biblical Text* (Ithaca: Cornell University Press, 1989) 참조.

다. 하나님의 창조 질서에 합당하게 고기를 먹는 일에 대한 관심사는 창세기 1장의 창조 기사에 소개되어 있다.

하나님은 매일 창조한 후에 피조물을 보고 좋은지 나쁜지 판단했다. 잘 알다시피 하나님은 모든 것이 좋다고 선언한다. 만물이 제자리를 잡는다. 모든 것이 본래의 자리와 역할을 갖게 되었다.

이런 관점에서 보면 변화란 태초에 하나님이 세워놓은 질서에서 이탈하는 것으로 볼 수 있다. 이것의 예외는 하나님이 친히 영원한 언약을 세워 변경한 것들이다(식물 외에 짐승을 음식으로 준 일과 원래 창조된 상태의 남성 성기에 할례하는 일). 제사장이 보기에 창조된 세상은 선하고 변경하는 것은 나쁘다. 아론계 제사장 직제를 중심에 두고 있는 세상은 선하고 그 밖의 것은 나쁘다.

모든 일을 마쳤을 때 하나님은 안식했다. 이 안식일 휴식은 제사장 언약 가운데 가장 지속적이며 가장 완벽한 — 그래서 가장 배타적인 — 표징이다.

제사장 역사에 이어지는 내용의 구조는 하나님이 말씀하시고, 보시고, 축복하셨다고 보도하는 횟수에 예시되어 있다. 하나님은 열 번 "말씀하셨다." 하나님은 일곱 번 "보셨다." 하나님은 세 번 "축복하셨다."[5] 이렇게 제사장 저자는 하나님의 창조 질서에 처음부터 시간과 공간의 기초로 삼는 패턴을 설정하고 있다.

---

5 전통적인 히브리어 본문은 신성한 숫자에 따라 원래의 패턴을 간직하고 있다. 그리스어 번역은 1:8b에 "그리고 하나님이 보셨다"를 추가하여 이 패턴을 망가뜨린다.

편하고 사치스럽게 살기

너무나도 잘 알려진 창세기 1장의 본문을 이해하기 위해 잘 알려지지 않은, 제사장의 특권과 상관이 있는 본문을 여러 개 언급해야 한다는 것은 아이러니한 일이다.

구별

제사장 직제의 주요 기능은 레위기 10:10이 명시하고 있듯이 "거룩하고 속된 것을 분별하고 부정하고 정한 것을 분별하는 일"이었다. 이 기능이 핵심이라는 사실은 과장이 아니다. '분별하기'는 하나님이 창조할 때 처음으로 행한 일이다. 히브리어로 하나님은 빛과 어둠을 '분별하였다.' 제사장 전승은 이 분별하기와 나누는 일을 하나님의 최초 행위의 본질로 보고, 제사장 직은 이러한 하나님의 행위와 부합하여 구별된 계층으로 기능하는 것으로 이해했다. 구별은 제사장 특권의 기초이다.

제사장들의 관점에서 보면 구별하는 일뿐만이 아니라 그 일을 철저히 수행하는 것이 필수적이었다. 철저히 구별하는 모델이 가장 먼저였다. 창조된 세상에서 모든 구분은 차이점을 구체화한다. 밤과 낮이 다르고(창 1:4, 14, 18) 또한 우주의 장벽('궁창')(창 1:6, 7)이 위로 하늘의 물과 아래로 땅의 물을 분리하는 것과 같다.

고기를 먹는 일

제사장이 하는 일은 거룩하고 속된 것 그리고 정하고 부정한 것의 차이를 정의하는 일이었다. 특이하고 드문 것은 거룩한 것으로 선언되었다. 창세기 1장을 작성한 제사장들이 가장 희귀하게 여긴 것은 고기였다. 고기는 고대 지중해 동쪽 세계에서 매일 흔하게 먹는 음식이 아니었다.[1] 팔레스타인 사람들의 주식은 빵과 올리브였다. 다른 음식들도 있었으나 이 두 가지 음식을 가장 널리 애용하였다. 매일 계속해서 고기를 먹는 일은 고대 농경사회에서 보기 드문 특권이었다. 제사장들은 거룩한 것과 흔한 것을 구분하는 권한을 사용하여 온 나라의 고기 공급을 규제하고 자신들이 많은 양의 고기를 쉽게 먹을 수 있도록 "조치했다." 제사하기 위해 제단에 바친 것 중 상당 부분을 그들이 먹었다. 제사장 관점으로 볼 때 고기 섭취는 평범함과 대조되는 거룩함의 본질이었다.

제사장 관점에서 고기라는 음식은 원래의 창조 질서에 속하지 않았다. 피조물들은 다른 피조물을 먹지 못하고 오직 식물을 섭취해야 했다. 하지만 하나님은 피 흘림으로 '부패한' 땅을 홍수로 깨끗이 쓸어낸 후 노아, 즉 인류와 더불어 "너희와 함께 한 모든 생물 곧 … 새와 가축과 땅의 모든 생물… 땅의 모든 짐승"과 언약을 세우셨다(창 9:10, 16~17). 이것은 제사장 문헌에 등장하는 세 가지 영원한 언약 중 첫 번째 언약이다. 이 언약은 노아나 사람들과 세운 것이 아니고 모든 육체(살)와 세운 것이다. 이것은 주로 '살', 즉 고기를 먹는 일과

---

1   Fernand Braudel, *The Mediterranean and the Mediterranean World in the Age of Philip II*, vol. 1 (New York: Harper & Row, 1972), 239~246, 459 참조.

관련이 있기 때문이다.

노아 언약은 만연한 피 흘림에 질서를 부여했다. 그것은 제사장 전승에 의하면 하나님이 홍수를 보낸 주요 원인이었다. 살인으로 흘린 피는 음식으로 고기를 먹을 때 흘리는 피의 문제를 언급할 기회가 되었다.

> 하나님이 노아와 그와 함께 한 아들들에게 복을 주시며 그들에게 이르시되 생육하고 번성하여 땅에 충만하라 땅의 모든 짐승과 공중의 모든 새와 땅에 기는 모든 것과 바다의 물고기가 너희를 두려워하며 너희를 무서워하리니 이것들은 너희의 손에 붙였음이니라 모든 산 동물은 너희의 먹을 것이 될지라 채소같이 내가 이것을 다 너희에게 주노라 그러나 고기를 그 생명 되는 피째 먹지 말 것이니라 내가 반드시 너희의 피 곧 너희의 생명의 피를 찾으리니 짐승이면 그 짐승에게서 사람이나 사람의 형제면 그에게서 그의 생명을 찾으리라 다른 사람의 피를 흘리면 그 사람의 피도 흘릴 것이니[2] 이는 하나님이 자기 형상대로 사람을 지으셨음이니라 너희는 생육하고 번성하여 땅에 가득하여 그중에 번성하라 하셨더라 (창 9:1~7)

피는 제사장 관점에서 볼 때 몸의 생명의 요소였다. "모든 생물은 그 피가 생명과 일체라 그러므로 내가 이스라엘 자손에게 이르기를 너희는 어떤 육체의 피든지 먹지 말라 하였나니 모든 육체의 생명은 그것의 피인즉 그 피를 먹는 모든 자는 끊어지리라"(레 17:14). 피를 먹는 일을 금지하는 명령은 반복적으로 나타난다(레 3:17; 7:26, 27; 17:10~16; 19:26).

각 언약은 표징이 있다. 처음으로 절차에 따라 피를 흘려버리고 고기를 먹도록 허락한 이 언약의 표징은 활이다. 영어처럼 히브리어로 '활'이란 단어는

---

2   이것은 제한하는 절이다. 아무리 막강한 힘이 있어도 가인과 라멕처럼 무분별하게 살인하고 하나님의 보응을 피할 수 있는 사람은 아무도 없다.

화살을 쏘는 활과 무지개, 두 가지를 표현한다. 그러나 히브리인들은 오늘날의 우리처럼 이 두 가지가 서로 무관하다고 생각하지 않았다. 그들에게 이 둘은 같은 의미를 지녔다. 하나님이 "자신과 모든 육체 사이에 세운 언약의 표징"으로 구름 속에 걸어둔 것은 활이었다. 활은 인류가 잡아먹고 싶은 짐승의 피를 흘리는 최초의 원시적 사냥도구였고 그러므로 고기 먹는 일을 내용으로 담고 있는 언약에 적합한 표징이었다. 그 언약은 하나님이 다시는 무차별적으로 피를 흘리고 땅을 오염시키는 '모든 육체'를 하늘의 창문을 열어 우주의 물로 지상에 홍수를 일으켜 쓸어버리지 않겠다는 약속을 담고 있다. 지평선 양쪽 끝을 가로질러 위에 있는 우주의 물이 흘러내리지 않도록 막고 있는 궁창의 둥근 모양을 닮은 활은 이 약속을 생각나게 한다.

어떤 고기?

하나님이 첫 번째 언약을 세우고 고기 섭취를 허락할 때 모든 고기를 먹을 수 있게 되었다. 그러나 세 번째 언약, 즉 모세 언약이 발효되었을 때 모든 고기를 다 먹을 수 있는 것은 아니었다. 레위기 11:47이 명시하고 있듯이 제사장의 역할은 거룩하거나 평범한 것을 결정하는 일 외에도 "부정하고 정한 것과 먹을 생물과 먹지 못할 생물을 분별"하는 일이었다. 제사장이 정하고 부정한 짐승 즉 먹어도 되는 짐승과 먹으면 안 되는 짐승을 분류하는 방법은 칠 일의 창조 과정 및 세 가지 제사장 언약과 얼마나 부합하느냐에 달려 있다. 어떤 짐승의 고기를 먹을 수 있는 이유는 다른 짐승에 비해 원래의 창조 질서에 더 가깝기 때문이다.

구별하는 과정 — 먼저 거룩한 것과 그렇지 않은 것을 나누고 그다음 정하고 부정한 것을 나누는 — 의 핵심은 창조 이야기에서 하나님이 나누는 행위에 뿌리를 두고, 첫 번째 언약으로 확대되었고 다시 세 번째 언약에 명백하게 윤곽이 드러난다. 이 주제가 제사장 전승 전체를 얼마나 뒷받침하는지 평가하려면 제사장 역사를 조직할 때 어느 곳에서 고기 구분을 정리하고 있는지를 주목하면 된다. 제사장 역사 전체의 간략한 구조를 보면 이것을 명확히 볼 수 있다.

1. 창조
2. 노아 언약(활)
3. 아브라함 언약(할례)
4. 모세 언약(안식일)
   a. 장막, 제단, 제사장
   b. 희생 제사, 제사장 위임
   c. 피와 얼룩에 관한 금기
   d. 피를 처리하는 방법으로 시작하여 백성의 거룩함을 유지하는 율법들
   e. 다른 율법들

이 구조에서 레위기 11장에 규정하고 있는 정하고 부정한 고기의 정의는 피에 관한 금기 규정(4c)의 서두에 나온다. 그 단락은 레위기 11-16장을 포함한다. 이 단락의 율법들은 먹어도 되는 고기, 할례를 행할 살 그리고 자식을 출산한 여인의 정결 예식, 피부와 의복과 벽에 얼룩을 일으키는 질병, 피와 고름과 정액의 처리, 그리고 일반적인 합의 의례(「개역개정」은 '속죄'라고 표현함). [합의(composition)는 상호 동의하에 차액을 처리하는 일과 관련 있는 법률 용어이다. 손상되었거나 부족함으로 생기는 불균형은 바로잡아야 한다. 평형상태는 무엇인가 가치 있는 것으로 바꿀 때 회복된다. 합의 개념은 정의와 안녕으로 가득한 *샬롬* 개념과 같다.] 이 주제는 10장에서 상세히 다룰 것이다.

이 모든 율법은 동일한 제사장 역사 단락에서 볼 수 있다. 그것들은 레위기 1~7장에 규정한 제사로 해결되지 않은 모든 상황에 대하여 직접 식용으로 사용하든(레 11장) 또는 제의로 해결하든(합의) 짐승을 도살하기 때문이다. 그런 상황이 현대의 독자에게는 다양하게 보이지만 모든 것은 공통점이 하나 있다. 그것들은 피와 피 같은 체액을 분비하고 흘리고 얼룩지는 일 또는 피부질환의

경우 피가 번지는 반점들처럼 특별히 사람이 "생육하고(열매는 피를 흘리지 않는다)" 번성하라는 창조 명령을 성취할 때 자식 출산 기능과 연관되어 있다. 이것들은 피를 처리하는 문제에 전념하는 제사장의 역할일 뿐만 아니라 제사장들이 매일 거행하는 의례에서 피의 생김새(질병이 아무리 깊숙한 곳에 생겨도 겉으로 드러나 보인다)가 알려주기도 한다.

제사장들은 자신의 정결을 유지하기 위하여 관념적인 접근법을 쓴다. 레위기가 특별히 관심을 표명하는 제사장 계층 가운데 엄격한 기준을 충족하지 못하는 사람은 누구도 제사장으로 일할 수 없다.

> 야훼께서 모세에게 말씀하여 이르시되 아론에게 말하여 이르라 누구든지 너의 자손 중 대대로 육체에 흠이 있는 자는 그 하나님의 음식을 드리려고 가까이 오지 못할 것이니라 누구든지 흠이 있는 자는 가까이하지 못할지니 곧 맹인이나 다리 저는 자 코가 불완전한 자나 지체가 더한 자나 발 부러진 자나 손 부러진 자나 등 굽은 자나 키 못 자란 자나 눈에 백막이 있는 자나 습진이나 버짐이 있는 자나 고환 상한 자나 제사장 아론의 자손 중에 흠이 있는 자는 나와 야훼께 화제를 드리지 못할지니 그는 흠이 있은즉 나와서 그의 하나님께 음식을 드리지 못하느니라 (레 21:16~21)

이 완벽주의 사상 때문에 하나님에게 희생제물로 바칠 짐승도 똑같은 정결의 조건을 갖추어야 한다.

> 기쁘게 받으심이 되도록 소나 양이나 염소의 흠 없는 수컷으로 드릴지니 흠 있는 것은 무엇이나 너희가 드리지 말 것은 그것이 기쁘게 받으심이 되지 못할 것임이니라 만일 누구든지 서원한 것을 갚으려 하든지 자의로 예물을 드리려 하여 소나 양으로 화목제물을 야훼께 드리는 자는 기쁘게 받으심이 되도록 아무 흠이 없는 온전한 것으로 할지니 너희는 눈 먼 것이나 상한 것이나 지체가 베임을

당한 것이나 종기 있는 것이나 습진 있는 것이나 비루먹은 것을 야훼께 드리지 말며 이런 것들을 제단 위에 화제물로 야훼께 드리지 말라 (레 22:19~25)

레위기 11장

제사장들이 질서 유지에 집착하는 태도는 식용 고기의 '정결' 문제로 확장된다. 여기서 정결은 여러 종류의 고기를 구분하는 일로 정의된다. 레위기 11장에 서술된 이러한 구분은 제사장 전승 가운데 일차적인 위치를 차지하고 이어서 장막 제도, 제사장 직무, 제사 그리고 피를 처리하는 상세한 규정이 나온다. 구분하는 일은 희생 제의라는, 제사장이 수행하는 가장 중요한 기능 다음에 등장하는 제사장 전승의 주요 과제이다. 그것은 하나님, 제사장, 백성의 일부가 먹을 음식으로 고기를 준비할 때 짐승의 피를 처리하는 일에 그 초점을 맞추고 있다.

레위기 11장의 고기 먹는 규칙에 언급된 여러 가지 종류의 짐승 명칭들의 번역이 언제나 명확하지는 않으나 본문 자체는 규칙들을 완벽하게 잘 이해할 수 있을 정도로 명쾌하다.

제사장 저자들은 과학자가 다른 종들 사이의 차이점을 인지하고 있듯이 짐승들의 범주와 구별법을 아주 잘 인지하고 있었다. 이 점을 레위기 19:19이 보여준다. 거기서 식물은 물론이고 짐승도 다른 종류와 교미시키지 말라고 경고한다.

네 가축을 다른 종류와 교미시키지 말며 네 밭에 두 종자를 섞어 뿌리지 말며 두 재료로 직조한 옷을 입지 말며

짐승의 범주들은 창조 순서가 아니라 창조된 범주, 즉 땅, 아랫물, 하늘의 순서를 따른다. 그러므로 짐승 규정은 육지 짐승, 물고기와 바다 짐승, 새와 나는 곤충과 뛰어다니는 곤충의 순서로 다룬다.

육지 생물이 정한지를 분간하는 원리가 가장 먼저 명시된다.

　모든 짐승 중 굽이 갈라져 쪽발이 되고 새김질하는 것

　다음으로 바다 생물이 정한지를 분간하는 원리가 "물에 있는 모든 것 중에서 지느러미와 비늘이 있는 것"으로 명시된다.

　세 번째 범주, 하늘에 날아다니는 생물이 정한지를 지배하는 원리는 명백하게 말하지 않고 있으나 부정한 새들을 보면 유추할 수 있다. 땅에 걸어 다니는 날개가 있고 껑충 뛰는 다리를 가진 곤충처럼 육식을 하지 않거나 땅이나 바다에서 걸어 다니는 하늘 생물은 정결하다.

　생물이 식용으로 적합한지를 알아보기 전에 갖추어야 하는 조건은 그것이 육지, 물, 하늘과 같은 특정 영역에 규범적인 것으로 정의할 수 있는 특징과 연결되어 있다. 이 전승을 작성한 제사장들은 원래의 창조 질서가 있고 만물은 그 질서에 적합하게 살아갈 때 정결하다고 생각했다. 육지에 적합한 짐승이 있고 바다나 하늘에 적합한 생물이 있다. 제사장 저자가 기록한 원리는 각 생물은 하나의 영역에만 소속되어야 한다는 것이다. 원래 창조된 영역에서 벗어난 생물은 최적의 기준을 위반한 것이고 그래서 부정하다.

　정결함을 결정하는 근본 기준은 어떤 생물이 창세기 1장에서 이루어진 제사장의 세상 구조에 비추어 볼 때 창조된 영역 안에서 모종의 '흠이 있는지' 여부이다. 두 영역 이상에 적합하거나 특정 영역의 기준을 따르지 않는 생물은 흠이 있다. 즉, 그것들은 질서를 따르지 않는 특성을 보여준다. 다른 말로 부정함은 무질서함을 의미한다. 그것은 그 생물이 속하지 않은 영역과 섞여 있는 것이다.

　정결함에 필요한 일차적 요건은 생물의 움직이는 방식과 상관이 있다. 생물이 움직이는 방식에 대한 관심은 넷째 날, 다섯째 날, 여섯째 날에 창조된 생명체(80쪽의 오른쪽 줄)는 각각 첫째 날, 둘째 날, 셋째 날(같은 도표의 왼쪽 줄)에 창조된 육지, 바다, 하늘에 살면서 움직여야 한다는 관찰에 기초하고 있다. 하지만 각 영역은 그곳에서 움직이는 데 적합한 방식이 있다. 짐승이 움직이는 방식은 그것이 사는 영역에 적합해야 한다. 땅에서 걸으려면 굽이 필요하고, 바다에서 움직이려면 지느러미가 필요하고, 하늘에서 날아다니려면 날개가 있어야 한다.

그러나 움직이는 방식 자체는 특정 영역에 사는 생물이 규범적이라고 정의하는 데 충분하지 않다. 그래서 제사장 저자는 두 번째 요건을 덧붙였다. 땅과 하늘의 두 번째 요건은 식사이다. 그것은 채소를 먹는 생물인가 육식하는 생물인가에 달렸다. 채소를 먹고 다른 생물을 먹지 않는 생물은 원래의 창조 질서에 더 가깝고 그래서 잠재적으로 정결하다. 어떤 생물이 무엇을 식용으로 하는지 제사장들이 반드시 구분할 수가 없는 물의 영역에서 두 번째 요건은 생물의 외양과 상관이 있다.

이 규칙들은 창조할 때 세워진 질서에서 나온 것처럼 제시되어 있으나 이런 질서는 사실 희생 제사 습관과 팔레스타인에 널리 퍼진 식습관에서 유래한 것이다. 팔레스타인 사람들의 생계와 경제에 기본적인 육지 짐승들은 소, 양, 염소 등 가축이었다. 이들은 굽이 갈라지고 먹이를 되새김질한다. 굽이 있다고 해서 발톱을 가진 것은 아니다. 발톱은 먹이를 낚아채고 찢고 움켜쥐는 역할을 한다. 그래서 피를 흘리고 피를 먹는 짐승이라는 것을 알려준다. 채식하는 짐승은 그렇지 않다. 되새김질하는 짐승은 정하다는 표시이다. 식물을 먹는 것이 좋은 일이라면 여러 번 씹는 것은 더 좋은 일이 틀림없기 때문이다. 가장 흔한 반추동물로서 소와 양은 육지 짐승의 표준이다. 발굽이 갈라진 짐승이어야 한다는 것은 이런 짐승들이 가진 특징에서 유래한 것으로 보인다.

이상주의적인 제사장들은 범주를 명확하게 나누는 일에서 기준에 완벽하게 부합하지 않는 짐승들을 배척했다. 낙타, 바위너구리, 토끼는 철저히 되새김질하고 또 그렇게 보이나 굽이 갈라져 있지도 않고 진짜 굽도 없다. 돼지는 굽은 갈라져 있으나 되새김질하지 않는다. 이런 짐승들은 모두 정결하지 않다.

제사장들의 근거

성서가 왜 돼지고기를 먹지 말라고 하는지 그 이유에 대해서는 상당히 많이 논의해왔다. 이 주제에 관한 글 상당수는 제사장 전통이 제시한 음식 금기의 패턴을 인식하지 못한 채 돼지고기만을 다룬다. 그 이유에는 생태학적, 정치적, 이론적 요인들이 결합되어 있다. 이 요인들은 팔레스타인의 페르시아 시대 초반 예루살렘을 다스린 제사장 직제에 적용된다. 당시는 페르시아의 통제와 제사장들의 권위가 최고조였다. 돼지를 삼가는 곳에서는 영양을 더 많이 먹는 경향이 있다. 영양은 물론 제사장의 사고방식으로 보면 정결한 짐승의 기준에 합당하다.[3]

---

3   마빈 해리스(Marvin Harris)는 중동 지역이 돼지 사육 장소가 부족하고 비용이 많이 들기 때문에 식용으로만 사육한다고 설명한다. 이는 성서 시대의 돼지 사육에도 적용된다. M. Harris, *Cow, Pig, Wars, and Witches: The Riddles of Culture* (New York: Vintage Books, 1978), 28~50 참조. 더구나 돼지 혐오 사상은 해리스의 주장에서 예상할 수 있듯이 팔레스타인 땅에만 국한되지 않는다. 헤로도투스는 이집트 사람들이 돼지를 부정하게 생각했다고 전한다(2:46f). 그래도 성서 시대 팔레스타인에서 멧돼지의 먹이활동을 보고하는 곳이 많고 집돼지 사육이 불리함에도 불구하고 팔레스타인 역사의 여러 시대에 사육한 장소가 상당히 많았다. 그럼에도 불구하고 정결한 짐승 목록을 보면 기존 관행에 따라 이 식사 규범을 세웠고 돼지를 사육하는 데 필요한 물리적 요인들이 이스라엘 사람들이나 제사장들이 돼지를 회피하는 데 일정 부분 역할을 한 것이 분명하다. 최근 히스와 와프니쉬(Hesse and Wapnish)는 해리스의 생태학적 접근이 오랫동안 팔레스타인 농업에 역할을 해 온 두 가지 정치적 요인들에 따라 수정 보완되어야 한다고 주장했다. 첫째, 소규모 농가가 가축에 과세하는 정부의 통제를 벗어나고 현금을 확보하는 방편으로 주기적으로 돼지를 사육했다. 둘째, 쿤(Coon)이 주장한 대로 보통 국가가 권장하거나 통제를 받아 올리브와 포도 같은 환금 작물 하나를 재배하는 문화가 생기면 돼지 먹이를 확보할 수 있는 지역이나 물자는 줄어들고 결국 돼지는 공식적으로 퇴출된다. 이렇게 볼 때 공식적으로 돼지를 회피하게 만든 원인은 엘리트 통치계층이나 제사장들에게는 아무런 문제가 되지 않는 돼지 사육에 소요되는 고비용이 아니라 강력한 중앙국가의 역할 때문이다. 팔레스타인의 고고학 증거는 실제로 초기 이스라엘과 군주 시대 이스라엘의 시대에 돼지를 사용하지 않았음을 보여준다. Brian Hesse, "Animal Use at Tel Miqne-Ekron in the Bronze Age and Iron Age," *Bulletin of the American Schools of Oriental Research* 264 (1986), 17~27; U. Hübner, "Schweine, Schweineknochen und ein Speiseverbot im alten Israel," *Vetus Testamentum* 39 (1989), 225~236 참조.

물에 사는 생물로서 먹을 수 있는 생물이 가져야 하는 첫 번째 특징은 지느러미이다. 지느러미는 물에서 움직이는 데 적합한 방식이다. 문어, 게, 새우처럼 걷거나 떼 지어 다니는 것이나 장어나 가오리처럼 물에서 기어다니거나 날아다니는 것들은 적합하지 않다. 두 번째 특징은 생물의 외양이다. 이것은 가죽이 아니라 비늘이어야 한다. 상어나 돌고래처럼 가죽이 있는 생물은 적합하지 않다. 가죽은 육지 생물의 특징이기 때문이다.

하늘에 나는 생물의 경우, 타조처럼 땅을 걷고 날지 않는 새는 하늘 생물의 운동방식을 위배하므로 실격이다. 물을 걷거나 떠 있는 새들은 나는 것이라 해도 부정하다. 나는 것이 주요 이동방식이 아니기 때문이다. 이것은 왜가리와 오리 같은 조류에게도 적용된다. 그것들은 엄밀히 말해서 '공중에 나는 새'가 아니라 물새이기 때문이다. 그래서 살아있는 생물이나 사체를 먹는 새들도 적합하지 않다. 채소를 먹으라는 원래의 명령에 어긋나기 때문이다. 정결한 새의 모델은 비둘기이다. 비둘기는 씨앗을 먹고 주요 이동방식으로 날아다니기 때문이다. 박쥐는 부정하다. 고기를 먹고 또 정상적인 공중 생물처럼 깃털이나 날개가 없기 때문이다.

육지와 물과 하늘에 떼를 지어 '기는 것들'은 부정하다. 그들의 영역에 특징적인 뚜렷한 이동방식이 없기 때문이다. 예를 들어 날아다니는 곤충은 공중을 날아다니기도 하고 네 발 혹은 여섯 발로 걸어 다니기도 한다. 메뚜기, 베짱이, 귀뚜라미는 예외이다. 그것들은 날개도 있고 폴짝폴짝 뛰기도 한다. 제사장들은 이 모습을 나는 형태로 보았다. 마지막의 경우는 신명기 법전을 작성할 때 다른 입장 즉 나머지 곤충처럼 부정하게 볼 정도로(신 14장) 모호하다.

창세기 1장은 상대적으로 높은 수준의 체계와 질서로 합리화한 일련의 문화적 원리에서 생성되었을 것이다. 그것은 지배하는 제사장들의 전통이고 또 그 전통을 기록한 글임을 보여준다. 그것이 정한 범주는 제사장들이 희생 제사를 하고 고기를 많이 먹는 특권을 관리하는 임무를 전제한다. 그 범주는 제사장이 희생 제의의 관리자이며 고기를 많이 먹는 특권을 전제하는 문화적 관례를 중요한 방식으로 반영한다. 두 가지는 움직임과 생명의 원천인 피를 적절하게 처리하는 기능으로 소급된다. 제사장들의 많은 금기는 제사장 역사에 기록되기 이전에 이미 오랫동안 백성들이 실행하던 삶의 일부였다. 그러나 제사장 문헌에서 특별히 철저하고 조직적으로 편성되었고 이 질서의 기초를 창세기 1장에서 세상 질서를 창조하는 이야기로 투영한 업적은 포로기 또는 포로 후기 즉 페르시아 시대 예루살렘의 아론계 제사장의 큰 공헌이었다.

여인 금지구역

하나님의 두 번째 언약, 아브라함 언약의 표징은 할례이다. 제사장 전승은 포로기의 정체성 표식으로서 할례를 매우 중요시한 것으로 생각하는 것이 보편적이다. 하지만 이 관습이 유대인 디아스포라가 시작되는 시점에 강조되었다는 생각은 많은 문제를 안고 있다.

할례, 정체성, 충성

먼저, 팔레스타인 땅 밖에 사는 유다 사람들은 거의 없었다. 바빌론 포로기 동안에도 고국을 떠나 살던 사람은 사실상 엘리트 예루살렘 주민들뿐이었다. 할례가 유다 왕국 안에서 시행된 것은 유대인과 바빌론 사람을 구별하는 방식이 아니었음을 보여준다.

또 만일 할례가 정체성 표식으로 역할을 했다면 유다 사람들은 밖에서 겉옷을 입고 다니기 때문에 눈에 띄는 표식이 될 수 없다. 그것은 은밀한 표식이기 때문에 정체성을 알려주는 표식이 필요 없는 친밀한 관계를 지닌 사람들 사이에서만 통용될 수 있었다. 이런 측면에서 보면 할례는 모든 사람과 구별하는 다른 두 개의 제사장 언약의 표식 — 활과 안식일 — 과는 달랐다. 표피를 자르는 제의 자체는 의식을 거행하는 사람을 돋보이게 만들어 줄 뿐이다. 물론 이것이 중요한 자격이다.

더구나 할례는 널리 시행되던 관습이었기 때문에 윤리적 독특성의 기초가 될 수 없다. 분명히 그것은 유다 주민을 자신들보다 더 남쪽에 사는 민족들과 구별시켜 주지 못했다. 이집트 사람들은 이스라엘 사람들보다 적어도 천 년이나 먼저, 그리고 아론계 제사장들이 우리가 읽는 성전 두루마리들을 개정하여 자신들의 전승을 문자로 기록한 것보다 천오백 년이나 먼저 할례를 실시하고 있었다. 팔레스타인에서 출토된 어떤 남성 인형은 기원전 삼천 년대의 초기 청동기 시대에 할례를 받은 모습을 지니고 있다는 기록도 있다. 더욱이 제사장 저자와 거의 동시대 사람인 예레미야는 이집트 사람, 에돔 사람, 암몬 사람, 모압 사람 그리고 아랍 사람이 할례를 받은 이웃 민족들이라고 언급한 적이 있다(렘 9:25~26). 사실 이 관습은 서로 다른 시대의 역사 안에서 아주 흔했고 유다 사람들의 주변 민족 중에 유일하게 두드러진 예외는 블레셋 사람들이었다. 그들은 수 세기 동안 '할례받지 못한 자'라는 별명이 붙어 있었다.

할례가 정체성 표시라는 견해가 가장 문제를 일으키는 것은 제사장 저자가 아브라함을 유다 백성보다 더 넓은 범주의 사람들의 조상으로 기술한다는 점이다. 그는 유다 북쪽에 있는 이스라엘 열 지파의 조상일 뿐만 아니라 이스마엘과 야곱의 형 에서의 아버지로서 이스라엘 백성이 아닌 사람들의 조상이기도 하다. 후대와 나중에 기록된 글들에서 할례를 시행하는 아브라함 언약을 유대인의 독특한 정체성 표시로 받아들였을지라도 제사장 저자는 그런 것을 의도하지 않았을 것이다. 그는 다른 것을 염두에 두고 있었다.

할례 의식을 왜 했을까?[1] 역사적으로 자녀 출산 의식은 일반적으로 "인류의

---

1   이 질문에 대한 대답은 많이 나왔다. 역사적 관점으로 볼 때 페이지와 페이지(Paige and Paige)의 최근 논의가 가장 적절한 답변을 내놓고 있다. Karen Ericksen Paige and Jeffrey

출산 주기가 위험에 처했을 때 생긴 사회적 딜레마를 해결하려고 사용한 정치적 책략으로 이해할 수 있다."[2] "출산 의식은 여인과 아이들 때문에 벌어지는 갈등으로 정치적 기득권을 얻으려는 시도들이다… [그들은] 자신들의 이익을 증진하기를 원한다. 그들의 감정적이고 종교적인 상징은 진정한 목적을 감추고 있다." 대중 앞에서 행하는 정치적 의식은 "자신들의 주장을 옹호하고 대중의 여론에 영향을 주면서 잠재적 경쟁자들의 의도를 감시하는 정치적 협상 전술"을 나타낸다.[3]

고대 세계에서 정치권력은 혈족을 보호하는 남성의 숫자에 의존했다. 정치권력과 출산 능력은 밀접한 관련이 있었다. 제사장의 창조 이야기에서 "생육하고 번성하라"는 명령은 "히브리인 가부장들뿐 아니라 혈연 중심으로 강하게 결속한 이익집단의 남성들에게 나타나는 전형적인 정치적 사고방식이다. … 군사력과 정치권력은 혈족의 남성 숫자에 비례하므로 혈연 중심으로 강하게 결속된 이익집단은 생식능력에 압도적인 가치를 부여한다."[4]

그러나 혈족의 정치권력을 증진하기 위해 아들을 낳으려는 욕망 안에는 갈등이 내재해 있다. 아들을 많이 낳으면 자원을 나눌 때 규모가 큰 가족이 큰 지분을 얻게 될 가능성이 커지고 그래서 집단의 충성과 응집력에 균열을 일으킬 수 있다. "혈연 중심으로 강하게 결속한 이익집단들로 이루어진 사회는… 가족의 우두머리들이 분열하여 유력한 가문이나 혈족의 구조가 변경되고 기존 권력의 균형이 급격히 깨어질 수 있다."[5] 그런 가족은 다시 뭉쳐서 원래 가족의 힘을 손상하지 않고 지켜낼까 아니면 별개의 조직으로 분열할까?

   M. Paige, *The Politics of Reproductive Ritual* (Berkeley: University of California Press, 1981), 특히 122~166 참고.

2   Ibid., 43.

3   Ibid., 50.

4   Ibid., 127.

5   Ibid., 125.

할례가 풀려고 하는 딜레마는 정확히 말해서 혈연 중심으로 강하게 결속한 이익집단이나 실력 있는 우두머리가 충성스러운 친척들의 상호관계를 유지할 때 정치권력에 의존하는 사회에서 아들이 나이 들어 가족을 만들 때 생기는 충성의 위기를 표명한다. 할례는 일종의 감시 제의로서 아들들이 혈족에게 확실히 충성하도록 만들려는 방편이다.

전통 사회에서 할례는 항상 대가족의 남성들이 절차를 주의 깊게 참관하는 가운데 이루어진다. "그들은 공중 앞에서 혈족 가운데 가족의 우두머리가 자신과 자기 가족이 가장 가치 있게 여기는 정치적 자산인 자기 아들의 성기를 공중이 보는 가운데 기꺼이 남들에게 맡긴다는 증거를 확보한다. 집례자의 손이 불안하면 성기가 절단되거나 [출혈이나 감염으로] 사망에 이를 수도 있다. 그렇게 되면 원래의 혈족 안에서 경쟁력 있고 장차 분열을 일으킬 가능성이 있는 구성원이 제거될 수도 있다." 그러나 잠재적 경쟁자 제거가 이 의식의 즉각적 목표는 아니다. 즉각적으로 추구하는 목적은 충성심을 기르는 일이다.

집례가 성공하면 양측은 어느 정도 만족한다. 혈족의 어른들은 한 아버지가 앞으로 어떤 계획으로 혈족을 분열시킬지와 관계없이 미래의 정치권력을 위험에 빠뜨릴 수 있는 원천을 대중 앞에 공개적으로 드러낼 정도로 충성스럽다는 사실에 만족한다. 아들이 처한 위험에 분개한 아비는 정상적으로 자신의 일가친척에게 계속 신임을 받고 자기 아들의 출산 능력이 유지되기를 기대할 것이다. 의식을 거행하는 동안 아버지, 아들 그리고 일가친척의 행동은 아비와 그리고 더 중요하게는 그에게 영향력 있는 어른에게 중요한 정보를 제공한다. 할례 의식은 다른 의식들처럼 남성에게 정치적 동맹이나 대적자의 의견들을 평가하고 영향력을 행사하는 것을 용인한다.[6]

---

6   Ibid., 147~148.

요약하면 "할례 예식은 혈연으로 강하게 뭉친 이익집단의 구성원들 특히 가장 영향력 있는 자들이 아들을 가진 남성에게 공개적으로 충성을 요구함으로써 분열 가능성을 평가하고 최소화하는 감시 의식이다."[7]

할례 시기는 유아 시절부터 성년이 되는 시기의 초반까지 사회마다 다르다. 그러나 모든 할례 예식에는 두 가지 공통점이 있다. 첫째, 항상 남성에게 할례를 시행하는 딜레마를 보여주는 중요한 사건으로서 결혼 전에 거행된다. 둘째, 아버지의 가까운 친척들이 참관하는 가운데 거행된다.

또 다른 피 흘림

할례를 시행하는 데는 중요한 이유가 있었을 것이다. 하지만 이 관습에 대한 아론계 제사장들의 생각에 대해서는 언급하지 않는다. 제사장들이 전통적으로 내려오는 이 중요한 관습을 합리화하고 제사장적 세계관의 틀 안에 확립할 때 무슨 생각을 했을까?

피는 하나님의 창조 질서 가운데 움직이는 모든 생물의 생명을 담고 있는 요소이다. 피의 처리―흐르는 피를 억제―는 사실상 아론계 제사장이 집중적으로 관심을 쏟는 일이었다. 그러나 여성은 피가 흐르는 것을 통제할 수 없었다. 임신과 육아로 자녀 출산과 결부되지 않는 가임기의 여성은 언제든 몸의 출산 기관에서 피가 흐른다. 그런 때 그녀는 "생육하고 번성하라"는 명령을 이행하지 않는 것으로 여겨진다. 그래서 부정하다.[8]

---

7   Ibid., 148~149.

8   종종 지적하듯이 고대 세계에서 여성은 가임기에만 잠시 생리를 했을 것이다. "우리가 아는 생리는 대개 피임의 결과이며 또 임신가능 햇수가 증가한 결과이다. 금세기까지 대다수 여성은 첫 번째 생리를 14세 정도에 하고 임신이든 모유수유를 하면 35세 또는 40세에 폐경기를 겪었다." Robin Marantz Henig, "Dispelling Menstrual Myths," *New York Times Magazine*, March 7, 1982, 65 참조. Mayer I. Gruber, "Women in the Cult, According to the Priestly Code," in Jacob Neusner, ed., *Judaic Perspectives in Ancient Israel* (Philadelphia: Fortress Press, 1987), 47에서 재인용; Gordon J. Wenham, *The Book of*

이러한 불규칙성은 유다의 대중문화를 지배하던 남성들이 볼 때 여성은 남성보다 하나님의 창조에 잘 부합되지 않은 존재라는 생각을 심어주었다. 결과적으로 여인의 정상적인 생리를 불결한 것으로 취급했다.

어떤 여인이 유출을 하되 그의 몸에 그의 유출이 피이면 이레 동안 불결하니 그를 만지는 자마다 저녁[즉, 그날에 남은 시간 동안]까지 부정할 것이요(레 15:19)

이 불결은 여인이 만지는 모든 것을 오염시킬 정도로 심각했다.

그가 불결할 동안에는 그가 누웠던 자리도 다 부정하며 그가 앉았던 자리도 다 부정한즉 그의 침상을 만지는 자는 다 그의 옷을 빨고 물로 몸을 씻을 것이요 저녁까지 부정할 것이며 그가 앉은 자리를 만지는 자도 다 그들의 옷을 빨고 물로 몸을 씻을 것이요 저녁까지 부정할 것이며 그의 침상 위에나 그가 앉은 자리 위에 있는 것을 만지는 모든 자도 저녁까지 부정할 것이며 누구든지 이 여인과 동침하여 그의 불결함에 전염되면 이레 동안 부정할 것이라 그가 눕는 침상은 다 부정하니라(레 15:20~24)

어떤 경우는 여인의 피가 비정상적으로 유출되는 때도 있다.

만일 여인의 피의 유출이 그의 불결기가 아닌데도 여러 날이 간다든지 그 유출이 그의 불결기를 지나도 계속되면 그 부정을 유출하는 모든 날 동안은 그 불결한 때와 같이 부정한즉 (레 15:25)

Leviticus (Grand Rapids: Wm. B. Eerdmans, 1979), 223~224.

이런 상황은 창조 질서를 위반한 것으로 간주하고 '속죄'를 위한 제물을 드려야 했다.

> 그의 유출이 그치면 이레를 센 후에야 정하리니 그는 여덟째 날에 산비둘기 두 마리나 집비둘기 새끼 두 마리를 자기를 위하여 가져다가 회막 문 앞 제사장에게로 가져갈 것이요 제사장은 그 한 마리는 속죄제로, 다른 한 마리는 번제로 드려 유출로 부정한 여인을 위하여 야훼 앞에서 속죄할지니라 너희는 이와 같이 이스라엘 자손이 그들의 부정에서 떠나게 하여 그들 가운데에 있는 내 성막을 그들이 더럽히고 그들이 부정한 중에서 죽지 않도록 할지니라 (레 15:28~31).

남자도 피, 고름, 정액 등을 유출하여 부정해질 수 있다. 남자의 경우는 레위기 15장에서 여자보다 먼저 언급되어 있다. 그러나 자연스럽게 생리의 주체로 언급된 당사자는 여성이므로 창조 질서의 위계를 따져 여성은 두 가지 성가운데 열등한 존재로 여겼다. 모든 인간은 하나님의 형상으로 창조되었으나 제사장적 관점에서 보면 분명히 하나님은 본의 아니게 피를 유출하지 않으므로 누군가는 다른 존재들에 비해 하나님의 형상에 더 가깝다.

생리의 금기사항은 유다 사람들에게만 독특한 일이 아니다. "생리의 금기는 제의적으로 정의되고 규제되고 있으나 그것은 이스라엘 문화가 특정하게 해석하고 제도화한 것과 상관없이 인류문화에 보편적 사항이므로 일반적인 사회적 개념으로 볼 수 있다."[9] 그럼에도 생리를 불결하다고 생각하는 것은 제사장이 제의 중심으로 세계를 구성할 때 심오한 함의를 지닌다.

---

9   Phyllis Bird "The Place of Women in the Israelite Cultus," in *Ancient Israelite Religion: Essays in Honor of Frank Moore Cross*, ed. Patrick D. Miller, Paul D. Hanson, and S. Dean McBride (Philadelphia: Fortress Press, 1987), 414, 각주 21.

여성의 제한

이런 함의 가운데 적지 않게 중요한 것은 제의가 남성 제도이며 제사장은 오직 남성만 될 수 있다는 점이다. 제사장 시스템 속에서 "정치 영역에서 밀려난 여인들은 종교 영역에서도 밀려났다."[10] 제사장 직무의 남성 중심의 특권은 특별히 제사장 전승의 두 번째 언약, 아브라함 언약에 명시되어 있다. 그것은 생식 기능을 하는 신체 기관 및 피를 흘리는 일과 관계가 있다. 두 번째 언약의 표식은 할례이다. 이를 통해 남성의 생식기는 통제 불가가 아닌 남성이 통제하는 절차를 통해 피를 흘려야 한다. 여성의 피의 유출과 비교해 볼 때 이 특권은 남성 전체의 우선권과 그 외의 모든 특권을 확립한다.

종교적 참여는 공식적인 제사장 제의보다 더욱 폭넓게 정의되어야 하고 그런 폭넓은 종교참여 개념 속에서 여인들은 중요한 역할을 했으나 고대 이스라엘에서는 "군사, 사법, 제의 모임이 일치했다. 그 세 가지는 공적 영역에서 가장 중요한 제도이며 남성이 활동하는 영역이라는 것"이 사실이다.[11]

제의의 지도력은 (다양한 방식으로 다채로운 인적자원에서 선발하기는 하지만) 언제든 남성의 수중에 있었던 것으로 보인다. 그러나 여인들이 제의를 거행하는 일이나 신성한 공간에서 완전히 배제된 것은 아니었다. (적어도 유다에서는) 왕실이 인준한 사독 계열 제사장 직제 아래 점차 중앙화와 전문화가 이루어지고 권력이 커짐에 따라 제약도 점차 늘어났다.[12]

---

10   Ibid., 397.

11   Ibid., 403.

12   Ibid., 405. Gruber, "Women in the Cult according to the Priestly Code," 35~48 참조. 그루버의 논문은 여성 배제가 현대 학자들의 지나친 주장이라고 말한다. 여성들은 제한된 방식으로 이스라엘 제의에 참여하였으나 그들이 주요한 대중 제의에서 종속적 역할을 했다는 사실은 반박할 수 없다.

제사장 문헌의 이야기 속에서 두 번째 언약의 표식인 할례는 첫 번째 언약의 표식으로서 무지개가 주어지고 육식을 허용한 다음에 제정되었다. 마찬가지로 세 번째 언약의 광범위한 내용의 율법 가운데 제의적 정결을 설명할 때 할례(레 12장)는 고기를 먹는 일(레 11장) 다음에 곧장 다루어진다. 여기서 남성의 정결은 분명히 더욱 중요한 것이라고 언급된다.

여인이 임신하여 남자를 낳으면 그는 이레[7일] 동안 부정하리니 곧 월경할 때와 같이 부정할 것이며 여덟째 날에는 그 아이의 포피를 벨 것이요 그 여인은 아직도 삼십삼 일[10×3+3]을 지내야 산혈이 깨끗하리니 정결하게 되는 기한이 차기 전에는 성물을 만지지도 말며 성소에 들어가지도 말 것이며 여자를 낳으면 그는 두 이레 동안 부정하리니 월경할 때와 같을 것이며 산혈이 깨끗하게 됨은 육십육 일을 지내야 하리라 (레 12:2~5)

한마디로 남성은 여성보다 두 배나 정결하다. 여성을 속량하는 비용은 남성의 절반 또는 3/5에 해당된다.

이와 같은 사고방식, 가치 기준, 그리고 절차는 이스라엘 사람들을 수없이 증가시키기 위해 할례를 표식으로 삼는 두 번째 언약, 아브라함 언약이 기대하는 것이다.

하나님이 아브람에게 이르시되 "나는 전능한 하나님(엘 샤다이)이라 너는 내 앞에서 행하여 완전하라 내가 내 언약을 나와 너 사이에 두어 너를 크게 번성하게 하리라 아브람이 엎드렸더니 하나님이 또 그에게 말씀하여 이르시되 보라 내 언약이 너와 함께 있으니 너는 여러 민족의 아버지가 될지라 이제 후로는 네 이름을 아브람이라 하지 아니하고 아브라함이라 하리니[13] 이는 내가 너를 여러 민

---

13 '아버지는 높다'라는 정도의 의미.

족의 아버지가 되게 함이니라 내가 너로 심히 번성하게 하리니 내가 네게서 민족
들이 나게 하며 왕들이 네게로부터 나오리라 내가 내 언약을 나와 너 및 네 대대
후손 사이에 세워서 영원한 언약을 삼고 … 내가 너와 네 후손에게 네가 거류하
는 이 땅 곧 가나안 온 땅을 주어 영원한 기업이 되게 하고…

그런즉 너는 내 언약을 지키고 네 후손도 대대로 지키라 너희 중 남자는 다 할
례를 받으라 이것이 나와 너희와 너희 후손 사이에 지킬 내 언약이니라 너희는
포피를 베어라 이것이 나와 너희 사이의 언약의 표징이니라 … 이에 내 언약이
너희 살에 있어 영원한 언약이 되려니와" (창 17:1~13)

이 두 번째 언약에 사라가 개입된다. 그녀는 인류의 성별 가운데 두 번째 성
을 지닌 존재로서 그녀를 통해 생육하고 번성하라는 창조 명령이 성취된다.
사라는 아브라함과 견줄 만큼 주목을 받으며 새로운 이름을 받는다(그리고 전
능한 하나님[엘 샤다이]이 여성의 젖가슴을 가리킨다는 특이한 해석이 사실이라면 이
것은 더욱 주목해야 한다).

하나님이 또 아브라함에게 이르시되 네 아내 사래는 이름을 사래라 하지 말고
사라라 하라 내가 그에게 복을 주어 그가 네게 아들을 낳아주게 하며 내가 그에
게 복을 주어 그를 여러 민족의 어머니가 되게 하리니 민족의 여러 왕이 그에게
서 나리라 (창 17:15~16)

사라에게 주목하는 것은 제사장 저자가 남녀의 성을 동등한 것으로 여긴다
는 뜻이 아니다. 남성과 여성이 자녀 출산에 필수적인 역할을 한다는 것은 두
말할 필요가 없다. 하지만 창세기 1장이 하나님의 형상을 따라 남성과 여성을
창조했다고 말하고 또 아브라함과 사라가 할례의 언약에서 비슷한 주목을 받
았기 때문에 남성과 여성은 하나님 보시기에 동등하다고 생각하는 것은 제사
장 저자의 입장을 오해한 것이다.

이 부분의 제사장 전승은 인간을 묘사하는 창조 기사를 이해하는 데 도움을 주는 본문들에 불과하다.

> 하나님이 자기 형상 곧 하나님의 형상대로 사람을 창조하시되 남자와 여자를 창조하시고 하나님이 그들에게 복을 주시며 하나님이 이르시되 생육하고 번성하여 땅에 충만하라, 땅을 정복하라, 바다의 물고기와 하늘의 새와 땅에 움직이는 모든 생물을 다스리라 하시니라 (창 1:27~28)

제사장 저자가 할례에 초점을 맞춘다는 점과 그것을 창조 기사와 관련시키는 것은 이스라엘 백성에게 노아, 아브라함, 모세 언약을 충실히 지켜 유대관계를 강력하게 유지함으로써 제의적으로 그리고 군사적으로 통일된 모습을 강하고 설득력 있게 제시하는 것과 부합한다. 이스라엘은 마치 남성의 충성을 가장 중요한 미덕으로 삼는 거대한 형제집단 같다. 출애굽기와 민수기에 나타난 제사장적 사고방식에서는 이스라엘이 군대처럼 이동하고 진을 친다. 이런 생각도 제사란 기본적으로 예루살렘 성전이 대표하는 정치와 사법 제도에 바치는 공물이라는 의미와 잘 어울린다.

일주일이 생긴 과정

창세기 1장의 창조 기사는 제사장들이 재해석한 공식적인 성전 역사의 서론으로서 작지만 중요한 기본 사상을 보여준다. 그것은 마치 꼭짓점에 피라미드를 거꾸로 세워놓은 모습과 같다. 이 서론은 나머지 제사장 전승들이 가리키는 주제에 비추어 보면서 이해해야 한다. 가장 먼저 특별히 관심을 끄는 주제는 세 가지 언약의 표적들과 관련된 세 가지 관습이다.

제사장의 안식일

우리 문화권의 다수는 의미를 전부 이해하지 못해도 첫 번째 언약의 표적과 친숙하고 어떤 고기는 절대로 안 먹는다. 적어도 그들은 유대인 관습을 엄격히 지키는 사람들이 돼지고기를 먹지 않는다는 정도는 안다. 두 번째 언약의 표적, 할례도 친숙하다. 종교적인 이유는 아니더라도 미국에서 널리 실시하고 있기 때문이다. 세 번째 언약의 표적인 안식일은 훨씬 잘 알려져 있다. 사람들은 유대인의 안식일 공휴일, 한 주간의 첫날을 휴일로 지키는 기독교인의 '안식일', 안식일 율법, 악마의 안식일(1년에 한 번 악마들이 여는 잔치—옮긴이), 안식년 휴가 등등에 친숙하다. 창세기 1장의 유명한 창조 이야기가 분명히 소개하듯이 우리 문화권의 다수가 일주일 단위로 시간을 계산하는 기초가 안식일이라는 것도 알고 있다.

> 하나님이 그가 하시던 일을 일곱째 날에 마치시니 그가 하시던 모든 일을 일곱째 날에 안식하시니라 하나님이 그 일곱째 날을 복되게 하사 거룩하게 하셨으니 이는 하나님이 그 창조하시며 만드시던 모든 일을 마치시고 그날에 안식하였음이니라 (창 2:2~3)

사실 여기에 '안식'(Sabbath)이란 말은 등장하지 않는다. 다만 '안식하다'는 뜻의 히브리어 동사가 *샤밧*(shabat)인데 여기서 '안식'(Sabbath)이란 말이 파생한 것으로 생각된다. 동사 *샤밧*(shabat)은 '그치다' 또는 '그만두다'를 뜻한다. 일을 그치는 것이 쉬는 것이다. 제사장의 창조 이야기를 읽는 독자는 이것이 안식일을 암시하는 줄로 알았을 것이다. 나중에 제사장들이 이스라엘의 공식 역사를 개정하면서 안식일을 제정할 때 그것은 즉각 창조의 일곱 번째 날을 가리키게 되었다.

우리는 일주일을 당연하게 여긴다. 그러나 그것은 자연적인 시간 단위가 아니다. 하루, 한 달, 일 년은 태양과 달의 운행주기에 기초를 두고 있다. 이것은 창조의 넷째 날 끝에 이미 암시된다. 시간 단위로서 그것들은 인류문화 속에 널리 나타난다. 대조적으로 하루와 한 달의 중간 시간 개념으로 한 주간을 정한 것은 하늘에서 반복해서 일어나는 사건과 직접 일치하지 않고 그래서 다소 임의적인 시간 단위이다. 우리가 아는 일주일은 칠 일이고 다른 길이의 시간도 가능하다. 서구 문화에서 칠 일로 계산하는 일주일은 성서에서 유래한 것이다. 더 정확히 말해서 사경 가운데 제사장들이 개정한 단락에서 유래한 것이다. 이 제사장 전승이 영향을 준 것들도 있겠으나 알려진 바에 따르면 그것은 본질적으로 주전 6세기 예루살렘 제사장들이 고안해낸 것이다.

성서가 태초에 안식일을 쉬는 날로 정했다는 생각을 하게 만들기 때문에 제사장 저자가 제시한 안식일이 주전 6세기의 새로운 개념이고 한 주간이 칠일이라는 것은 대다수 구약성서가 기록되던 바빌론 시대 혹은 페르시아 시대 이전에는 알려진 적이 없다고 생각할 필요가 있다.

P 이전의 안식일

휴식일 또는 안식일 개념은 이스라엘 역사 초기부터 알려져 있었다. 그러나 6세기 이전의 안식일이라는 용어는 창세기 1장과 나머지 제사장 역사에서 사용한 의미와 상당히 다른 뜻을 지녔었다. 그래서 제사장 저자가 안식일을 말할 때면 언제든 마치 낯선 내용을 숙지시키기라도 하려는 듯이 반복적으로 '일곱째 날'이란 말을 쓴다.

제사장 저자가 글을 쓰기 전, 안식일이라고 부른 휴식일은 칠 일에 한 번 돌아오는 것이 아니라 보름날에, 평균적으로 29일에 한 번 돌아왔다. 군주시대 본문 즉 제사장 저자가 사용하기 전의 본문이 안식일에 대해 말할 때 그것은 정기적으로 지키는 휴식일이었고 때로는 물건을 사고파는 일을 막았던 제의 축제일이었다. 아카드 동족어 *샤밧투*(shabattu)는 보름달과 보름을 뜻한다. 히브리어 *샤밧투*는 '보름'을 뜻하는 *케세*(kese')와 병행하여 사용된다. 이를테면 주전 9세기에 수넴의 부유한 여인은 아들을 구하기 위해 엘리사를 데리러 갈 때 의중을 모르는 남편은 "초하루도 아니고 *안식일*도 아니거늘 그대가 오늘 어찌하여 그에게 나아가고자 하느냐"(왕하 4:23)라고 물었다. 8세기에 아모스는 "월삭(月朔)이 언제 지나서 우리가 곡식을 팔며 안식일이 언제 지나서 우리가 밀을 내게 할꼬"(암 8:5)라며 불평하는 사마리아 부자를 책망한다. 조금 지나 호세아는 "내가 그의 모든 희락과 절기와 월삭과 *안식일*과 모든 명절을 폐하겠고"(호 2:11)라는 말로 이스라엘 엘리트들의 축제를 질책했다. 같은 시대의 이사야는 그런 축제에 드리는 제사를 언급하는 하나님의 음성을 전한다.

너희의 무수한 재물이 내게 무엇이 유익하뇨 나는 숫양의 번제와 살진 짐승의 기름에 배불렀고 나는 수송아지나 어린 양이나 숫염소의 피를 기뻐하지 아니하노라 너희가 내 앞에 보이러 오니 이것을 누가 너희에게 요구하였느냐 내 마당만 밟을 뿐이니라 헛된 제물을 다시 가져오지 말라 분향은 내가 가증히 여기는 바요 월삭과 *안식일*과 대회로 모이는 것도 그러하니 성회와 아울러 악을 행하는 것을 내가 견디지 못하겠노라 (사 1:11~13)

성서 역사가들은 곳곳의 지역 성소 주변에 살던 주민들이 잠시 순례하고 제사하여 축하했던 소박한 축제일을 이렇게 안식일이란 말로 표현한 것이라고 생각했다. 축제는 새로운 달과 함께 거행되었다. 이것은 아카드어처럼 안식일이 보름날이라는 것을 알려준다. 이른 봄과 가을의 추수 축제가 항상 음력의 십오일과 안식일의 똑같은 날에 지켜져야 한다는 제사장 역사의 생각은 실현되기 불가능한 일이다. 하지만 이것도 두 가지를 똑같은 의미로 보았다는 흔적이다.

왜 7일인가?

하지만 제사장들은 안식일을 7일 주기로 지켰다. 7일 주기의 안식 개념은 어떻게 발전하였고 어떻게 보름날 안식일을 대신하게 되었을까? 제사장 저자는 7일을 1주일로 보는 개념을 어디서 얻었을까?[1]

팔레스타인 전통에는 이전까지 7일 주기로 날짜를 계산했다는 증거가 전혀

---

1   성서 역사가들은 이 질문을 놓고 한 세기 이상 씨름했으나 명쾌한 해답을 찾지 못했다. 제사장들이 개정한 성전 역사가 나오기 전에는 이스라엘과 주변 문화에는 안식일에 대해 알려진 바가 거의 없다. 고고학을 통해 언제든 더 많은 정보가 나올 여지는 있다. 현재 여기에 소개한 설명이 지금까지 존재하는 증거에 대한 가장 개연성 있는 해석이다. 특히 다음을 참조하라. André Lemaire, "Le sabbat a l'époque royale israélite," *Revue biblique* 80 (1973), 161~185.

없다.[2] 제사장들은 7일 구조를 특별히 어떤 곳에서 빌리지 않았다. 그것은 다른 곳에서 찾아볼 수 있는 소재들로부터 고안해낸 것이다.

그러한 시간 단위를 언급하는 본문 하나가 백 년 넘게 알려져 있다. 그것은 1869년 니느웨의 앗수르바니팔 도서관 발굴 도중에 발견된 것으로서 주전 7세기 앗수르 사람들의 용법을 보여 준다.[3] 이 본문은 징조 달력으로서 매일의 활동 목록이 실려 있고 각 날은 길한 날과 불길한('흉한') 날 또는 둘 다 해당하는 날이 표시되어 있다. 불길한 날은 7일째, 14일째, 21일째, 28일째 그리고 19일째 날이다. 19일째 날은 어째서 불길한가? 가장 그럴듯한 설명은 그날이 앞 달의 첫째 날로부터 7의 배수, 즉 7×7의 49일째가 되는 날이라는 것이다. 왕궁에서 나온 이 달력이 말하는 금지 행동은 왕에게만 적용된다. "지정한 다섯 날에 왕은 이를테면 불로 익힌 음식을 먹거나 왕복을 입거나 제사를 드리거나 전차에 올라타거나 법정을 열거나 신탁을 구하거나 심지어 적을 저주하지도 말아야 한다."[4] 주기가 이어지지 않고 매달 첫날부터 다시 시작해야 하므로 이날들을 안식일이라고 부르지 않았다. 7일을 1주일로 본 것도 아니지만 이것은 시간을 7일 단위로 나눈 관습이 있었음을 증명해 준다.

고대 세계에서 나온 본문들이 성전 건축을 7일 주기로 묘사하는 것은 흥미로운 일이다. 주전 21세기 라가쉬의 구데아 신전과 주전 14세기 우가릿의 바알 신전에서 나온 본문들이 그 실례이다. 그러나 성서에서의 제사장의 7일 주

---

2   P 이전의 제7일째 안식일에 대한 언급, 특히 출 23:12, 34:21, 신 5:13~14 등은 토라를 제사장이 개정하고 본문을 섞은 결과라는 주장을 나중에 펼 것이다. 성서 역사학자들은 이 문제에 대해 생각이 같지 않다.

3   이 본문이 정확히 유다 제사장 집단의 안식일 패턴을 지니고 있는지는 명확하지가 않으나 대다수의 성서 역사학자들은 그것이 보여주는 전통이 모종의 영향을 주었을 것이라고 믿고 있다.

4   *A Dictionary of the Bible*, ed. James Hastings (Edinburgh: T. & T. Clark, 1902), vol. 4, 319. 본문 번역은 Morris Jastrow, *The Religion of Babylonia and Assyria* (Boston: Ginn & Company, 1898), 373~378 참조.

기와 가장 근접한 사례는 메소포타미아에서 나온다. 그 본문들은 성서의 제사장 저자가 활동하던 시대 직전에 작성된 것으로 평가된다.[5] 에누마 엘리쉬의 다섯 번째 비문에 있는 세계 창조 기사는 적어도 고대 메소포타미아 사람들 일부가 달의 모양 변화를 7일 단위로 계산했음을 보여준다.

그는 달을 빛나게 하고 달에게 밤을 맡겼다. 그는 달을 밤의 창조물로 임명하고 날을 표시했다. "매달, 멈추지 말고, 왕관을 쓴 모습으로 나타나라. 너는 월초에 땅에서 떠올라 밝은 뿔을 갖고 엿새를 표시할 것이고 이레째는 왕관 모양의 절반이 될 것이다. 보름은 그달의 중간에 생길 것이다. 태양이 하늘 끝에서 너를 따라잡을 때 네 왕관은 줄어들고 빛은 약해질 것이다. 사라질 때 태양의 경로에 접근하고 29일에 너는 다시 태양 반대편에 뜰 것이다."[6]

---

5 성서의 안식일을 설명하려고 메소포타미아 문헌을 성서와 비교하는 것은 존경스러운 학문적 전통이다. 다만 학자들은 이러한 비교의 유용성에 대해 견해가 각기 다르다. Niels-Erik A. Andreasen, *The Old Testament Sabbath* (Missoula: Society of Biblical Literature, 1972) 참조. 안드레아센은 이런 비교에 약간 회의적이다. William H. Hallo, "New Moons and Sabbaths: A Case-Study in the Contrastive Approach," *Hebrew Union College Annual* 48 (1977), 1~18에서 그는 가장 최근에 관련 증거를 철저히 수집하고 분별력 있게 해석한 것으로 보인다. 거기서 할로는 안식일의 경우, 성서 이스라엘과 고대 근동의 대비되는 점을 강조하고 싶어 하며 안식일의 기원에 메소포타미아가 미친 영향을 수긍하지 않으려고 한다. 그래서 군주 시대 이스라엘 월력의 증거를 평가절하하고 안식일이란 말은 작성 시기나 본문의 혼합에 상관없이 모든 성서적 출처에서 7일 주기를 가리킨다고 생각한다. 그는 특히 현재 형태를 포로기와 페르시아 시대 예루살렘 제사장이 작성했다는 성서 본문의 연대와 사회적 상황을 무시한다. 할로의 철저한 연구와 유용성에도 불구하고 그의 연구는 우리가 따르는 르메르의 논문의 기본적인 주장을 주목하지 않은 것으로 보인다. 논점은 이스라엘이 메소포타미아로부터 안식일을 차용했는지 여부가 아니다. 그들은 그렇게 하지 않은 것처럼 보인다. 논점은 제사장 역사를 작성한 이스라엘 제사장들이 일주일을 7일로 계산할 때 메소포타미아 전승에 영향을 받았는지 여부이다. 그들이 그렇게 했다는 것은 분명한 것으로 보인다. 르메르가 이전 견해의 일부를 다시 진술한 것은 현재 이 분야의 지식을 가장 정확하게 요약한 것이다. Lemaire, "Le sabbat a l'époque royale israélite" 참조.

6 서판 5, 12~18줄. James B. Pritchard, *Ancient Near Eastern Texts according to the Old*

음력의 한 달은 29일과 1/2일이다. 그래서 온날로 계산하면 7일이 전체의 1/4에 가장 가깝다. 그렇지만 한두 달이 지나면 7일 주기는 달의 운행주기와 더 이상 일치하지 않는다. 이 본문에서 7이라는 개념은 달의 모양 변화로 달력을 표시할 때 효과적이지 않은 식으로 합리화한 결과이다.

우리는 제사장이 천문학과 달력을 어떻게 이해했는지에 대해서 자세한 정보가 없다. 하지만 하늘의 발광체들이 달력을 지배한다는 생각이 그들에게 낮설지 않았음을 알 수 있다.[7] 사실 창조 이야기는 자체적으로 그것을 분명히 말한다. "하늘의 궁창에 광명체들이 있어 낮과 밤을 나뉘게 하고 그것들로 징조와 계절과 날과 해를 이루게 하라"(창 1:14). 제사장들이 창안한 기본 시간 단위 — 7일 주기 — 가 달의 모양 변화에 기초하고 있는 것으로 보인다. 그러나 이것이 정확히 7개의 움직이는 하늘의 광명체(7개의 행성)의 존재와 일치한다는 사실은 7일마다 안식일을 지키는 조치와 정확히 일치하므로 충격적인 사실임에 틀림없다.

제사장들이 한 주간을 7일로 만든 뒤 얼마 되지 않아 안식일은 우연의 일치로 분명히 '엘 신의 날'로 변모하였다. 야훼 곁의 엘 신은 제사장 저자가 가장 관심을 쏟는 신이었다.[8] 후기 헬라 시대 그리스와 이집트의 문화가 영향을 주는 곳에서 그리스인들은 일곱 행성을 정돈하였고 이집트인들은 하루를 24시간으로 나누었다. 이것은 유대인이 1주일을 하루마다 특별한 행성과 그 신을 연결시키는 일과 결합되었다. 이렇게 배정한 흔적을 하루(요일)의 영어 그리고 다수의 다른 언어 명칭에서 볼 수 있다. 그 체계 안에서 일곱 번째 날은 토요일(Saturday)이라고 불렸고 그날은 토성(Saturn) 또는 엘(El) 신을 대표한다.

Testament, 2d ed (Princeton: Princeton University Press, 1955), 68 참조.

7 헬라 시대와 이후에는 7가지 움직이는 천체, 즉 '행성들'(해와 달을 포함하여)과 7일간의 일주일을 관련지으려는 시도가 많았으나 성서 역사학자들은 일반적으로 이런 시도가 설득력이 없다고 생각한다.

8 이 책의 9장 참조.

그리스인의 행성 목록은 지구로부터 떨어진 거리 순서로 정리되었다. 그것은 각 별 — 토성, 목성, 화성, 태양, 금성, 수성, 달 — 이 별자리를 움직이는 시간으로 측정되었다. 주어진 날은 행성의 첫 시간으로 배정하였다. 첫날의 첫 시간은 정의상 태양에 속했다. 그래서 첫날을 태양의 날, 즉 영어의 선데이(Sunday=일요일)라고 불렀다. 첫날의 둘째 시간은 금성, 셋째 시간은 수성, 넷째 시간은 달, 다섯째 시간은 토성 등등으로 이어지고 이것은 스물넷째 시간이될 때까지 반복되어 수성에 해당하는 시간으로 끝난다(왜 그럴까? 답을 찾아보라).[9] 이것은 둘째 날의 첫 시간이 목록에 따라 수성의 다음에 오는 행성, 즉 달에 속한다는 것을 의미한다. 그러므로 둘째 날을 영어로 먼데이(Monday=월요일), 불어로 *룬디*[*lundi*; 라틴어 luna(달)에서 유래]라고 불렀다. 그래서 화요일은 화성의 날, 수요일은 수성의 날, 목요일은 목성의 날, 금요일은 금성의 날, 토요일은 토성의 날로 부른다. 영어권의 요일 명칭은 독일의 신들의 명칭에서 유래했다. 독일의 신명은 화성이 Tiwaz(티바즈) 또는 티우(Tiu), 수성이 보덴(Woden), 목성이 토르(Thor), 금성이 프리야(Frija)였다.

이런 식으로 해서 일곱째 날, 즉 안식일(Sabbath)은 토성의 날 — 새터데이(Saturday=토요일)인데, 로마의 새턴이 그리스의 크로노스 신과 같기 때문에 그리스어로 크로노스의 날이었다. 로마와 그리스의 신을 셈족의 신과 비교해보면, 신들의 족장인 새턴(토성)과 크로노스 신은 엘(El) 신과 같다. 그러므로 유대인과 기독교인 달력을 사용하는 곳이라면 지중해와 동방세계 어디든지 안식일이 엘(El) 신의 날이었다. 이런 표기는 유대인 제사장 신학과 완벽하게 일치한다. 하지만 이 방식이 제사장 역사 배후의 유대인 제사장들에게서 유래하지는 않았을 것이다. 페르시아의 행성 순서는 그리스와 달랐기 때문이다. 이집트의 24시간은 페르시아 제국이 헬라 시대가 되고 나서야 비로소 사용되었

---

9   일곱 번째 시간 — 첫날의 첫째, 여덟째, 열다섯째, 스물둘째 — 마다 태양에 속하고, 따라서 스물세 번째 시간은 금성, 스물네 번째 시간은 수성에 해당한다.

다. 물론 유대인 제사장들은 모든 날이 똑같이 한 분 하나님에게 속한다고 여겼을 것이다.

우리가 아는 일주일은 주전 6세기 예루살렘 제사장들이 고안한 것이다. 시간상 안식일에 기초한 일주일은 기독교의 관행이 되었고 이어서 로마와 비잔틴으로 그리고 서구 문화를 통해 퍼졌다.[10]

제사장들은 놀라운 방식으로 안식일을 달의 순환 주기에서 분리시켰다. 바빌론의 영향을 받았을 제사장 저자들은 바빌론 달력의 일부가 7일 동안 달 모양이 변화하는 바빌론 창조 전승을 나타내는 것으로 보고 이 7일 단위를 달력에서 분리하여 *샤바트(shabbat)*라는 용어를 노동(일)의 '중지'를 뜻하는 의미로 거기에 집어넣었다.[11]

성서에서 어원을 찾는 일은 새로운 결과가 하나도 없다. 당연히 많은 문헌이 그런 작업을 했다. 하지만 그것은 역사적 어원이 아니고 그 단어의 파생의미 또는 '참된 의미'를 고대인의 귀에 제안하는 정도로 유사할 뿐이다. 제사장들이 생각한 어원은 여러 가지 사례가 있다. 제사장 역사에 특징적인 것은 고대 언어를 취하여 동사 용례를 근거로 그것에 새로운 의미를 부여하는 정도이다. 아브라함은 아브람이란 이름의 변형으로서 제사장 저자에 의해 '많은 무리의 아버지'를 뜻하는 것으로 제시되었고 그것은 생육하고 번성하라는 제사장적인 명령과 같은 맥락이다. *샤칸(shakan)*은 특정한 제의 장소에 하나님의 이름을 '두다' 또는 '놓다'는 뜻을 의미하는 데 사용하며 제의 장소 *미쉬칸(mishkan)*, 또는 '장막'을 중요하게 여기는 생각과 같은 맥락을 지닌다. *에두트*

---

10   F. H. Colson, *The Week: An Essay on the Origin and Development of the Seven-Day Cycle* (Cambridge: Cambridge University Press, 1926); Hallo, "New Moons and Sabbaths."

11   이것이 이 용어의 역사적 어원이었을 것이다. M. Tsevat, "The Basic Meaning of the Biblical Sabbath," *Zeitschrift für die alttestamentliche Wissenschaft* 84 (1972), 447~459 참조.

(*'edut*) '언약'은 언약의 조항들을 가리키는 고대어를 해석한 것으로서 제사장 저자가 *모에드*(*mo'ed*) '만남, 언약'의 장막과 연관성을 부여하는 사고방식을 변형한 것이다.[12]

강조할 사항은 제사장 저자들이 등장하기 전에 7이란 숫자에 기초한 기간이 없다는 뜻이 아니라 그들이 이 모든 것을 창조와 연관하여 절대적인 7일 구조를 달의 순환 주기에서 꺼내어 전통적인 7일을 이 새로운 안식일 구조와 연결하였다는 것이다. 안식일을 사용한 결과로 7이란 숫자에 대한 제사장들의 관심사는 자연히 다른 관습으로까지 확대된다. 제사장을 임명하고 제단을 성별하는 기간은 7일 동안 거행한다(출 29:35~37). 희생 제사에서 피는 7번 뿌린다(레 4:6, 17; 14:7; 16:4). 등잔은 7개의 촛대로 제의를 장식한다. P에 따르면 요셉 시절에 70명의 이스라엘 자손이 이집트로 간다(출 1:5).

제사장들은 어떻게 해서 안식일을 바빌론 문화에서 끌어낸 구조에 따라 다시 정립하게 되었을까? 유다의 제사장 전승은 바빌론 사람들로부터 물려받은 페르시아 관습에 보조를 맞추었을 것이다.[13] 페르시아 시대의 바빌론의 우룩에서 나온 월간 희생 제사 목록은 7일, 14일, 21일, 28일에 *히트푸*(*hitpu*) 제물을 드리라고 명령한다. 그러나 페르시아는 늘 음력을 사용했다. 그래서 이 희생 제사 목록은 일주일씩 계산하는 달력을 따르지 않는다. 그것은 유대인의 독특한 체계였다.

---

12 Frank M. Cross, *Canaanite Myth and Hebrew Epic* (Cambridge: Harvard University Press, 1973), 312~313, 323; Delbert R. Hillers, *Covenant: The History of a Biblical Idea* (Baltimore: Johns Hopkins Press, 1969), 160~164.

13 Hallo, "New Moon and Sabbaths," 8~9 참조. 할로는 성서의 안식일을 이해할 때 이 본문들의 상관성을 무시한다. 왜냐하면 과거에 안식일을 바빌론 달력주기와 같은 것으로 잘못 생각하고 안식일이 바빌론에서 유래했다고 주장할 때 이 본문들을 사용했기 때문이다.

안식일과 제사장 규칙

제사장들은 보름 대신 7일마다 안식일을 지키는 새로운 시스템을 통해 안식일과 같은 축제일의 횟수를 네 배나 많이 늘렸다. 이를 통해 정기적으로 고기를 소비할 특권을 지닌 엘리트로서의 입지를 강화하였다. 안식일은 여가를 즐기는 시간이고 특히 제사장이 참여하는 식사를 의미하는 화목제(쉘렘 제사)를 드리는 날이었기 때문이다.[14] 출애굽 31:17에 "그리고 하나님이 쉬셨다"라는 안식일 규정의 결말은 휴식을 가리킬 뿐 아니라 음식을 섭취함으로써 네페쉬(nephesh = 숨)를 가다듬는 일을 가리켰을 것이다(출 23:12("숨을 돌리라"-개역개정)도 참조]. 아론 제사장들은 이런 식으로 페르시아 시대 유다에서 이 축제의 빈도를 늘렸고 그래서 제사장이 집도하고 관장하는 제의에 촌민들이 제의 비용을 많이 감당하도록 만들었다. 촌민들은 때로 제사장들의 시간과 제사 이론을 무시했을 수도 있으나 어떤 식으로든 가축은 세금, 조공, 선물, 몸값 등의 명목으로 제의에 바쳐졌다.

페르시아 시대에 안식일은 특히 제사 원리에 중요했다. 그것은 예레미야서에 추가되고 재해석된 것으로 보인다(렘 17:19~27). 그것은 이사야서를 마무리하는 단락(사 56~66장)에서 모세 율법에 충성하고 순종하는 근거가 되었다. 이것은 느헤미야가 활동하던 5세기 중반, 레위 제사장 집단의 견해였을 것이다(사 56:2, 4, 6; 63:13; 66:23). 느헤미야서에서 그날은 본질적으로 페르시아 제국이 유다에서의 지역 상거래를 통제하려는 시도의 특징이었다(느 13장). 주전 6세기에 제사장들을 통해 그날을 처음으로 제정한 것은 페르시아가 교역을 통제하려는 시도의 일환이었을 것이다.

---

14 Lemaire, "Le sabbat," 185. "군주 시대의 안식일은 본질적으로 여러 성소에 이스라엘 사람들이 모여 축제의 분위기 속에서 희생제물, 번제, 화목제를 드렸다."

P의 안식일

제사장 저자는 이스라엘의 공식 성전 역사를 개정할 때 어째서 7일째 안식일을 이렇게 강조했을까? 가장 분명한 이유는 일주일에 한 번씩 안식일을 지키는 새로운 관습을 강화하려는 의도 때문이었다. 이를 위해서 제사장 저자는 안식일을 자신의 문서작성 작업과 연결하고 그날이 전달하는 완결성과 완전함의 의미를 강조했다. 제사장 문서에서 모든 역사와 제의는 창조와 관련되어 있다. 창조는 창조된 세계의 질서를 확정한 최초의 사건이었다.[15] 제사장 제의를 공간, 시간, 위상, 수용 가능성의 중심에 두는 현재의 모습은 독립된 제사장들이 역사적 현실을 안정적으로, 최종적으로, 그리고 불가피하게 그렇게 구축할 수밖에 없었기 때문에 생긴 것이다. 이런 의미에서 안식일은 제사장이 생각하는 이상적 세계의 핵심이다.

제사장 저자가 이렇게 7일 주기를 강조하는 두 번째 이유는 우주를 바다, 하늘, 땅의 세 영역으로 나누는 전통과 생명, 움직임 그리고 고기의 분석을 조화시켜주기 때문이다. 이 세 영역의 창조는 3일 동안 이루어지고 그다음 3일 동안에는 3가지 종류의 움직이는 생물이 사는 영역으로 삼아 둘을 합하면 6일이 된다. 이 구조를 토대로 7일째 날이 자연스럽게 이어진다.

안식일은 제사장 역사 내내 중요한 시점에 창조 기사를 암시하고 인용하면서 거듭 등장하지만 제사장이 작성한 단락 밖의 구약성서는 안식일을 거의 다

---

15 예를 들어, Peter J. Kearney, "Creation and Liturgy: The P Redaction of Ex. 25~40," *Zeitschrift für alttestamentliche Wissenschaft* 89 (1977), 375~387 참조. 키어니는 출 25~31장의 작성이 창 1:1-2:3의 창조기사에 나온 개요를 따르고 있음을 보여준다. 또 M. Barnouin, "Les recensements du livre des Nombres et l'astronomie babylonienne," *Vetus Testamentum* 27 (1977), 280~303 참조. 다음 설명은 바루누앙의 주장을 간략하게 요약하고 있다. "제사장 전승들은 광야 이야기를 합리화한다. 그것들은 광야 이야기에 제의와 달력에 관계된 내용을 정밀하고 풍부하게 만들어 이스라엘을 거룩한 종교로 통일시키고 어떤 상황에서도 하나님과 연결된 백성으로 제시한다"[*Old Testament Abstract* 1:2 (June 1978), 155~156)].

루지 않는다. 제사장이 개정한 단락보다 후대에 언급한 내용의 대부분은 세 곳, 즉 예레미야 17장, 이사야 56장과 66장, 느헤미야 13장에 나온다. 그 구절들은 제사장의 안식일을 가리킨다. 예를 들어 제3 이사야서의 안식일은 제사장 문서처럼 모세의 율법 모음집을 대변한다. 이 외에는 안식일을 언급하는 곳은 몇 군데 되지 않는다.

출애굽기

제사장들이 안식일 개념을 개정하면서 중요하게 강조한 증거는 그것이 세 번째 언약의 표적이라는 사실에 나타난다. 제사장 저자는 창조 이야기에서 일주일을 7일로 삼은 방식을 확립한 뒤로 모세 시대(출 6장)에 세 번째 언약을 소개할 때까지 안식일 언급을 삼간다. 그렇지만 안식일을 세 번째 언약의 표적으로 선언하기 전에 안식일을 언급하는 첫 번째 경우가 있다. 거기서 제사장 저자는 이스라엘이 광야에서 만나를 식량으로 공급받은 이야기 중에 안식일을 소개한다. 거기에는 창조 기사의 흔적이 남아있다.

여섯째 날에는 각 사람이 갑절의 식물 곧 하나에 두 오멜씩 거둔지라 회중의 모든 지도자가 와서 모세에게 알리매 모세가 그들에게 이르되 야훼께서 이같이 말씀하셨느니라 내일은 휴일이니 야훼께 거룩한 안식일이라 너희가 구울 것은 굽고 삶을 것은 삶고 그 나머지는 다 너희를 위하여 아침까지 간수하라 그들이 ... 아침까지 간수하였으나 ... 모세가 이르되 오늘은 그것을 먹으라 오늘은 야훼의 안식일인즉 오늘은 너희가 들에서 그것을 얻지 못하리라 *엿새 동안은 너희가 그것을 거두되 일곱째 날은 안식일인즉 그날에는 없으리라 하였으나* ... 볼지어다 야훼께서 너희에게 안식일을 줌으로써 여섯째 날에는 이틀 양식을 너희에게 주는 것이니 너희는 각기 처소에 있고 일곱째 날에는 아무도 그의 처소에서 나오지 말지니라 그러므로 백성이 일곱째 날에 *안식(shabath)*하니라 (출 16:22~30)

제사장 저자는 하나님이 이집트에서 이스라엘을 구원한 후 안식일을 처음 언급함으로써 종과 짐승을 포함하여 노동자를 노동으로부터 구제하는 일에 관하여 주전 6세기 제사장에게 친숙한 전승을 사용한다. 그 전승은 성전의 경전들이 하나님이 이스라엘 노동자들을 이집트의 고역으로부터 구원한 사건을 소급하여 말한다. 제사장 저자는 안식일을 이 전승과 연결함으로써 원래 이스라엘의 공식 성전 역사의 중심 주제와 안식일 준수를 직접 연관 지었다. 신명기가 이것을 잘 보여 준다.

안식일을 지켜 거룩하게 하라 … 너는 기억하라 네가 애굽 땅에서 종이 되었더니 *네 하나님 야훼가 강한 손과 편 팔로 거기서 너를 인도하여 내었나니 그러므로 네 하나님 야훼가 네게 명령하여 안식일을 지키라 하느니라* (신 5:12~15)

안식일에 대한 이러한 의미 설명은 제사장 문서에서 나중까지 억제된다. 당분간 저자는 안식일 개념을 창조의 일곱째 날이라고 말하는 일에 더욱 힘을 쏟는다.

안식일에 대해서 두 번째로 한 언급은 출애굽기 버전의 십계명에 나온다. 거기서는 방금 신명기에서 인용한 구절과 다른 이유를 제시한다. 그것은 창조와 관련짓는다.

안식일을 기억하여 거룩하게 지키라 엿새 동안은 힘써 네 모든 일을 행할 것이나 일곱째 날은 네 하나님 야훼의 안식일인즉 너나 네 아들이나 네 딸이나 네 남종이나 네 여종이나 네 가축이나 네 문안에 머무는 객이라도 아무 일도 하지 말라 *이는 엿새 동안에 나 야훼가 하늘과 땅과 바다와 그 가운데 모든 것을 만들고 일곱째 날에 쉬었음이라 그러므로 나 야훼가 안식일을 복되게 하여 그날을 거룩하게 하였느니라* (출 20:8~11)[16]

여기서 휴식이라는 말은 *샤바트*(shabat. 중지)가 아니라 훨씬 흔하게 사용하는 쉼(nah)이다. 따라서 제사장들이 *샤바트*를 휴식(rest)으로 이해했다는 것이 분명하다. 출애굽 23:12은 두 단어를 함께 사용한다. 이것을 RSV는 둘 다 '쉬다'(rest)로 번역하고 있어서 분명하지가 않다(그러나 「개역개정」, '쉬다'와 '숨을 돌리다'—옮긴이).

*샤바트*의 의미는 다음에 나오는 제사장 문서에 더욱 뚜렷이 나타난다. 그것은 제사장 이야기의 구조상 중요한 지점에 나온다. 장막과 제의 기구들에 관한 율법의 결론부에는 이 지시를 실행할 주요 기술자로서 브사렐과 오홀리압을 언급한다. 그리고 안식일 법의 주요 문장이 이어진다. 거기서 안식일은 세 번째 언약의 표적으로 묘사된다.

> 야훼께서 모세에게 말씀하여 이르시되 너는 이스라엘 자손에게 말하여 이르기를 너희는 나의 안식일을 지키라 이는 나와 너희 사이에 너희 대대의 *표징*이니 나는 너희를 거룩하게 하는 야훼인 줄 너희가 알게 함이라 너희는 안식일을 지킬지니 이는 너희에게 거룩한 날이 됨이니라 그날을 더럽히는 자는 모두 죽일지며 그날에 일하는 자는 모두 그 백성에서 그 생명이 끊어지리라 *엿새 동안은 일할 것이나 일곱째 날은 큰 안식일 [중지]이니 야훼께 거룩한 것이라* 안식일에 일하는 자는 누구든지 반드시 죽일지니라 이같이 이스라엘 자손이 안식일을 지켜서 그것으로 대대로 영원한 언약을 삼을 것이니 이는 나와 이스라엘 자손 사이에 영원한 *표징*이며 *나 야훼가 엿새 동안에 천지를 창조하고 일곱째 날에 일을 마치고 [shabat] 쉬었음이니라* 하라 (출 31:12~17)

바로 이 지점에서 야훼는 모세에게 하나님의 손가락으로 십계명을 새긴 두

---

16   일곱째 날은 여기서 신 5:13~14의 본문에 이차적인으로 추정된다. 출 20장과 신 5장의 안식일 율법 본문은 이차적으로 섞였고 신 5장의 언급은 출 20장의 P 율법에서 나온 것이다.

개의 돌 판을 주고 자기 백성에게 돌려보낸다. 출애굽 32, 33, 34장은 제사장 저자가 개정한 공식 성전 역사보다 이른 시대의 내용이므로 건너뛸 수 있다. 제사장 저자가 시내에서 벌어진 이스라엘 이야기에 민수기 10장까지 다소 길게 이어지는 내용을 다시 시작할 때 모세가 하나님께 들은 마지막 율법은 백성에게 전하는 첫 번째 율법이 된다. 그것은 6세기 제사장들이 안식일을 매월 지키는 것이 아니라 매주 지키는 것으로 재해석하여 지극히 강조한다.

> 모세가 이스라엘 자손 온 회중을 모으고 그들에게 이르되 야훼께서 너희에게 명령하사 행하게 하신 말씀이 이러하니라 엿새 동안은 일하고 일곱째 날은 너희를 위한 거룩한 날이니 야훼께 엄숙한 안식일이라 누구든지 이날에 일하는 자는 죽일지니 안식일에는 너희의 모든 처소에서 불도 피우지 말지니라 (출 35:1~3)

고기를 먹는 엘리트 계층으로서 제사장의 위상은 제사장이 피우는 불을 안식일에 유일하게 합법적으로 피우는 불로 만드는 규칙으로 인하여 강화된다. 제사장의 제단 외에는 어떤 고기도 요리할 수 없다. 이 이야기의 나중에는 안식일에 불을 피우지 말라는 지시를 가혹할 정도로 강조할 것이다.

> 이스라엘 자손이 광야에 거류할 때에 안식일에 어떤 사람이 나무하는 것불 피우려고을 발견한지라 그 나무하는 자를 발견한 자들이 그를 모세와 아론과 온 회중 앞으로 끌어왔으나 어떻게 처치할는지 지시하심을 받지 못한 고로 가두었더니 야훼께서 모세에게 이르시되 그 사람을 반드시 죽일지니 온 회중이 진영 밖에서 돌로 그를 칠지니라 온 회중이 곧 그를 진영 밖으로 끌어내고 돌로 그를 쳐 죽여서 야훼께서 모세에게 명령하신 대로 하니라 (민 15:32~36)

안식일 법은 특별한 승인을 받았다. 제사장 관점에서 볼 때 그것은 6세기 유다의 아론 제사장들이 개정한 모세의 모든 율법을 요약하고 대표하는 율법이기 때문이다(겔 20:12 참고).

모세는 안식일 계명에 따라 장막을 지을 재료의 기부를 요청한다. 하나님의 제의가 성전이 아니라 장막에서 거행된다는 제사장 저자의 개념을 대다수 성서 역사학자들은 성전이 존재하지 않던 바빌론 포로 시대에 하나님을 예배하는 방식을 개념화하는 데 도움이 되는 생각으로 본다.[17] 모세는 성막에 관한 상세한 지시를 받고 나서 브사렐과 오홀리압을 불러 일을 시작하게 한다. 작업이 이루어진 다음(출 35~40장) 장막에서는 희생 제사를 드리고(레 1~7장) 제사장을 세웠으며(레 8~10장) 규정대로 피의 금기와 희생 제사를 드린다(레 11~16장).

레위기

레위기 16장은 매년 속량일 또는 합의의 날(composition day; '속죄'일)에 드릴 제사와 희생양을 묘사한다. 속량일은 달 모양 변화에 따라 일곱째 달 10일에 열리나 안식일로 명시된다. 그리고 제사장 저자는 피를 처리하는 제사장의 특권을 길고 상세하게 설명하는 작업을 마친다.

너희는 영원히 이 규례를 지킬지니라 일곱째 달 곧 그달 십 일에 너희는 스스로 괴롭게 하고 아무 일도 하지 말되 본토인이든지 너희 중에 거류하는 거류민이든지 그리하라 이날에 너희를 위하여 속죄하여 너희를 정결하게 하리니 너희의 모든 죄에서 너희가 야훼 앞에 정결하리라 이는 너희에게 안식일 중의 안식일인 즉 너희는 스스로 괴롭게 할지니 영원히 지킬 규례라 (레 16:29~31)

---

17   최근에는 군주시대에도 장막을 성전 안에 설치했으므로 제사장의 관점과 예루살렘 제사장들이 시무하던 예루살렘 성전의 존재와는 아무런 충돌을 일으키지 않는다고 주장하는 학자들이 있다. 그러나 대개는 성전을 어떤 식으로든 전혀 언급하지 않고 있기 때문에 제사장 저자의 개념을 이론적으로 설명하려는 요소가 있다고 본다.

레위기 17~26장은 시내 언약의 제사장 버전에 포함된 마지막으로 독특한 율법 모음집이다. 종종 '성결법전'이라고 부르는데 백성들은 하나님이 거룩한 것처럼 똑같이 거룩해야 한다고 역설한다. "너희는 거룩하라 이는 나 야훼 너희의 하나님이 거룩함이니라"(레 19:2). 그것은 제사장들의 피의 특권(레 17장)과 피를 나눈 근친 사이의 성관계를 금지하는 명령(레 18장)으로 시작한다. 그런 다음 거룩한 백성의 의무를 명시한다. 안식일은 이 의무의 서두에 나온다. "너희 각 사람은 부모를 경외하고 나의 안식일을 지키라"(레 19:3). 안식일 법은 또다시 반복된다. "내 안식일을 지키고 내 성소를 귀히 여기라"(레 19:30).

제사장 저자는 성결법전의 후반부에서 3대 축제, 즉 유월절, 칠칠절, 장막절을 상세히 설명한다(레 23장). 그러나 안식일의 위상을 3대 축제만큼이나 중요한 것으로 강조하기라도 하듯이 다음과 같은 말을 반복한다.

> 이것이 나의 절기들이니 너희가 성회로 공포할 야훼의 절기들이니라 엿새 동안은 일할 것이요 일곱째 날은 쉴 안식일이니 성회의 날이라 너희는 아무 일도 하지 말라 이는 너희가 거주하는 각처에서 지킬 야훼의 안식일이니라 (레 23:2~3)

이어서 3대 절기를 기술한다. 제사장 저자가 볼 때 각 추수절은 안식일에, 한 주간 동안 지켜야 한다.

첫째 절기, 양들을 바치고 보리 추수를 축하하는 절기는 7일 동안 유월절 양을 죽이고 무교병을 먹으면서 축하한다. 둘째 절기, 밀 추수를 축하하는 절기는 첫째 절기를 지킨 다음 7일을 일곱 번 계산한 날 ― 즉 일곱 번째 안식일 ― 에 지키라고 규정한다. 그래서 *샤부오트*(shabu'ot) 또는 '칠칠절'이라고 부른다. 밀 추수는 제사장 저자 이전에는 '칠칠절'이라고 부르지 않고 단지 수장절(추수절―옮긴이)이라고 불렀을 것이다. 셋째 절기는 일곱째 달에 지킨다. 일곱째 달은 한 해의 특별한 날이 전부 모여 있다. 그것은 신년절, 속죄일, 그리고 장막

절이다.

제사장 역사가 작성되기 이전에 첫째와 셋째 절기 즉 보리 추수절과 과일 추수절은 음력 보름날 즉 '안식일'에 시작하여 지킨다. 여기서 제사장 저자는 두 개의 상이한 범주 즉 음력과 안식일을 결합하고 있다. 그달은 월삭으로 시작하고 십오일 째 날은 안식일 또는 7일 주기로 반복되는 일곱 번째 날로 생각한다.

두 번째 절기인 밀 추수절의 경우 제사장들은 시내 산 모세 언약의 율법이 이 추수 절기와 같은 때에 전달되었다고 생각한다(출 19:1). 그러므로 이것을 7일 주기로 돌아오는 안식일 패턴과 동화시키는 일이 가장 중요하다. 만일 안식일을 규칙적으로 계산하면 음력 십오일이 안식일이 될 가능성은 1/7밖에 되지 않는다.[18] 레위기 23장의 보리와 과일 추수절 규정에는 일곱째 날과 보름 안식일이 불일치할 가능성이 남아있지만 밀 추수 절기는 일곱 번째 안식일 구조로 제정한다. 밀 추수절은 보리 추수절이 끝난 뒤 7일씩 일곱 번 센 날에 지킨다. 이것이 오순절, 즉 유월절 이후 '오십일 째 날'의 기원이고 49일째 날이 끝나는 날에 시작한다.

안식일마다 특별히 떡을 구우라고 명령한 다음(레 24:5~9) 제사장 저자는 이스라엘의 채무 면제법을 소상하게 기술하고 안식일 언약을 기술한다. 신명기 15장에 기록된 앞선 시대의 전승은 칠 년마다 모든 채무를 면제하라고 명시한다. 물론 제사장 저자가 활동하기 이전에는 그 해를 안식이라고 부르지 않았다. 제사장 저자는 그 전승을 바꾸었다. 채무면제는 제사장의 안식 개념과 동화되었다. 안식일 중의 안식일 개념은 7년 주기의 채무면제로 다시 정의되어 50년으로 늘어났다. 그것은 제사장 저자가 '칠칠절'로 부르는 밀 추수절의 패턴을 따른다. 채무면제는 일곱 번째 안식년 다음 해에 이루어진다. 제사장 저

---

18   제사장 저자는 아마 이 절기가 그달의 십오일 날과 가장 가까운 안식일에 시작된다는 뜻으로 말했을 것이다.

자들은 이것을 채무면제와 토지를 원소유주에게 되돌려주는 해, 즉 '희년'[19]이라고 부른다(레 25:8~55). 이 법은 안식일 법을 확장한 것 중에서 가장 중요한 법이다.[20]

일곱째 해는 안식년으로 이름을 바꾸어 불렀다. 그해는 채무면제가 아니라 추상적이면서 인위적으로 휴경기로 삼았다.[21] 칠 년마다 채무를 면제하는 대신 백성들은 땅을 경작하지 못하고 휴경해야 했다.

> 너희는 내가 너희에게 주는 땅에 들어간 후에 너는 육 년 동안 그 밭에 파종하며 육 년 동안 그 포도원을 가꾸어 그 소출을 거둘 것이나 일곱째 해에는 그 땅이 쉬어 안식하게 할지니 야훼께 대한 안식이라 너는 그 밭에 파종하거나 포도원을 가꾸지 말며 네가 거둔 후에 자라난 것을 거두지 말고 가꾸지 아니한 포도나무가 맺은 열매를 거두지 말라 이는 땅의 안식년임이니라 (레 25:2~5)

대다수 성서 역사학자들은 이 규정이 이론에 불과하고 실제 농사를 접해 본 적이 없는 제사장 계층이 그런 규칙을 만들었을 뿐이라고 믿는다. 7년째에 휴경하면 팔레스타인 땅은 빠르게 못 쓰는 땅이 된다. 성서 시대 팔레스타인 촌락의 전답 시스템은 2~3년에 한 번 휴경하는 후대의 관습과 비슷하게 운영된 것이 확실하다. 제사장 이론은 일곱째 날에 만나를 모으지 말라는 하나님의 명령 체계를 따르고 있다. 땅의 휴경은 제사장들이 정기적으로 일하지 않고 휴식하는 법을 땅에 적용한 것으로 보인다.

레위기 25:2~7의 안식년 휴경법과 달리 출애굽 23:10~11의 휴경법은 고대

---

19 이 용어는 히브리어 요벨(yobel=숫양의 뿔; 뿔로 만든 나팔)과 같은 의미를 지닌 단어에서 유래한 것이고 라틴어 유빌라레(jubilare)나 영어의 쥬빌레이션(jubilation)처럼 거기서 파생한 단어와 아무런 관계도 없다.
20 11장에서 더 논의할 것이다.
21 느 10:31은 당시에 안식년을 채무에도 적용했음을 알려준다.

의 것이라고 믿는 성서 역사학자들이 있다. 출애굽 23:10~11이 제사장 법에 근거한 것인지 또는 제사장 역사보다 앞선 시대의 것인지는 불분명하다. 어느 쪽이든 안식년 휴경에 관한 제사장 규정은 경작 관습에서 끄집어낸 것이다. 이 관습이 어떤 형태였는지는 알 수 없다. 하지만 "농부마다 자기 땅의 1/7 정도를 매년 휴경지로 삼아 경작을 쉬어 가난한 자의 식량이 되게끔 했을 수"는 있다.22 그렇지 않으면 2년에 한 번 휴경하는 관습은 농부의 소유지를 둘로 나누어 적용할 수 있었을 것이다. "안식년은 농부가 소유한 땅 절반을 돌아가면서 수확하는 일을 방해한다."23 수확의 손실은 안식년 바로 직전 해에 양쪽 땅을 함께 경작하고 수확하여 보충할 수 있다. 물론 제사장 법은 훨씬 완고하여 소유지를 나누어 경작하는 것을 허용하지 않는다. 이론상 7년 주기의 휴경은 제사장 에스겔이 이스라엘의 열두 지파에게 토지를 분배하는 생각이 묻어있다. 그는 지파의 토지 소유를 북쪽에서 남쪽까지 똑같은 규모로 분배하여 '똑같이' 만든다. 그러나 이것은 지역과 토양 그리고 동과 서의 차이를 무시한 것이다(겔 48장).24

이 율법 다음에는 언약을 지키면 축복, 불순종하면 저주를 받을 것이라고 위협하는 결론부가 나온다(레 26장). 이스라엘의 생존과 자율성은 율법 전체의 순종과 직결되어 있다. 특히 안식일 준수가 그렇다.

너희는 내 안식일을 지키며 내 성소를 경외하라 나는 야훼이니라 (레 26:2)

---

22 Oded Borowski, *Agriculture in Iron Age Israel* (Winona Lake: Eisenbrauns, 1987), 145.

23 David C. Hopkins, *The Highlands of Canaan: Agricultural Life in the Early Iron Age* (Decatur: Almond Press, 1985), 194~195, 200~202, 273.

24 그렇지만 마카비 1서 6:49, 53의 안식년 준수를 언급한 구절들은 이 율법이 성서시대 후반에 실제로 시행되었음을 보여주는 증거로 종종 인용된다.

만일 이스라엘 사람이 안식일과 아론 제사장 가문이 개정한 모세의 율법을 지키지 않으면 그 땅에서 쫓겨날 것이고 도시들은 황폐하게 될 것이다.

너희가 원수의 땅에서 살 동안에 너희의 본토가 황무할 것이므로 땅이 안식을 누릴 것이라 그때에 땅이 안식을 누리니 너희가 그 땅에 거주하는 동안 너희가 안식할 때에 땅은 쉬지 못하였으나 그 땅이 황무할 동안에는 쉬게 되리라 (레 26:34~35)

장막 중심의 세상

고대 문헌에 나타난 창조는 국가와 사회질서의 창조를 의미한다. 국가와 질서 있는 삶의 중심에는 성전과 제의가 존재한다. 성전은 국가의 법과 질서의 초점이며 따라서 창조의 극치이다.

장막

제사장이 개정한 공식 역사가 장막에 초점을 맞추고 있는 것은 놀라운 일이 아니다. 장막은 하나님이 백성과 만나고 그들의 제물 특히 고기를 받는 천막이다. 그것은 신성한 우주 질서가 스며있는 곳이다.

장막이 창세기 1장의 물 위에 운행하시는 영 또는 숨으로 창조되었다는 것역시 놀라운 일이 아니다. 이 '하나님의 숨'(「개역개정」, '하나님의 신')은 제사장역사 전체를 통틀어 오직 두 번 언급되어 있다. 창조가 "하나님의 숨이 수면위를 운행하시니라"(창 1:2)라는 말로 시작했듯이 이 영은 장막 건축을 감독한기술자들에게 감동을 주었다.

내가 유다 지파 훌의 손자요 우리의 아들인 브살렐을 지명하여 부르고 하나님
의 영을 그에게 충만하게 하여 지혜와 총명과 지식과 여러 가지 재주로 (출
31:2~3)

브살렐의 일은 장막 건축을 지도하는 것이었다. 그는 창조 과정에 나타나
하나님이 창조의 명령을 하나씩 차례로 발언하면서 숨을 내뱉을 때 역사했던
바로 그 숨결로 이처럼 중요한 일을 감당할 능력을 얻었다.

야훼께서 유다 지파 훌의 손자요 우리의 아들인 브살렐을 지명하여 부르시고
하나님의 영(숨)을 그에게 충만하게 하여 지혜와 총명과 지식으로 여러 가지 일
을 하게 하시되 (출 35:30~31)

하나님의 이 창조와 기술의 숨결은 욥기도 묘사한다. "그러나 사람의 속에
는 영이 있고 전능자(Shadday)의 숨결이 사람에게 깨달음을 주시나니"(욥
32:8). "하나님의 영이 나를 지으셨고 전능자(Shadday)의 기운이 나를 살리시
느니라"(욥 33:4). 히브리어 *루아흐*(ruah)의 의미는 모호하다. 그것은 바람, 영,
숨(결)을 의미할 수 있다. 여기서 숨을 의미한다는 것은 숨결을 의미하는 두 번
째 단어와 함께 사용되었기 때문에 분명하다. 브살렐에게 영감을 준 바로 그
지혜와 총명과 지식을 언급하기 때문이기도 하다. 또한 욥의 구절이 전능자
(Shadday)를 언급하는 것이 두드러진다. 그것은 제사장들이 창세기 17장에서
아브라함 시대를 시작할 때 언급한 독특한 하나님 이름이었다.
브살렐이 영감을 받은 속성들인 기술, 총명, 지식은 처음 예루살렘 성전을
건축한 기술자 히람의 것과 같다(출 31:3; 왕상 7:14). 그에게 이런 속성들을 준
하나님의 숨(결)은 아론계 제사장 저자 시대에 성전 재건 과정에 필요한 것들
이었다. 예언자 학개는 하나님의 이름으로 제사장 제의를 재개하는 조건을 다
음과 같은 말로 선포했다. "스룹바벨아 스스로 굳세게 할지어다 여호사닥의

아들 대제사장 여호수아야 스스로 굳세게 할지어다 야훼의 말이니라 땅의 모든 백성아 스스로 굳세게 하여 [성전에서] 일할지어다 내가 너희와 함께하노라 만군의 야훼의 말이니라 너희가 애굽에서 나올 때에 내가 너희와 언약한 말과 나의 영이 계속하여 너희 가운데에 머물러 있나니 너희는 두려워하지 말지어다"(학 2:4~5).

장막, 기구, 제사장 예복을 만들라는 지시는 일곱 개의 연설로 되어 있다(출 25~31장). 각 연설은 "야훼께서 모세에게 말씀하여 이르시되"로 시작하며 매일 한 가지씩 창조하는 7일 창조 기사와 평행하게 나타난다.[1] 일곱째 날의 마지막 연설은 자연히 안식일에 관한 것이며 영원한 언약의 절정을 표시한다.

첫 번째 연설은 가장 길고, 두 부분으로 되어 있다. 첫 번째 부분은 성소를 '장막'[미쉬칸 (mishkan)]이라 부르고 둘째 부분은 '회막'[오헬 모에드 ('ohel moed)]이라고 부른다.

> '회막'은 둘째 단락에 적절한 명칭이다. 편집자는 제의 가운데에서의 하나님과의 만남을 점층적으로 묘사한다(29:38~43). 아론 제사장 직분을 세우는 일은 이 '만남'을 준비하는 일이나 마찬가지이고 무엇보다 중요한 것은 이 둘째 단락의 결론부가 시작하고 마치기 전에 아론의 등잔 관리 사명을 언급한다는 점이다 (27:20~21, 30:7~8).[2]

하나님이 어둠 가운데 빛을 창조하신 것처럼 아론은 성소 내부와 밤을 밝히기 위해 등불을 켰다. 이어지는 연설은 각각 창조와 유사한 내용을 인용한다.

---

1   나머지 6회의 연설에서 창조를 인용하는 구절들 일부는 다른 것들보다 더 뚜렷하지만 원칙은 지시사항의 순서를 의미 있게 하려고 하는 것 같다. Peter J. Kearney, "Creation and Liturgy: The P Redaction of Ex 25~40," *Zeitschrift für die alttestamentliche Wissenschaft* 89 (1977), 375~387 참조.

2   Ibid., 375.

이를테면 세 번째 연설은 놋대야 또는 놋 두멍 제조에 관심을 둔다(30:17~21). "이 물건과 하나님이 바다[야밈(yammim)]를 창조한 셋째 날의 창조와 연관성은 열왕기상 7:23이 놋 두멍을 하이얌(hayyam) 즉 '바다'라고 부르는 데서 분명하게 드러난다."[3]

장막을 짓는 기사는 열왕기상 5:15~9:25의 성전 건축 기사의 패턴을 따르는 것으로 보인다. 열왕기상 기사는 메소포타미아와 우가릿에 나타난 기사들의 패턴을 따르고 있다. 이 패턴은 신의 명령, 백성에게 명령의 전달, 성소 건축 준비, 시공, 봉헌 그리고 축복으로 되어 있다.[4]

야훼는 엘 신이다

장막은 국가의 중심이고 법과 질서를 세우는 일차적인 도구이므로 군사적 함의도 가진 것으로 예상할 수 있다. 제사장 역사를 집필한 아론계 제사장이 장막을 이스라엘 이전의 신들 가운데 하나이며 이스라엘의 하나님에게서 여러 가지 속성을 찾아볼 수 있는 엘 신의 천막 모양을 따랐다는 것은 의심의 여지가 없다.[5] 엘 신은 준군사조직이었던 베두인의 족장처럼 전쟁의 신이었다. 제사장 저자는 이스라엘을 이집트를 떠난 군대로 묘사하며 엘 신은 광야를 행진하고 장막을 칠 때 군대를 이끄는 분으로 나타난다. 법궤 보좌를 포함하여 장막은 역사적으로 전쟁 지휘봉(팔라디움)의 역할을 했고 제사장 역사에서는

---

3   Ibid., 377.

4   Victor (Avigdor) Hurowitz, "The Priestly Account of Building the Tabernacle," *Journal of the American Oriental Society* 105 (1985), 21~30.

5   특히 Frank M. Cross, Jr., "The Tabernacle: A Study from an Archaeological and Historical Approach," *Biblical Archaeologist* 10 (1947), 45~68 참조; *The Biblical Archaeologist Reader*, ed. G. Ernest Wright and David Noel Freedman (Garden City: Doubleday, 1961), 201~228에 다시 출간됨. 또, Cross, "The Priestly Tabernacle in the Light of Recent Research," in *The Temple in Antiquity*, ed. T. G. Madsden (Provo: Religious Studies Center, Brigham Young University, 1984), 91~105 참조.

그런 식으로 묘사되어 있다.

하나님의 장막을 지은 기술자의 이름 브살렐은 영어로 이상하지만 히브리어로는 다른 이름들처럼 의미 있는 구절로 되어 있다. 그의 이름은 장막 건축자에게 의미 있는 이름이다. 살(zal)은 '그늘'이나 '처소'를 뜻하므로 브살렐은 '엘의 처소에서'라는 의미이다. 브살렐의 끝에 '엘'(El)은 전쟁의 신 엘과 같은 단어이다. 엘 신은 엘 샤다이(El Shadday)라는 이름에 나타나듯이 이스라엘의 하나님을 가리킨다. 엘 샤다이는 제사장 저자가 독특하게 사용하는 하나님 이름이다.

엘 신은 신들의 가부장적 족장이었다. 그의 권위 있는 말은 창세기 1장의 하나님의 말씀처럼 특히 강력했다. 1930년대 이래 알려진 우가릿 문헌이 보여주듯이 엘 신은 바알 신을 위해 지은 집 또는 성전과 대조적으로 천막에 살았다. 바알은 바다 신에게 승리하기 전까지 엘과 함께 살았다. "바알은 다른 신들처럼 집이 없고 아세라의 아들들처럼 궁전이 없었다. 엘의 거처는 아들[바알]의 거처이고 바다 신의 부인인 아세라의 처소이다."[6] 여기서 엘의 천막을 묘사한 '처소'는 브살렐의 이름, '엘의 처소에'(in-the-shelter-of-El)에 들어있는 '처소'라는 단어와 같은 형태이다.

똑같은 단어가 우가릿 영웅 키르타(Kirta)가 세운 성소 묘사에 나타난다. 키르타의 성소는 엘에게 드린 것이므로 천막에 어울린다. 물론 집과 같은 속성을 지니고 있다.

키르타가 깨어보니 그것은 꿈이었다.
엘의 종은 환상을 보았다.
그는 씻고 붉은 연고를 발랐다.
팔을 팔꿈치까지.

---

6   Coogan, *Stories from Ancient Canaan* (Philadelphia: Westminster Press, 1978), 96~97.

손가락부터 어깨까지 씻었다.

그는 *천막의 처소로* 들어갔다.

그는 손으로 양을,

오른손으로 희생으로 잡은 양,

두 손으로 어린 짐승을,

전제로 바친 모든 음식을.

희생제물로 바친 새를 취했다.

그는 은잔에 포도주를,

금 그릇에 꿀을 부었다.

그리고 탑 꼭대기,

높은 벽으로 올라갔다.

그는 하늘로 손을 치켜들고,

황소(Bull) 신, 그의 아버지 엘…에게 희생제물을 바쳤다.[7]

키르타가 엘 신에게 희생 제물을 바친 천막 성소는 제사장들이 묘사하는 장막의 특징과 닮았다.

약간 불분명한 또 다른 우가릿 표현도 제사장 역사가 묘사하는 하나님 모습을 지니고 있다. 우가릿 문헌의 엘은 *dh-d* (우가릿 글자는 모음이 없고, 자음으로만 단어를 표현한다)가 있다. 어떤 성서 역사학자들은 이 *dh-d*를 우가릿어의 *th-d*와 똑같은 것으로 본다. *th-d*와 *dh-d*의 의미는 '산 또는 둥그런 천장'이며 천막의 둥근 지붕을 가리킨다. 이 단어는 히브리어로 *th* 대신 *sh*소리가 나기 때문에 *shad(d)*가 되고 어미 -ay와 함께 쓰면 *shadday*(샤다이)가 된다.[8] 14세

---

7 Ibid., 59, 62.

8 Frank M. Cross, *Canaanite Myth and Hebrew Epic* (Cambridge: Harvard University Press, 1973), 55, n. 43.

138 태초에: 창조와 제사장 역사

기 또는 13세기 초 이집트 비문에는 *샤다이-암미*(Shadday-àmmi)라는 명칭이 나온다.9 그것은 이집트에 거주하는 팔레스타인 출신 사람의 이름이다. 제사장 저자는 고대의 이름 요소를 사용하고 있다. 제사장 역사에서는 이런 모습을 자주 볼 수 있다. 제사장 역사의 엘 샤다이(El Shaday)는 '천막에 거주하는 신 엘'(또는 '산에 사는 신 엘')을 의미했을 것이다. 천막은 브살렐의 이름에 들어있는 천막과 같고 제사장 장막의 모델은 바로 엘의 천막이다.10

왜 천막인가?

아론 제사장들은 성전이 바빌론 사람들에게 파괴되기 전까지 다윗 왕가가 세운 성전을 돌보는 제사장 가문의 후손들이었다. 제사장 역사에 들어있는 제의 전승은 성전에 부합하는 것이었다. 그런데 제사장 저자는 왜 제사장의 성소를 성전이 아니라 성소로 묘사할까?

다윗 시대와 그전까지 고대의 천막 성소는 군주시대 동안 성전 내부에 계속 세워져 있었을 것이다. 이것은 제사장 저자가 제의 성소를 천막이라고 말하는 이유 중 하나이다.11 하지만 제사장의 글이 성전을 전혀 언급하지 않는다는 사실은 의미심장하다. 설령 천막 성소가 성전 안에 세워져 있더라도 6세기의 제사장들이 제의를 천막 제의로 생각한 것은 다른 이유가 있어서이다.

제사장들은 고어풍으로 말하는 사람들이었고 하나님을 천막에서 예배했다는 사상은 이러한 고풍스런 모습 중 하나였다. 초기 이스라엘의 가상 천막 성

---

9   William Foxwell Albright, *From Stone Age to Christianity*, 2d ed. (Garden City: Doubleday, 1957), 243~246 참고.

10   하나님 이름으로서 샤다이(*Shadday*)의 의미는 성서 역사학자들 사이의 오랜 논쟁 주제였다. '전능하신 하나님'이란 전통적 번역은 다소 원칙 없이 번역한 초기 그리스어 역본에 기초를 둔 것이다. 구약성서에서 두 명의 이름 실르대(*Silletay*)는 '천막 성소에 있는 그분'이란 뜻이다(대상 8:20; 12:21—옮긴이).

11   Richard E. Friedman, *Who Wrote the Bible?* (New York: Summit Books, 1987), 174~187. 성서 역사학자들이 이 흥미로운 견해를 신뢰할지는 두고 볼 일이다.

소는 솔로몬 시대에 이르러 비로소 성전으로 대체되었다. 분명히 성서의 초기 역사에서 찾아볼 수 있는 다윗 시대와 그 이전의 천막 성소에 대한 기억은 모세와 출애굽 시대에 대한 제사장 역사가의 생각 속에 보존되어 있다. 이것은 그가 장막을 초기 성서 시대에 '천막'을 의미하는 단어 *미쉬칸(mishkan)*으로 부를 때 뚜렷하게 나타난다. 그 단어는 '천막을 치다'라는 뜻의 파생 동사가 있다. 이 단어들은 군주시대 제사장 제의에 거의 사용되지 않았으나 포로 시대에 제사장 저자가 다시 선택하여 오로지 제사장 장막을 가리키는 말이 되었다.[12] 제사장 저자는 암암리에 이스라엘의 하나님 야훼가 사실은 성전이 아니라 천막에서 살았던 이스라엘 이전 시대의 엘 신의 한 형태라고 이해했던 것은 아닐까?

제사장 역사는 이스라엘의 초기 성전 역사(JE)를 개정한 것이었다. 주전 6세기 중엽, 과거에 다윗 왕가를 섬기다가 바빌론에 포로로 잡혀 온 궁전 제사장들은 JE를 알고 있었다. 그들은 이 문서의 곳곳에 자신들의 생각을 담으려고 했다. 솔로몬 성전을 건축하기 전에 기록된 원래 역사는 소박하게 돌로 쌓은 제단이 있는 하나님의 천막 성소만을 알고 있었다. 천막 성소는 제사장 저자가 개정하기 시작한 문서에 이미 확정되어 있었다. 그는 이 전승을 변경하지 않고 제사장 장막으로 상세히 설명한다.

천막 제의를 서술하는 또 다른 실용적 이유가 있다. 성전은 파괴되었고 유다 왕조 시절에 거행하던 희생제의는 중단되었다. 이러한 파국이 일어나는 동안 성전의 하나님은 어디에 있는가? 하나님은 성전에 머무르지 않았다. 성전 제의는 끝장났고 그것이 다시 실행될지는 불확실한 것이 현실이었다. 움직이는 하나님 ─ 온 세상을 여행하면서 유다 백성이 있는 곳이라면 어디든지 임재하는 하나님 ─ 개념은 이미 에스겔의 하나님 묘사에 나타난다. 거기서 하나님은 사방으로 움직일 수 있는 바퀴가 달린 마차를 타고 성전을 떠나셨다(겔 1, 10,

---

12   Cross, "The Priestly Tabernacle," 224~226.

11:22~25). 천막 성소의 하나님은 성전 파괴를 초래한 공동체의 죄의 경험에 적합한 긴급 처방이었고 하나님 제의를 어떻게든 복구하기를 바라고 희망하는 이동성을 지녔다. 한마디로, 성막 숭배는 성전 상실에 대한 대책이었다. 아론계 제사장들은 주전 520~515년에 성전을 재건하기 전에 천막에서 제의를 거행했을 것이다.

'만남'의 천막(회막)

포로기든 팔레스타인 땅에서든 장막은 하나님이 자기 백성 이스라엘을 만나러 오는 장소였다. 그래서 그것을 *오헬 모에드*('ohel mo'ed)라고 불렀다. 그 의미를 제사장 저자는 "하나님과 자기 백성의 만남의 천막"으로 삼았다. 하지만 그것은 이 표현의 원래 의미가 아니었다. 초기 히브리어와 주변 언어 그리고 성서의 몇 구절에서 *모에드*(mo'ed)라는 용어는 일반적으로 '회합'을 뜻했다. 이를테면 주전 11세기 이집트 문헌에는 그것이 히브리어와 유사한 페니키아어에서 차용한 단어로 나타나며 비블로스라는 도시 주민의 회합을 가리킨다. 그러므로 엘의 천막은 원래 '회합의 천막'이었고 가부장적 족장 엘이 동료 귀족 및 족장들과 회의를 여는 곳이었다. 제사장 저자는 고대어를 성실히 보존하면서도 그것을 다르게 이해한다. 그는 자음 아인(')과 달렛(d)이 있는 단어들은 서로 관계가 있는 것으로 본다. 그중 하나가 *모에드*(mo'ed)이다.

[P가] 볼 때 제의의 핵심 목적은 하나님과의 만남이다. 이것을 표현하는 히브리어가 여러 개 있다. *노아드*(no'ad, 동사형), '만나다, 조우하다,' *모에드*(mo'ed, 명사형), '만남, 정해놓은 시간,' 그리고 또 다른 명사형 에다('edah), '회중' 등이다. 이스라엘은 에다('edah), '회중'이고 천막 성소는 '회막'[모에드(mo'ed)]이다. 야훼는 거기서 이스라엘 백성을 만난다[노아드(no'ad)]. 거룩한 나팔을 부는 일에 대하여 말할 때 제사장 저자는 이 세 단어를 전부 사용한다. "나팔 두 개를 불 때에는 온 회중['edah]이 회막[mo'ed] 문 앞에 모여서[no'ad] 네 앞에 나아올 것

이요"(민 10:3). P는 이렇게 견고한 용어들로부터 언약 용어와 다리를 놓는다. 시내 산 언약을 가리키는 그의 단어 *에두트*('*edut*)는 자음 *아인*(')과 *달렛*(*d*)으로 되어 있고 '만남'이란 말을 표현할 때 그가 사용한 단어들과 아주 비슷한 소리가 난다. 마치 전부 한 단어에서 나온 것 같다.

사실은 그렇지가 않지만 … 그것은 유사한 소리들을 집중시켜 '언약'과 '만남'이 사실상 같다는 인상을 준다. 그래서 장막은 '*에두트*('*edut*)의 천막'과 '*모에드*(*mo'ed*)의 천막'과 맞바꾸어 쓸 수 있고 P는 문장들 속의 요소들을 결합하기를 좋아한다. "내가 너와 만날['*iwwa'ed*] 회막[*mo'ed*] 안 증거['*edut*] 궤 앞에 두라" (출 30:36; 30:6; 민 17:19와 비교하라).[13]

하나님과 이스라엘의 만남의 절정이 만남의 천막 즉 회막에서 이루어진다는 묘사는 천막과 제사장 직분에 관한 규정들 다음에 이어진다. 여기서도 이 용어들이 함께 사용된다.

이는 너희가 대대로 야훼 앞 회막 문에서 늘 드릴 번제니라 내가 거기서 너희와 만나고 네게 말하리라 내가 거기서 이스라엘 자손을 만나리니 내 영광으로 말미암아 회막이 거룩하게 될지라 내가 그 회막과 제단을 거룩하게 하며 아론과 그의 아들들도 거룩하게 하여 내게 제사장 직분을 행하게 하며 내가 이스라엘 자손 중에 거하여 그들의 하나님이 되리니 (출 29:42~45).[14]

---

13 Delbert R. Hillers, *Covenant: The History of a Biblical Idea* (Baltimore: Johns Hopkins University Press, 1969), 163~164. *에두트*가 원래 '조약의 규정들'인지 '증거, 교훈'을 의미하는지는 확실하지 않다. B. Couroyer, "EDUT: Stipulation de traité ou enseignement?" *Revue biblique* 95 (1988), 321~331 참조.

14 "방대하고 세밀한 제사장 자료의 기저는 … 하나의 지배적인 주제, 즉 광야 언약의 조건을 지키면 야훼는 자기 백성 이스라엘 가운데 '장막을 치고 머물 것이다'(출 25:8; 29:45, 46; 40:35; 그리고 종종, 레 26:11 참고)라는 것이다." Cross, "Priestly Tabernacle," 225.

야훼의 *카보드*(영광)

하나님은 창조의 초점 즉 창조질서가 초점을 맞추고 있는 이 천막 제의에서 자기 백성과 어떤 형태로 만나는가? 제사장 역사에서 하나님은 자기 백성과 그의 '영광'의 형태로 만난다. 이 영광 또는 *카보드*(kabod)는 무엇인가?

*카보드*를 '영광'으로 번역한 것은 원래의 히브리어 본문을 그리스어로 번역한 것이고 '전능한 하나님'[엘 샤다이(El Shadday)를 그리스어로 번역한 말]처럼 추측한 표현이다. *카보드*란 단어는 제사장이 사용하는 전문용어이다. 제사장 역사, 에스겔서, 그리고 제2 이사야와 제3 이사야(사 40~66장)에서 이 단어는 하나님의 임재를 나타낼 때 사용하는 말이다. 평상시에 이것은 '무거움' 또는 '무거운 것'을 의미한다. 제사장이 이 말을 사용할 때 그것은 무거움이란 어근이 함축하고 있는 두 측면을 지닌다. 하나는 명예로서 *카보드*의 흔한 의미이다. 제사장 역사에서 하나님의 명예는 하나님이 창조와 그 질서에 드러낸 통제력에서 볼 수 있다. 하나님의 권세와 위엄에 대한 의심이 생길 때 하나님이 명령하는 즉시 실행되는 장면들을 보면 그것이 바로 사라진다. 하나님이 창조하는 과정을 이렇게 묘사함으로써 바빌론에서 포로 생활을 하는 제사장들이 경험한 통제력 상실의 느낌은 상쇄된다. 천막의 하나님 임재는 성전과 제의가 파괴됨으로써 생긴 불명예 앞에 이스라엘의 하나님의 명예를 천명한다. 그러한 불명예는 최후의 진술이 아니다. 하나님의 *카보드*는 새로운 제사장 제의에 위엄을 부여하고 제사장 가문의 권력 박탈로 인해 생긴 치욕을 중화시킨다. 그래서 그들은 하나님처럼 창조세계에 지배력을 행사할 수 있게 된다.

하나님이 이르시되 우리의 형상을 따라 우리의 모양대로 우리가 사람을 만들고 그들로 바다의 물고기와 하늘의 새와 가축과 온 땅과 땅에 기는 모든 것을 다스리게 하자 하시고 하나님이 자기 형상 곧 하나님의 형상대로 사람을 창조하시되 남자와 여자를 창조하시고 하나님이 그들에게 복을 주시며 하나님이 그들에게 이르시되 생육하고 번성하여 땅에 충만하라, 땅을 정복하라, 바다의 물고기와 하늘의 새와 땅에 움직이는 모든 생물을 다스리라 하시니라 (창 1:26~28).

하나님이 *카보드* 가운데 자기 백성에게 나타난다는 생각은 포로로 끌려온 여호야긴과 그의 왕실 제사장들에게서 유래하지 않았다. 그것은 그보다 훨씬 오래전으로 소급된다. 제사장 제의에 보이는 하나님의 명예와 위엄은 언제나 제사장들의 관심사였다. 다만 6세기의 상황 때문에 특별한 강조점을 갖고 전면에 부각되었을 뿐이다.

하나님의 임재에 대한 제사장들의 이해에 기본적인 또 다른 의미는 아마도 군주 시대와 그 이전까지 소급되는 전승을 나타낸다. *카보드*는 성전이든 장막이든 희생 제사를 거행하는 제단에 늘 나타나는 짙은 연기구름을 표현할 때 사용되었다. '무거운' 또는 '짙은'이란 형용사로 표현된 이 구름은 창조를 시작할 때 하나님의 숨이 수면 위에 운행하는 것처럼 제단과 장막에 드리웠다.

이 연기구름은 전쟁에 승리하는 하나님의 폭풍 구름과 유사한 말이기도 했다. 하나님은 전차를 타듯이 구름을 타고 다니며 지상에 내려와 승리를 거두고 하늘 보좌로 다시 올라갔다. *카보드*의 이와 같은 전통적인 전쟁 함의는 제사장 역사에서 하나님의 백성이 군대라는 개념과 일치한다. 그 구름은 전형적으로 폭풍 구름의 번개와 화염 때문에 빛이 났고 번쩍이면서 제단에서 피어올랐다. *카보드*를 그리스어로 '영광'으로 번역한 것은 출애굽의 구름과 불기둥에서 발산되는 빛을 표현한 것이고 그것이 제사장들의 생각과 합쳐진 것이다.

구름 기둥은 제단에서 피어나는 불로 올라간다. 장막 제의가 하는 주요 활동은 제단에서 고기를 태우거나 조리하여 바치는 일이었다. 제단에서 드리는 제사는 제사장 제의에 가장 중요한 행위이고 이스라엘과 하나님의 관계에 초점을 두고 있으며 이스라엘을 통해 온 인류가 하나님과 관계를 맺는 일에 초점을 둔다.

제사장 저자의 원대한 사고방식은 다윗 시절에 활동했던 공식 성전 역사의 원저자가 가졌고 여기에서 영감을 얻은 제2 이사야(사 40~55장)와 같은 저자들에게 인준받아 표현된 것으로서, 예루살렘 제의가 제사장들의 창조 기사에 기록된 대로 세계 창조의 중심이라고 말하는 것과 다르지 않다. 그런 생각은 오래된 것이며 흔하게 접할 수 있는 이야기이다. 대다수 사회 집단들은 자신들을 세계의 중심이라고 여기는 경향이 있기 때문이다. 주전 6세기 후반의 아론 제사장들도 이런 점에서 볼 때 유일무이하지 않다.

10

.
.

호화로움과 지저분함

창세기 1장의 창조 기사를 포함하여 제사장 역사의 중심에 놓여 있는 제사 의식의 초점은 고기를 불에 태워 제사하는 일이다. 이 희생 제사는 본문에 언급되지 않거나 인용되지 않더라도 중요하다.

고기와 피

성서 시대 팔레스타인에서 제사장들의 작업을 적나라하게 말한다면 호화로움과 지저분함이 한데 어우러진 모습이었다. 제사장들은 올이 가는 수입 면으로 만든 비싸고 흰 겉옷과 가운을 입고 모자를 썼다. 또 황금색, 청색, 자주색, 주홍색으로 염색한 의상들을 걸쳤다. 의복은 황금색 실로 수놓아졌다. 제사장의 어깨걸이는 아주 다양한 귀금속으로 장식되었고 정교한 모양으로 세공한 것들도 있었다. 구리로 만든 제사장 기구들은 황금 줄과 테두리로 장식되어 있었고 그것으로 작업을 했다. 제사장을 세울 때는 비싼 올리브 기름을 발랐다. 제사장들의 작업 장소는 수입한 향유 냄새가 멀리서도 진동했다. 이런 물품들은 제사장들이 글을 쓰기 전에 엘리트 집단들도 쉽게 사용하지 못했던 것들이었다.

제사용이든 다른 용도로 사용하든 소, 양, 염소, 닭과 같은 가축들의 울음소리도 한데 섞여 들렸을 것이다. 배설물 냄새와 피 냄새 그리고 고기를 굽고 태우는 냄새가 코를 진동했다. 순서를 기다리는 참석자들은 짐승을 끌고 오거나 수레에 실어 왔고, 한편에서는 불에 태우고 한편에서는 재와 찌꺼기와 쓰레기를 치우면서 냄새를 맡고 몰려온 개나 새들을 쫓아냈다. 주변에는 파리가 들끓었다. 매일 먹는 고기 식사를 마친 제사장들도 있고, 허기를 달래며 수고의 대가를 누리기 위해 순서를 기다리는 사람들도 있었다. 곡식 통과 꿀 그리고 향을 담는 그릇들도 냄새를 풍겼다. 제사하는 장소 바깥에서는 제물로 바칠 짐승을 교환하고, 기도문을 외며, 노래를 부르거나 함께 온 가족들과 친구들을 돌보았다. 이것이 예루살렘 성전에서 이루어지는 희생제의의 광경이다.

제사장들이 매일 하는 일은 온통 피범벅이라는 것을 명심할 필요가 있다. 제사장들은 짐승을 도살하고 피는 가능한 한 철저히 처리해야 했다. 제사장들은 피를 찍어 제단 위에 뿌렸고 임직할 때는 귀, 엄지, 발가락에 뿌렸다. 그런 다음 제단 바닥에 피를 붓는다. 제단 주변에 전부 부을 때도 있다. 남은 고기는 발라내어 일부는 제단에서 태우거나 성소 너머의 태우는 곳으로 가져갔다. 이런 작업을 하는 동안 제사장의 세마포 의복과 모자가 깨끗할 리가 만무하다. 반대로 곳곳이 피범벅이거나 여기저기 튀기고 번지고 스며들었을 것이다. 피부에 반점이 생기는 질병으로부터 회복된 뒤 정결하게 하는 예식에서는 반점을 없애는 마술을 행한다. 우슬초 가지에 피를 찍어 감염된 부위에 흔들어 뿌리기도 한다(레 14장).

출애굽기 29장을 읽어보면 제사장의 위임식은 피와 결부되어 피를 뿌리고 바르는 제의를 제정한다는 인상을 준다. 더구나 이스라엘 제사장들만이 피를 살아있는 것들의 생명의 요인으로 간주한 것은 아니라는 증거가 있다.

화제(火祭)라는 말은 한두 가지 이유로 좀 잘못된 명칭이다. 불을 사용하는 일은 제한되어 있고 제사장들이 실제로 희생을 하는 것은 아니었다. 사실 성전이나 장막의 제단에 바치는 상당 부분은 제사장의 식량으로 사용되었다. 제물의 일부를 봉헌자에게 되돌려주는 소위 화목제를 제외하면, 제사는 짐승을 도살하는 자나 곡식을 태우는 자가 손실을 보는 것이 아니라 봉헌하는 자가 손실을 보는 행위였다. 제사장들은 잃을 것이 전혀 없었고 오히려 얻었다.

성전 제사장의 몫을 지정한 메소포타미아의 음식 목록 가운데 일부는 다음과 같다.[1]

25. 우룩과 나나의 이스타르 앞에
    매일 (도살하여)
    (두 번째) 정기적으로 바치는 양:
26. 어깨, 엉덩이와 구운 갈비 − 왕의 몫
27. 가슴, 콩팥, *나스라푸*(nasrapu)와
    최상급 어깨살 − 대제사장
28. 어깨살, 구운 갈비, 가슴과 비장 − 제사장들
29. 최상급 어깨살, 콩팥과 비장 − 제사장들
30. 다리와 등심 − 왕
31. 다리의 (다른 절반) − 행정장관
32. 다리의 (다른 절반) − 제사장들
33. 음경(?)과 고환(?) − *bit hilsu*
34. ('문') − 병거 제사장
35. (목) − *kalu*-제사장
36. (머리) − 가수
37. (갈비의 …쪽) − *zabardabbu*

---

1   Gilbert J. P. McEwan, "Distribution of Meat in Eanna," *Iraq* 45 (1983), 187~198, 그중 특히 p. 192.

38. (천엽) — (술 빚는 자)

39. (...와) 겹주름위 — (빵 굽는 자)

40. 가죽의 (절반) — (왕)

41. 가죽의 (절반) — (제사장들)

이 목록은 십여 줄 더 이어진다. 마치 정육점의 부위별 고기 목록 같다.

희생 제사와 사회질서

제사장들이 백성의 제물을 먹고 잘살았음을 전제하고 주민들이 제사장이 거행하는 복잡한 피의 금기 사항에 관심이 없어졌을 때는 어떻게 값비싼 가축과 농작물을 공식 제의와 집례자에게 아낌없이 바치도록 유도했을까?

제사장 집단이 헌물을 강요하거나 갈취했다든지 또는 사회적 압박을 가해 준수하도록 했다는 증거는 전혀 없다. 백성들이 제물을 가져오는 까닭은 성전이 하나님의 임재 장소이며 하나님이 축복하거나 저주할 수 있다고 믿었기 때문이다. 엘리트 제사장들이 값비싼 제사 의식을 드리는 원리들은 이런 대중적 믿음을 강화해 주었다.

제사장들은 세상이 창조되었을 때 정해진 질서에 따라 움직인다는 이론을 만들었다. 이 창조 질서는 모든 무질서의 형태 ― 불안정, 위험, 임의성, 현실 세계에서 경험된 이상한 일들 ― 를 다루는 본질적인 기준이었다. 고대 팔레스타인의 치명적이고 변덕스러운 세상에서는 그런 제의를 통해 개인이 신을 만나 그들의 마음을 움직이고 은혜를 받거나 적어도 삶을 고통스럽게 만드는 예측불허의 진노에서 벗어날 수 있다고 믿을 수밖에 없었다.

제사장들이 판단할 때 무질서의 전형적 사례는 피를 흘리는 일이었다. 그것은 생명의 상실을 가장 뚜렷이 나타내주는 일이라고 주장했다. 생명의 상실은 사람들이 체험한 무질서 목록의 맨 처음 또는 서두에 나온다. 제사장 제의는 피 흘림을 관리하고 창조질서의 틀 안에서 정화, 화해, 보상, 배상과 같은 목적으로 명시된 제사를 통해 피를 제자리로 되돌려주는 예식이었다. 질서 문제의 중심에는 사회질서가 놓여 있다. 팔레스타인의 제사장 제의에는 사회질서에 대한 신의 관심사가 구체적으로 나타나 있다. 그런 필요성은 적극적으로 후원하지는 못하더라도 존중할 가치가 있었다. 적어도 그런 제의에 불쾌감을 주지 않도록 하는 것이 신중한 태도였다. 만일 제사를 통해 하나님의 질서를 지킬 수만 있다면 그것이 짐승 수컷을 바치는 일보다 더 바람직하지 않겠는가? 원치 않는 피해를 본 봉헌자에게 사회질서를 회복할 기회를 주겠다고 약속하는 절차 앞에 누가 봉헌하지 않겠는가?

제의는 땅 위의 군주와 그의 궁전 그리고 그런 궁전 생활과 관계된 사회적 경험과 평행했다. 하지만 제사장 저자 당시의 대다수 유다 사람들은 그런 궁전과 아무런 상관이 없었다. 그들이 그렇게 하도록 강요받을 때 그들은 농민들을 위해 중재하는 후원자들을 통해서만 인간관계를 갖는 것이 상례였다. (군주 시대처럼) 주전 6세기 지역 중심지 예루살렘에서 드리는 희생제의도 마찬가지였다. 사실상 아론 제사장들은 엘 신이 주재하는 회합이 열리는 장막으로 상징된 하나님의 궁전에서 유다 '공동체'를 위한 중재자였다.

고대 사회에서 사람들이 제사하는 이유는 명시적으로나 암시적으로 대개 예루살렘 성전의 제사장 문헌에서 인지할 수 있다. 팔레스타인 관습이나 히브리 성서에 요약된 관습은 독특하지 않았다.[2] 제사는 하나님의 호의를 얻기 위해 회유 목적의 선물로 드렸다. 그것들은 하나님의 주권적 은혜를 깨닫고 사람들이 사용할 농산물과 가축을 공물로 바쳤고 원하는 은혜를 베풀어주면 하

---

2 그럼에도 불구하고 그렇게 보려는 시도가 있다. Theodor H. Gaster, "Sacrifice," *IDBSupp*, 148~153; M. F. C. Bourdillon and Meyer Fortes, ed., *Sacrifice* (New York: Academic Press, 1980); Nancy Jay, "Sacrifice as Remedy for Having Benn Born of Woman," in *Immaculate and Powerful: The Female in Sacred Image and Social Reality*, ed. Clarissa W. Atkinson, Constance H. Buchanan, and Margaret R. Miles (Boston: Beacon Press, 1985), 283~309 참고.

150   태초에: 창조와 제사장 역사

나님에게 드리겠다고 약속하거나 서원한 내용을 따른 것이었다. 그런 제사를 봉헌 제사라고 부른다. 특별한 축복에 그저 감사하는 마음을 표시하는 것이다. 성서는 자발적으로, 자유의지로 드리는 제사를 언급하기도 한다. 그것들은 충동적이라서 평소의 복잡한 제사 절차를 밟지 않고 간단히 거행하였다.

선물로 드리는 것 외에 제사는 이론상 하나님이 먹는 음식을 드리는 일이었다. 시 50편처럼 이런 목적을 부인하려고 애쓰는 본문들은 공통된 생각을 가졌음을 보여준다. 제사장 저자들이 서술한 제의는 고기나 곡식을 제단 위에서 태운다. 그것을 하나님의 음식으로 여겼다. 고기 제사와 함께 피와 지방 성분이 있는 부분들은 모두 하나님의 것이었다. 하나님, 제사장, 일반 백성이 함께 식사하는 제사도 있다.

속죄의 의미를 지닌 제사도 있었다. 이것은 유배된 제사장 전승에서 특별히 중요한 이론이다. 그들은 유배 생활을 만연한 죄 때문에 성전 제의를 상실하는 극단적인 처벌을 받은 것으로 이해하기를 원했다. 그래도 그러한 속죄는 제사장들이 질서를 회복하는 일에 계속 매달릴 수 있도록 해 주는 유일한 길이었다.

제사장 전승에 기록된 상당수의 제사 용어는 일상사에서 따온 것이다. 어떤 용어들은 제사와 특별한 관계가 없는 의미를 지닌 것도 있다. 그래서 세속과 멀리 동떨어져 있지 않다. *민하*(minḥa)라고 부르는 소제(燒祭)는 일상적 의미가 다름 아닌 공물(tribute)이다. '화목제(和睦祭)'는 *제바흐*(zebaḥ)라는 말을 사용하는데 일상적인 말로는 도살 또는 고기 식사를 뜻한다. 여러 가지 형태로 번역된 '속죄하다'라는 동사는 법률적인 부당함이나 의견 차이를 바로 잡는 행위 또는 배상금을 가리키는 법률용어 '화해'(타협: composition)에서 유래한 것이다.[3] '속죄제(贖罪祭)'로 번역한 용어는 제사와 무관한 맥락에 나타나며 모종

---

3   Herbert Chanan Brichto, "On Slaughter and Sacrifice, Blood and Atonement," *Hebrew Union College Annual* 47 (1976), 19~55.

의 배상 책임을 가리킨다.

다섯 가지 제사

제사에 관한 제사장 본문은 주로 레위기 1~7장에 있고 그것은 고대 세계에 공통된 장르인 제의 규범으로 분류할 수 있다. 이 본문이나 그와 같은 본문들은 제의를 거행할 때 참고문헌으로 사용되었다. 본문은 실용적이며 이론적이다. 그것은 제의의 주요 요소나 절차뿐 아니라 의미를 설명한다.

레위기의 제사 규범에 기록된 제사는 다섯 가지로 분류되어 있다. 처음 세 가지의 주요 강조점은 제사의 구성에 있다.

첫 번째 제사는 고기를 태워 드리는 번제이다(레 1장). 고기는 수소의 머리, 숫양이나 염소새끼 혹은 비둘기 등을 드린다(짐승의 수컷을 드리는 이유는 남성이 제의를 주관하기 때문으로 보인다. 역설적으로 가축을 늘리는 데 수컷보다 더 유용한 암컷을 보존하려는 의도가 있다). 봉헌자가 짐승을 도살하고 제사장은 피를 모아 제단 바닥에 뿌려 처리한 다음에 짐승을 전부 태웠다.

두 번째 제사는 소제(레 2장)이다. 이 제사는 밀가루나 구운 무교병 형태로 드린다. 여기에 기름을 섞고 아라비아 향료 교역을 통해 얻은 이국적 유향을 얹었다. 제사장은 제물에 손을 집어넣어 분향하고 제단 위에서 값비싸나 맛을 볼 수 없는 향료를 전부 태웠다. 나머지는 제사장과 권속들의 식사로 삼았다.

세 번째 제사는 히브리어 *쉘렘*(shelem)을 번역한 화목제 또는 '공동' 제사라고 부르는데(레 3장), 일반 번제와 똑같이 드렸다. 하지만 제사장은 가축을 전부 태우지 않고 지정 부위의 기름을 떼어내고 하나님을 위해 불사른 다음 나머지 고기는 봉헌자나 그의 가족이 사용하도록 넘긴다. 이 제사의 경우도 명칭에 하나님과의 관계 변화가 내포되어 있다. 그것은 균형, 조정, 화평이다.

네 번째와 다섯 번째 제사는 특히 잘못된 행동과 관계가 있는 두 가지 독특한 형태의 제사이다. 이들은 정화제사(레 4:1~5:13; 「개역개정」, '속죄제')와 배상제사(레 5:14~6:7; 「개역개정」, '속건제')이다. 두 가지 제사는 '죄'를 지었을 때,

즉 봉헌자가 하나님의 질서로 규정한 금기 사항이나 제의법이나 사회법을 어겼을 때 드린다. 죄는 이론상 사람과 사물에게 전염되거나 불결 — 일종의 무질서의 징후 — 하게 만들어 손상/장해를 일으키므로 여기에 합당한 의식을 통해 대처해야 했다. 다른 말로 하면 '더러운 것'은 '깨끗하게' 만들어야 했다. 그것을 정화 제사의 피를 통해 해결했다.[4] 죄는 제사장 역사의 서두에 가인과 라멕이 피를 흘리는 사건에 잘 나타나 있다. 그 사건들은 아이러니하게 또는 마법처럼 피의 제사와 결부되어 벌어졌다.

제사장이 피의 처리 방식에 몰두하는 내용은 희생양의 정화 제사를 절정으로 삼아 제사법을 설명한 다음에 곧장 레위기 17장에서 시작한다. 정화 제사는 이전에 규정한 짐승 가운데 숫양을 제외한 나머지는 무엇이든 드린다. 배상 제사는 숫양을 드렸다(숫양을 나이들 정도로 키우지는 않으나 숫양은 가축 중에서 가장 값비싼 가축이 아니었다. 하지만 남성이 지배하는 제의에서 가장 구별된 의미를 지녔다).

정화 제사와 함께 드리는 짐승의 종류는 피의 처리보다 중요하지 않다. 희생 제물의 피를 처리하는 것은 봉헌자의 사회적 지위에 따라 달랐다. 제사장 당사자이거나 공동체 전체를 대표하는 장로 회의라면 피를 모아서 장막의 지성소를 가린 휘장 앞에 뿌리고 제단의 네 모퉁이에 바른 다음 제단 바닥에 부었다. 족장이나 평민이라면 휘장 앞에 피를 뿌리는 절차는 생략했다. 그것은 제사장들이 다시 한번 나머지 사람들과 구별되는 기회였다.

정화의 일차적 대상은 성소와 제의 집행자들 그리고 봉헌자들이었다.[5] 죄는

---

4   Dennis J. McCarthy, "The Symbolism of Blood and Sacrifice," *Journal of Biblical Literature* 88 (1969), 166~176; "Further Notes on the Symbolism of Blood and Sacrifice," *Journal of Biblical Literature* 92 (1973), 205~210 참고.

5   Noam Zohar, "Repentance and Purification: The Significance and Semantics of ḥṭ't in the Pentateuch," *Journal of Biblical Literature* 107 (1988): 609~618. 봉헌자의 위치는 아직 논쟁 중이다. Jacob Milgrom, "The Modus Operandi of the *ḥaṭṭāʾṭ*? A Rejoinder," *Journal of Biblical Literature* 109 (1990), 111~117 참조.

하나님의 성소를 더럽힌다고 생각했고 거룩한 하나님은 부정함 가운데 머무를 수 없었다. 하나님이 백성 가운데 임재하려면 성소가 정화되어야 했다.6 이러한 정화작업을 정화 제사의 피로 해결했다. 정화 제사는 '제의 세정제' 역할을 했다.7

제사장의 언약 규정들은 언약을 맹세한 공동체 구성원 모두에게 적용되었다. '율법'은 최근 연구자의 말대로 "미래 세대에게 구속력 있는 맹세를 통해 전해졌고 맹세 가운데는 저주(레위기 26장)가 포함되어 있었다."8 이것이 금기 위반과 제사장 언약의 율법 위반을 맹세를 어긴 행위와 비슷하게 만든다. 누군가가 무의식중에 언약을 위반할 수 있기 때문에 맹세를 어김으로써 생기는 저주는 그것을 무효로 만드는 예방조치가 필요하다. 정화 제사는 레위기 5:1-6에 기록된 대로 이런 만약의 사태를 방지해준다. 이 단락은 특정한 행동들이 잘못된 것임을 인지하는 사람에 대해 언급한다. 이 의식은 양심에서 우러나올 수도 있고 아니면 뒤늦게 기억해보니 잘못된 행동 때문에 질병, 상처, 불행한 일 — 저주가 작동하여 생긴 것으로 — 이 생긴 것일 수도 있다. 이론상 정화 제사를 드려야 비로소 죄의 책임이 사라진다고 생각했다.

잘못된 행동들은 정화가 필요한 전염이나 부정이 확대되어 생기는 결과 이상을 초래한다. 종종 사회적 책임으로 생각하는 경우도 있다. 레위기 6:1~3에 언급된 도둑질, 거짓 맹세, 사기를 행한 경우 범인은 보상이나 배상을 할 수 있다. 배상할 때는 보통 피해를 준 재산에 20퍼센트를 추가로 갚아야 했다. 범인은 '사회적 채무'9를 느끼거나 느끼도록 조치했다. 그래서 그는 자신의 잘못된

---

6   Gordon J. Wenham, *The Book of Leviticus* (The New International Commentary on the Old Testament, 3) (Grand Rapids: Eerdmans, 1979), 89.

7   Jacob Milgrom, "Sacrifices and offering, OT," *IDBSupp*, 766.

8   M. J. Gellner, "The Šurpu Incantation and Lev. V. 1-5," *Journal of Semitic Studies* 25 (1980), 181~192. 인용문은 187쪽에 있다.

9   Gaster의 표현.

행동 때문에 두 번째 제사인 형벌의 제사를 드린다. 이 제사는 배상하는 것이 아니었다. 그것은 보상이 아니라 형벌이었다. 배상액 외에 내야 하는 벌금이었다. 반환하는 의미보다 복원을 위해 드리는 제사였다. 벌칙으로 드리는 제사와 함께, 법적 '화해'(composition: 법적인 불공정함을 바로잡거나 해결하기)는 제단에 제물로 드린 양의 피를 뿌림으로써 이루어졌다.

정화 제사와 형벌 제사에 관한 묘사에서 중요한 역할을 하는 독특한 사항이 하나 더 있다. 그것은 무의식적인 잘못과 의도적 잘못을 구분한다는 점이다.[10] 후자의 경우에는 말이나 고백의 의미가 담긴 배상 형식으로 고백하기를 주문한다. "제사장 법전의 기본 전제는 자발적인 고백이 의도적으로 지은 죄를 무의식적인 행위로 감해주고 그렇게 하여 희생 제사로 죄를 씻을 수 있게 해 준다는 것이다."[11]

피부병을 위한 정화예식이나 레위기 16장에 기록된 희생양 예식 같은 제사들은 이상의 다섯 가지 제사 중 하나이다.

다른 제사들과 세금

창세기 1장의 창조 기사는 율법과 질서, 잘못된 행동과 배상을 엘리트의 고기 소비를 강조하는 제의를 통해 처리하는 이론적 근거를 제공한다. 제사는 제의는 물론이고 하나님에게 공물을 바친다는 의미와 페르시아 시대 유다 사회의 법과 질서를 지키는 장소로서 제의에 투자한다는 의미를 지녔다. 제사장들은 지속적으로 곡식과 고기를 공급받았고 사회의 토지 주인들은 그들의 위상 때문에 식량을 풍부히 공급해주었다. 봉헌자와 나누어 먹는 화목제사(쉘램: 일반적인 번역, 위를 보라) 중에서 그들은 정강이 오른쪽과 가슴 부위(양지와 가

---

10   Jacob Milgrom, "The Cultic *šggh* and its Influence in Psalms and Job," *The Jewish Quarterly Review* 58 (1967), 115~125.

11   Jacob Milgrom, "Sacrifices and offerings, OT," *IDBSupp*, 769.

습살)를 받았다. 정화 제사와 배상 제사에서는 기름이 있는 지정 부위를 제외한 나머지를 전부 받았다. 소제에서는 한 움큼의 곡식을 제외하고는 전부 그들의 것이었다.

제사로 바친 음식 외에도 장막의 시설은 서원 예물로 드린 재물로 설치되었다. 그것들은 개인과 하나님 사이의 합의에 따라 구별하고 장막 시설로 사용하였다. 레위기 27장은 봉헌예물의 가치를 산정하는 규칙을 정하면서 봉헌예물의 형태를 나열하고 있다. 봉헌예물로 드릴 수 있는 것은 사람, 가축, 집 그리고 토지였다. 사람의 경우는 노예 시장에서 요구하는 값으로 산정하여 물렀다. 일꾼의 평균 삯을 한 달에 한 세겔로 산정하면 그것은 비싼 값이었다. 성인 남자는 오십 세겔, 어린아이는 이십 세겔로 계산했다.[12] 서원자가 아들이나 딸처럼 자기 집 사람을 바치기로 서원했으나 정상적인 값을 낼 수 없다면 제사장은 그 값을 감해줄 수 있었다. 다른 서원 예물의 경우는 산정한 값에 1/5을 추가하여 물렀다. 주요한 예외 사항은 '온전히 바친 것'으로 분류된 특별한 예물을 바치기로 서원한 경우였다. 그런 예물은 무를 수 없고 바쳐진 사람은 반드시 사형을 시켰다. 힘 있는 사람들만이 그러한 처형의 서원을 실행했을 것으로 추정된다. 그런 경우는 생산적으로 사용될 수 없으며 잠재적으로 정치적 가치를 지녔을 것이다.

제사장이 고기 제사 또는 서원 예물의 형태로 받은 이 모든 것 외에 제사장 제도와 제의는 토지 생산물의 1/10에 해당하는 세금을 거두었다.

그리고 그 땅의 십분의 일 곧 그 땅의 곡식이나 나무의 열매는 그 십분의 일은 야훼의 것이니 야훼의 성물이라 또 만일 어떤 사람이 그의 십일조를 무르려면 그 것에 오분의 일을 더할 것이요 모든 소나 양의 십일조는 목자의 지팡이 아래로 통과하는 것의 열 번째의 것마다 야훼의 성물이 되리라 그 우열을 가리거나 바꾸

---

12   Gordon J. Wenham, *The Book of Leviticus* (Grand Rapids: Eerdmans, 1979), 338.

거나 하지 말라 바꾸면 둘 다 거룩하리니 무르지 못하리라 (레 27:30~33)

이 온건한 세금은 이제까지 나타난 제사장 제도의 가장 중요한 수입원일 것이다. 이것은 군주 시대의 국가에 내는 세금과 같은 금액이다. 이 세금은 제사장 가문이 개인적으로 소유한 넓은 토지에서 얻는 수입과 별도로 주어졌다. 십일조로 드릴 것 중에서 임의로 선택하여 드려야 하지만 특별히 값비싼 가축을 선택하여 드릴 때 소유자는 해당 가축의 값에 1/5을 추가한 값 — 혹은 10퍼센트가 아니라 12퍼센트 — 을 내고 그것을 무를 수 있었다.

비록 대다수 유다 사람들은 제사장들이 개정한 창세기 1장과 공인 성전 역사에 나타난 정교한 책임 이론과 세계질서를 잊어버리지만 제사장의 사회적 역할은 죄의 책임을 규정하는 특권을 통하여 공고해졌다. 제사장들이 죄의 책임을 부과할 필요는 없었다. 제사장들은 제의로 사회질서를 확립하기 위해서 백성이 죄책감을 느끼게 할 필요가 없었다. 백성은 불행한 일이 생기면 보통 자신들이 무엇인가 잘못된 일을 한 것이 분명하다고 느꼈다. 제사장이 할 일은 속죄를 세계질서와 연결하고 그것을 합리화하는 일이었다. 이런 의미에서 제사장 제의는 제의를 드리는 자들에게 죄책감을 경감시키는 방편을 제공해 주었다.

그러나 이것이 사회적으로 제공하는 선한 영향력에도 불구하고 심각한 부작용도 일으켰다. 제사장 율법은 채무와 토지 소유권에 대한 논쟁이 일어날 때 사회적으로 힘없는 자들을 위하여 올바른 중재를 요구하나 제사장 이론에 따르면 개인이 받는 고통의 책임은 스스로 일으킨 것이라고 생각하게 만들었다. 가난하고 배고프며 병든 자 대다수는 그것을 자신의 책임으로 여기기 때문에 고난을 당연시했다. 제사 제도에 부가된 죄의 책임 이론은 주로 고난받는 당사자의 책임이거나 사회적으로 차별이 없는 공동체의 책임으로 돌린다. 그러므로 곤경 자체와 더불어 항상 추가적인 대가를 치렀다.

제사장 역사를 기록한 아론계 제의에서 부당함을 해결하는 방식은 백성들이 바치는 고기를 통해 이루어졌다. 레위기 16:30은 제사장 저자의 제사를 이해하는 데 기본적인 문구였다. "속죄(*kpr;* 부당함을 바로잡는 일)는 용서의 선결 과제이다."[13] 일반 이론으로 본다면 백성들은 운명론을 좀 더 선호하고 자신의 책임이라고 생각하지 않을 것이다. 그들도 역경을 초래한 가난, 채무, 계약서의 역할을 뚜렷이 인식하면서 부당함을 해소하기 위해 제사장 제의에 의지했다. 이럴 경우, 제사장들은 이론을 열심히 제시했을 것이고 시편의 기도문을 보충으로 사용했을 것이다.

---

13   Herbert Chanan Brichto, "On Slaughter and Sacrifice, Blood and Atonement," *Hebrew Union College Annual* 47 (1976), 19~55. 인용문은 55쪽에 있다.

11

질서의 창조

　주전 6세기 제사장들의 지배적인 관심사는 희생물로 제사하는 제의였다. 그러나 장막과 생명이 깃든 피를 처리하는 규칙들 외에 제사장들은 통치계층으로서 사회 정의에도 관심을 가졌다. 성전 제사장의 역사 초기에 대다수 이스라엘 백성이 군대를 가진 왕실과 연결된 제사장 직제 가운데 가장 독특한 것으로 여긴 것은 그들이 율법을 가르치고 중재하는 권위였다. 레위기가 거룩한 것과 속된 것을 구분하는 것이 제사장의 역할이라고 말하기가 무섭게 이 입법 기능을 기술한다. "또 [너는, 즉 아론은] 야훼가 모세를 통하여 [말씀하신] 모든 규례를 이스라엘 자손에게 가르치리라[가르쳐야 한다]"(레 10:11).

　페르시아 시대 제사장 권력에 대한 가장 큰 제약사항은 유다가 페르시아의 통치를 받는다는 사실이었다. 페르시아 총독들은 때로 앞선 시대의 유다 왕과 똑같은 역할을 했고 성전이 관할하는 영토는 군주 시대보다 더 작았다. 그럼에도 경쟁하는 군주사회가 없다는 것은 제사장이 이 시기에 앞선 시대보다 훨씬 큰 권력을 행사했음을 의미한다.

질서와 정의

제의에 전념하는 제사장 전승이 어떻게 사회 정의에 관심을 갖게 되었을까? 제사장 역사는 이스라엘의 '나라'를 세우는 일에 관심을 둔 다윗의 제의 중심 역사를 보충한다. 이 역사의 주제는 하나님이 불의한 이집트로부터 이스라엘을 구원한 사건이다. 출애굽 사건은 하나님이 인도하신 땅에서 하나의 백성이 되어 살아갈 때 정의롭고 질서 있는 삶의 기초가 되었다. 이 역사는 오랫동안 다윗 왕가의 궁전과 성전에 보존되었기 때문에 그것은 성전을 중심으로 살아가는 백성의 역사로 이해되었다. 제사장 역사를 쓴 사람들도 건국 역사가 성전에 중심을 둔 이스라엘의 정의로운 기원역사라는 견해를 자연스럽게 수용했다.

제의에 대한 관심사와 정의에 대한 관심사가 결합된 것은 제사장 저자에게서 유래한 것이 아니었을 뿐만 아니라 성서의 가장 초기 문서보다 더 이른 시기로 소급된다. 그것은 고대 근동세계에서 주전 3천 년경에 나온 가장 오래된 문헌에서 찾을 수 있다. 제의는 창조 기사를 선포하면서 동시에 관할권을 주장하므로 창조와 정의의 연관성을 제사장 문서는 물론이고 성서 곳곳에서 발견하는 것은 이상한 일이 아니다.

제사장들의 생각에 하나님이 창조한 세계는 정의가 지배하는 질서 있는 세상이었다. 그러나 불의한 일이 생겼을 때 세상을 창조한 하나님은 정의로운 심판을 통해 세상을 없어지게 만들 수 있었다. 제사장 저자처럼 제의와 정의를 함께 보는 아모스는 하나님이 불의에 직면하여 창조 질서를 무효화하는 행위를 다음과 같이 묘사한 적이 있다.

묘성과 삼성을 만드시며 사망의 그늘을 아침으로 바꾸시고 낮을 어두운 밤으로 바꾸시며 바닷물을 불러 지면에 쏟으시는 이를 찾으라 그의 이름은 야훼시니라 그가 강한 자에게 갑자기 패망이 이르게 하신즉 그 패망이 산성에 미치느니라 무리가 성문에서 책망하는 자를 미워하며 정직히 말하는 자를 싫어하는도다 너회가 힘없는 자를 밟고 그에게서 밀의 부당한 세를 거두었은즉 너희가 비록 다듬은 돌로 집을 건축하였으나 거기 거주하지 못할 것이요 아름다운 포도원을 가꾸었으나 그 포도주를 마시지 못하리라 너희의 허물이 많고 죄악이 무거움을 내가 아노라 너희는 의인을 학대하며 뇌물을 받고 성문에서 가난한 자를 억울하게 하는 자로다 (암 5:8~12)

하나님이 만연한 불의 때문에 기꺼이 창조 질서를 없앤다는 비슷한 문구를 요엘도 말한다.

그 앞에서 땅이 진동하며 하늘이 떨며 *해와 달이 캄캄하며 별들이 빛을 거두도다* 야훼께서 그의 군대 앞에서 소리를 지르시고 그의 진영은 심히 크고 그의 명령을 행하는 자는 강하니 야훼의 날이 크고 심히 두렵도다 당할 자가 누구이랴 (욜 2:10~11)

예레미야도 하나님이 불의를 심판한 결과로 창조가 사라지는 현상에 대해 글을 썼다.

보라 내가 땅을 본즉 *혼돈하고 공허하며* 하늘에는 *빛이 없으며* 내가 산들을 본즉 다 진동하며 작은 산들도 요동하며 내가 본즉 사람이 없으며 공중의 새가 다 날아갔으며 보라 내가 본즉 좋은 땅이 황무지가 되었으며 그 모든 성읍이 야훼 앞 그의 맹렬한 진노 앞에 무너졌으니 (렘 4:23~26)

성서 역사학자들은 보통 예레미야의 선포에 예루살렘 제사장들이 창조 전승을 직접 언급하는 내용이 등장하며, 그로부터 얼마 후 창세기 1장과 같은 내용이 기록되었다고 생각한다. 이를테면 '혼돈하고 공허하며'(waste and void)라는 문구는 창조 기사의 '혼돈하고 공허하며'(without form and void)와 같은 표현이다.

하나님이 창조 질서를 무효로 만듦으로써 불의를 처벌했듯이 정의를 회복하기 위하여 질서를 다시 창조한다.

> 너희가 가리켜 말하기를 황폐하여 사람도 없고 짐승도 없다 하던 여기 곧 황폐하여 사람도 없고 주민도 없고 짐승도 없던 유다 성읍들과 예루살렘 거리에서 즐거워하는 소리, 기뻐하는 소리, 신랑의 소리, 신부의 소리와 및 만군의 야훼께 감사하라, 야훼는 선하시니 그 인자하심이 영원하다 하는 소리와 야훼의 성전에 감사제를 드리는 자들의 소리가 다시 들리리니 이는 내가 이 땅의 포로를 돌려보내어 지난날처럼 되게 할 것임이라 … 그날 그때에 내가 다윗에게서 한 공의로운 가지가 나게 하리니 그가 이 땅에 정의와 공의를 실행할 것이라 … 이스라엘 집의 왕위에 앉을 사람이 다윗에게 영원히 끊어지지 아니할 것이며 내 앞에 번제를 드리며 소제를 사르며 다른 제사를 항상 드릴 레위 사람 제사장들도 끊어지지 아니하리라 … 내가 *주야와 맺은 언약이 없다든지 천지의 법칙*을 내가 정하지 아니하였다면 야곱과 내 종 다윗의 자손을 버리고 … 내가 그 포로된 자를 돌아오게 하고 그들을 불쌍히 여기리라 (렘 33:10~11, 15, 17~18, 25~26).

예레미야보다 조금 젊은 에스겔은 주전 598년 예루살렘 엘리트가 바빌론으로 포로로 끌려가던 때 예루살렘 성전에서 사역하던 사독 제사장이었다. 주전 587년 성전이 무너지고 그의 존재 기반이었던 성소는 이제 존재하지 않게 되었다. 그는 성전의 몰락이 유다와 이스라엘 통치자들의 불의 때문이라고 생각했고 완전히 새로운 세상과 사회질서를 내다보고 새로 지은 성전으로 하나님의 영광[카보드(*kabod*)]이 되돌아오는 모습을 기술했다.

제사장 저자인 에스겔이 경험한 하나님 이야기에는 제의와 정의가 연결되어 있다. 그는 결코 이 두 가지를 나누어 생각할 수 없었다. 고대 근동세계의 누구라도 마찬가지였을 것이다. 에스겔이나 다른 예언자들이 타락한 제의에 불만을 표명할 때 그것은 제의 자체를 문제 삼은 것이 아니라 특정 제의가 사회의 불의에 가담했고 새롭고 정결한 제의로 대체되어야 한다는 뜻이었다(이를테면 겔 8:1~9:10을 참조하라). 정결과 정의는 필연적으로 상관이 있다. 이것이 제사장 역사의 요지이고 그들의 창조 기사와 아모스, 요엘, 예레미야, 에스겔 그리고 성서의 다른 책들도 이 점에서 마찬가지이다.

창세기 1장의 제사장 저자는 말할 것도 없고 위대한 예언자 예레미야로부터 제사장 에스겔까지 창조의 궁극적 목적은 정의가 지배하는 세계질서를 세우는 일이었다.[1] 창조는 한마디로 정의의 조건을 창조한 것이다. 이것이 창세기 1장을 이해하는 핵심이다.

제사장이 개정한 공인 역사는 사회 정의에 관심을 두면서도 사회질서를 포괄적으로 취급하지 않는다. 오히려 개정한 역사는 기왕에 성전 역사 안에 확립된 율법을 재가하고 해석하고 실행하는 작업을 계속하는 도구 역할을 한다.[2] 사회질서를 지배하는 기존의 율법에 대한 보충으로서 그것은 두 가지 특정 영역 즉 공정한 재판과 채무로 생긴 결과의 완화에 초점을 맞춘다.

재판

공정한 재판에 대한 관심사는 벌금으로 드리는 제사 제도에서 볼 수 있다.

누구든지 야훼께 신실하지 못하여 범죄하되 곧 이웃이 맡긴 물건이나 전당물을 속이거나 도둑질하거나 착취하고도 사실을 부인하거나 남의 잃은 물건을 줍고도 사실을 부인하여 거짓 맹세하는 등 사람이 이 모든 일 중의 하나라도 행하여 범죄하면 이는 죄를 범하였고 죄가 있는 자니 그 훔친 것이나 착취한 것이나

---

1 예레미야와 제사장 역사는 레위인의 역할을 아주 다르게 이해하지만 이 점에서는 견해가 같다.

2 J, E, 그리고 출 20~23장과 34장의 원-신명기 역사적 단락들.

맡은 것이나 잃은 물건을 주운 것이나 그 거짓 맹세한 모든 물건을 돌려보내되 곧 그 본래 물건에 오분의 일을 더하여 돌려보낼 것이니 그 죄가 드러나는 날에 그 임자에게 줄 것이요 그는 또 그 속건제물을 야훼께 가져갈지니 곧 네가 지정한 가치대로 양 떼 중 흠 없는 숫양을 속건제물을 위하여 제사장에게로 끌고 갈 것이요 제사장은 야훼 앞에서 그를 위하여 속죄한즉 그는 무슨 허물이든지 사함을 받으리라 (레 6:2~5).

벌금이란 용어는 시 15편과 24편의 성전 입장시에 나타난 진실한 증언 및 재판과 똑같은 관심사를 보여준다.

> 야훼여 주의 장막에 머무를 자 누구오며
> 주의 성산에 사는 자 누구오니이까
> 정직하게 행하며 공의를 실천하며
> 그의 마음에 진실을 말하며 그의 혀로 남을 허물하지 아니하고
> 그의 이웃에게 악을 행하지 아니하며 그의 이웃을 비방하지 아니하며
> 그의 눈은 망령된 자를 멸시하며 야훼를 두려워하는 자를 존대하며
> 그의 마음에 서원한 것은 해로울지라도 변하지 아니하며
> 이자를 받으려고 돈을 꾸어주지 아니하며
> 뇌물을 받고 무죄한 자를 해하지 아니하는 자이니
> 이런 일을 행하는 자는 영원히 흔들리지 아니하리이다
> (시편 15장)

제사장 역사에 나타난 정의의 원칙들은 레위기 17~26장의 성결법전에 모여 있다. 이 단락은 제사장 역사와 분리된 상태로 조금 일찍 독자적으로 전해졌을 것이다. 그래도 초기 페르시아 시대에 예루살렘의 공인 성전 역사의 일부분이 되었다. 이 역사의 다른 부분과 마찬가지로 전체 작품의 배후에는 하나

의 틀이 있고 모든 부분은 서로 연결되어 제사장의 정의 개념을 지원한다.

장막의 엘, 제사장 장막의 하나님은 심판의 말씀을 포함하여 권위 있는 말씀의 전달자라는 모습을 지닌다. 우가릿 문헌은 엘 신에 대하여 다음과 같이 말한다.

> 오, 엘이여, 당신의 선포는 지혜롭고
> 당신의 지혜는 영원합니다.
> 복된 삶은 당신의 선포로 결정됩니다.[3]

엘 신의 특징을 이렇게 묘사한 내용과 같은 맥락에서 여러 곳의 성서 본문이 하나님을 신들의 회의의 우두머리로 묘사한다.

> 하나님은 신들의 모임 가운데 서시며 하나님은 그들 가운데에서 재판하시느니라 (시 82:1)[4]

7장에서 보았듯이 성결법전은 생명을 지닌 피의 처리, 근친상간의 금기, 월경하는 여성 피하기, 자녀 희생 금지, 동성애 그리고 짐승과 성관계하는 일에 관한 가르침으로 시작한다. 안식일 준수의 중요성을 상기시킨 뒤 화목제(평민의 고기 축제)에 관한 규정이 나오고 이어서 불이익을 받은 자들에게 공정한 재판을 하는 주제를 다룬다.

제사장의 일차적 관심사는 자신들과 달리 재산이 없는 자들이 생계를 유지

---

3   Frank M. Cross, *Canaanite Myth and Hebrew Epic* (Cambridge: Harvard University Press, 1973), 184~186 참조.

4   다른 사례는 왕상 22:5~28, 사 6:1~12, 사 40:1~8(모인 신들에게 "너희들은 위로하라"라고 말하는 복수 연설문)로 시작하여 사 40~55장의 여러 구절이 있다. Cross, *Canaanite Myth*, 186~190 참조.

하는 방식에 있다. 이것을 성취하는 방식 하나가 가난한 사람이 추수기에 밭에서 이삭을 주울 수 있도록 하는 일이었다. 이와 더불어 일용직 노동자를 고용하는 법은 고용된 노동자가 경작하는 거대 농지가 제사장이 관리하는 영토에 흔한 일이었음을 보여준다.

> 너희가 너희 땅에서 곡식을 거둘 때에 너는 밭 모퉁이까지 다 거두지 말고 네 떨어진 이삭도 줍지 말며 네 포도원의 열매를 다 따지 말며 네 포도원에 떨어진 열매도 줍지 말고 가난한 사람과 거류민을 위하여 버려두라 (레 19:9~10)

> 너는 … 품꾼의 삯을 아침까지 밤새도록 네게 두지 말며 (레 19:13)

> 네 딸을 더럽혀 창녀가 되게 하지 말라[땅이 없거나 조금밖에 없으므로 네 가난을 면하려고] 음행이 전국에 퍼져 죄악이 가득할까 하노라 내 안식일을 지키고 (레 19:29~30)

> 거류민이 너희의 땅에 거류하여 함께 있거든 너희는 그를 학대하지 말고 너희와 함께 있는 거류민을 너희 중에서 낳은 자 같이 여기며 자기같이 사랑하라["율례를 지키라"] 너희도 애굽 땅에서 거류민이 되었느니라(레 19:33~34).

노동을 공정하게 다루라는 이 율법에 이어서 곧장 재판 행위에 관한 율법이 명시된다.

> 너희는 도둑질하지 말며 속이지 말며 서로 거짓말하지 말며 너희는 내 이름으로 거짓 맹세함으로 네 하나님의 이름을 욕되게 하지 말라 (레 19:11~12)

> 너희는 재판할 때에 불의를 행하지 말며 가난한 자의 편을 들지 말며 세력 있

는 자라고 두둔하지 말고 공의로 사람을 재판할지며 (레 19:15)

토지보유 제도와 농산물 분배 제도가 이미 부유한 자 편에 서 있는 상황을 고려하면 가난한 자에게 유리하게 또는 그들의 편에 서서 이루어지는 정의를 상정할 수도 있다. 그러나 제사장의 법은 이런 입장을 취하지 않는다. 대신에 그들은 모든 개인이 재판받을 때 부와 권력에 상관없이 똑같이 다루어져야 한다는 입장을 취한다.

너는 네 백성 중에 돌아다니며 사람을 비방하지 말며 네 이웃의 피를 흘려 이익을 도모하지 말라 나는 야훼니라 너는 네 형제를 마음으로 미워하지 말며 네 이웃을 반드시 견책하라 그러면 네가 그에 대하여 죄를 담당하지 아니하리라 원수를 갚지 말며 동포를 원망하지 말며[공정한 재판을 하기 어렵게 하므로] *네 이웃 사랑하기를 네 자신과 같이 사랑하라*[똑같이 율례를 지켜라] (레 19:16~18)

너희는 재판할 때나 길이나 무게나 양을 잴 때 불의를 행하지 말고 공평한 저울과 공평한 추와 공평한 에바와 공평한 힌을 사용하라 (레 19:35~36)

채무면제
제사장들의 이상과 고기를 먹고 잔치하는 조건에 기초한 다양한 금기 사항과 결합하여 사회적 약자 보호와 정의로운 판결 과정을 다룬 법은 담보로 맡긴 토지의 무르기를 통한 채무 경감이라는 아주 중요한 주제로 나아간다. 이 주제는 레위기 25장에 나온다. 그것은 제사장 역사에서 명시적으로 하나님의 거룩함에 기초하여 언급한 앞서의 모든 법의 절정으로 평가되는 법이라고 이해할 수 있다.[5]

---

5   성서에서 매우 중요한 역할을 하는 이런 율법들의 배경과 목적에 대하여, Marvin L.

평균 2~3년에 한 번씩 가뭄이 일어나는 땅에서 기본 생계를 겨우겨우 이어가며 사는 농민들은 부채를 지기가 쉽다. 추수 거리가 적어 다음 해에 뿌릴 종자마저 먹어버리면 다음 해에는 파종할 종자를 빌려야 했다. 세금, 임차료, 사용료, 요금, 이자, 벌금은 그들의 형편에 지나치게 많았다. 소나 나귀라도 가진 농민은 가축을 맡기거나, 일정 기간 일해주기로 하고 자신의 몸을 맡기거나, 딸을 기생으로 팔거나, 또는 경작하는 토지를 담보로 잡혔다.

팔레스타인 관습과 율법은 그런 담보 상실로 인해 생긴 어려움을 감소시켜주는 방안을 강구했다. 이를테면 제사장 역사가 공인 성전 역사의 초기 개정판6에 포함시킨 율법은 채무 노예가 된 사람에게 최대한 칠 년까지 봉사시킬 수 있도록 했다. 성전 역사가 작성되기 100여 년 전 요시야 시대에 유래한 율법7은 제사장 역사의 저자들이 포함하지 않은 것처럼 보이는 법을 규정한 적이 있다. 그것은 종은 7년 뒤에 풀어주고 채무는 7년 되는 해, 즉 '면제년'에 탕감해주라는 법이다(신 15:1~18). 이때, 담보물도 되돌려주었을 것이다.

채무 면제법은 창세기 1장과 그에 따른 율법을 생각했던 제사장들의 시대에 이미 오랫동안 시행해 오던 관습이었다. 하지만 6세기의 제사장들은 이 법을 재해석하였다. 노동이나 토지의 채무면제와 담보물의 반환은 49년째에 시행하도록 규정했다.

너희는 사십구 년째 해를8 거룩하게 하여 그 땅에 있는 모든 주민을 위하여 자유를 공포하라9 이 해는 너희에게 *희년*[*Jubilee(yobel)*]이니 너희는 각기 자기 소

Chaney, "Debt Easement in Old Testament History and Tradition," in *The Bible and the Politics of Exegesis: Essays in Honor of Norman K. Gottwald*, ed. David Jobling and others (New York: Pilgrim Press, 1991) 참조.

6 E 문서로부터.

7 신명기 율법.

8 본문은 '오십 년째'라고 말한다. 거의 모든 사람이 이 표현은 이전의 *희년*(*jubilee*)을 포함한다는 데 동의한다.

유지로 돌아가며 각각 자기의 가족에게로 돌아갈지며 그 사십구 년째 해는 너희의 *희년*이니 너희는 파종하지 말며 스스로 난 것을 거두지 말며 가꾸지 아니한 포도를 거두지 말라 이는 *희년*이니 너희에게 거룩함이니라 너희는 밭의 소출을 먹으리라 이 *희년*에는 너희가 각기 자기의 소유지로 돌아갈지라 (레 25:10-13)[10]

'자유'로 번역한 단어는 *드로르(deror)*이며 해방 또는 방면을 뜻한다. 이 단어는 메소포타미아의 *두라루(duraru)* 및 *안두라루(anduraru)*와 동족어이다. 이 용어들은 특히 부동산과 같은 재산의 소유권이 남에게 넘어가지 않도록 막는 것을 가리킨다. 사십구 년째 해 이전에 공짜로 소유권을 회복할 수 있는 조항은 없었다.[11] 앞선 희년 이후 오랜 시간이 지난 뒤에 재산을 담보로 잡힌 사람에게는 이 법이 그런 부담을 주지 않았다. 하지만 칠 년과 사십구 년 사이의 차이는 엄청난 것이다. 사십구 년이라고 하는 기간은 농민 대다수의 평균수명보다 길었다.[12]

희년법 공포에는 메소포타미아에서 정기적으로 실시하던 개혁법으로서 *미샤루(misharu)*, 흔히 *두라루(duraru)*, 즉 감면이라고 부르던 왕의 개혁조치가 뒤따랐다. 어느 성서 역사가는 그런 개혁조치를 다음과 같이 기술한다.

왕은 통치 첫해에 *미샤룸(misharum)*을 선포했다. 이 조치는 주로 특정한 채무와 의무를 일정 기간 감면해주었다. 이런 조치와 함께 영구적 성격을 지닌 조

---

9   이 문장은 필라델피아 독립의 전당 옆에 세워진 자유의 종에 새겨져 있다. 흠정역(KJV): "모든 땅에서 그 안에 사는 모든 주민에게 자유를 공포하라"라고 번역한다.

10   레위기 25장과 27장 밖에서 희년을 언급한 곳은 민 36:4가 유일하다. 거기에서 기술한 상속법의 상황과 율례는 P의 레 25장 선포보다 후대라고 생각된다.

11   돈을 지불하고 되찾는 일은 마련되어 있었다.

12   필자는 이 책을 집필하는 동안 North의 *Sociology of the Biblical Jubilee*를 읽었다. 어떤 학생이 그 책을 읽다가 노트를 남겼는데 거기에는 "하지만 그 당시에 누가 50년이나 살 수 있었을까?"라는 메모가 적혀 있었다.

치도 취했을 것이다… 미샤룸(misharum) 선포는 반드시 이 조치의 모든 규정을 담은 공적 문서의 발행으로 이어지지는 않았다. 그 조치의 '요점' 즉 감면 조항은 왕실 관리가 발행한 공적 문서를 통해 온 나라에 두루 알려졌을 것이다…. 미샤룸 조치는 … 구 바빌론 시대의 경제생활에 활력을 주었을 뿐 아니라 왕이 *샤루 미샤림*(*sharru misharim*, '정의롭게 통치하는 왕')이라고 주장하는 일에 정당성을 부여했고 '법전' 형태의 비문을 발전시키는 데 일차적 영감을 주었을 것이다…. *안두라람 샤카눔*(*anduraram shakanum*, '자유를 세우다')은 연대 공식과 비문에 있는 *미샤룸*(*misharum*) 조치에 가장 흔하게 사용하는 문구 중 하나이다…. *미샤룸*(*misharum*)은 보다 일반적인 용어이고 *안두라룸*(*andurarum*)은 채무로 구속되거나 채무 때문에 압류당한 부동산 소유자들의 '해방' 또는 '복원'을 의미하는 전문용어이다.[13]

이와 같은 조치의 실행은 왕의 즉위 첫해에만 국한되지 않았고 자주는 아니지만 언제든 할 수 있었다.

이런 종류의 왕의 칙령이 제사장 저자보다 먼저 이스라엘에서 공포된 적이 있다. 이를테면 예레미야가 주전 588년 느부갓네살이 예루살렘을 포위 공격하는 동안 하나님이 진노하신다는 말로 시드기야 왕을 위협했을 때 왕은 눈앞에서 벌어진 사건에 압박을 받고 유다의 '자유'를 선포했다.

시드기야 왕이 예루살렘에 있는 모든 백성과 한가지로 하나님 앞에서 계약을 맺고 자유를 선포한 후에…그 계약은 사람마다 각기 히브리 남녀 노비를 놓아 자유롭게 하고 그의 동족 유다인을 종으로 삼지 못하게 한 것이라 이 계약에 가담한 고관들과 모든 백성이 각기 노비를 자유롭게 하고 다시는 종을 삼지 말라

---

13 J. J. Finkelstein, "Ammiṣaduqa's Edict and the Babylonian 'Law Codes,'" *Journal of Cuneiform Studies* 15 (1961), 102~104.

함을 듣고 순종하여 놓았더니 후에 그들의 뜻이 변하여 자유를 주었던 노비를 끌어다가 복종시켜 다시 노비로 삼았더라

그러므로 야훼의 말씀이 야훼께로부터 예레미야에게 임하니라 이스라엘 하나님 야훼께서 이같이 말씀하시니라 내가 너희 선조를 애굽 땅 종의 집에서 인도하여 낼 때에 그들과 언약을 맺으며 이르기를 너희 형제 히브리 사람이 네게 팔려왔거든 너희는 칠 년 되는 해에 그를 놓아줄 것이니라 그가 육 년 동안 너를 섬겼은즉 그를 놓아 자유롭게 할지니라 하였으나 너희 선조가 내게 순종하지 아니하며 귀를 기울이지도 아니하였느니라 그러나 너희는 이제 돌이켜 내 눈앞에 바른 일을 행하여 각기 이웃에게 자유를 선포하되 내 이름으로 일컬음을 받는 집에서 내 앞에서 계약을 맺었거늘 너희가 돌이켜 내 이름을 더럽히고 각기 놓아 그들의 마음대로 자유롭게 하던 노비를 끌어다가 다시 너희에게 복종시켜 너희의 노비로 삼았도다 그러므로 야훼께서 이같이 말씀하시니라 너희가 나에게 순종하지 아니하고 … 자유를 선포한 것을 실행하지 아니하였은즉 내가 너희에게 대적하여 칼과 전염병과 기근에게 자유를 주리라 (렘 34:8~17).

시드기야의 자유 [드로르(deror)] 선포는 메소포타미아의 *미샤룸(misharum)* 처럼 예정에 없던 왕실 조치로 보였던 것 같다. 자유를 선포한 칙령은 기존의 부당함을 바로잡기 위해 취해진 왕의 개혁조치였다. 계약을 언급하는 것은 통치자가 온 나라의 지주와 부자로부터 칙령을 이행하겠다는 약속을 받았음을 나타낸다. 노비를 소유한 이들은 시드기야와 맺은 계약을 어겼다. 그 사건은 예레미야 당시에 유다의 채무 노예를 소유하는 기간을 칠 년으로 제한한 법(출 21:1; 신 15:1과 비교하라)이 이론적으로는 효력이 있었으나 실제로는 지켜지지 않았음을 보여준다.

20년 전에 출판된 구바빌론 시대 문헌에 따르면 예레미야 또는 제사장 저자보다 1000년 전에 어느 지주가 왕실 관리가 소유권의 자유를 선언하려는 토지를 완전히 잃어버리지 않으려고 했다는 내용을 보여준다. 본문은 이 관리의

결정에 항의하여 왕실이 십파르와 그곳의 토지를 위해 선포한 개혁조치(*미샤룸*)가 (탄원자와) 무슨 상관이 있냐고 탄원한다.[14] 탄원자는 왕에게 자신의 토지를 칙령에서 계속 면제해달라고 호소한다. 이 글이 기록된 비문은 중간 부분이 상당히 희미하고 군데군데 단어들이 사라지고 없다.

나의 주께서 주를 사랑하는 *샤마쉬* 신[메소포타미아의 태양신, 십파르의 주신]을 위해 십파르에서 *미샤룸*(misharum)을 제정하고 황금 횃불[15]을 높이 치켜들어 십파르에 '보병 비서관,'[16] 바빌론 재판관과 십파르 재판관들을 소집했을 때 그들은 십파르 시민들의 처지를 검토하고 밭, 집, 과수원의 구입 서판을 '청취'했고 *미샤룸*(misharum) 조항에 의해 토지를 돌려준[17] 결정의 무효를 명령했습니다. 원래 계약에 따라 … 년에 구입한 십파르의 세 구역의 부동산 … 그 집 … 나와 …의 소유주 … 그리고 재판관 … 구입 서판 … 에 따라 … 그들은 어겼습니다.[18] 나는 서판들을 회합에 갖고 갔습니다. 십파르의 주관 관리 리쉬-샤마쉬, 행정관 쿠디야, 기록서기관 신-나딘-슈미가 내 서판을 검토하고 확인했습니다. 이들은 그것들을 '이발사들의 대장' 샬림테후슈[19]의 집에 보냈습니다. 그는 나의 탄원을 듣지도 않고 십파르에서 제 서판들을 깨뜨렸습니다. 나는 소식을 듣고 실망하여 그의 집에서 깨어진 서판 조각들을 모아 그것을 리쉬-샤마쉬, 쿠디야, 신-나딘-슈미에게 보여주었습니다. 그러나 그들은 "우리가 '이발사들의 대장'에게 무

---

14 J. J. Finkelstein, "Some New Misharum Material and Its Implications," in *Studies in Honor of Benno Lansberger* (Assyriological Studies, 16) (Chicago: University of Chicago Press, 1965), 233~246. 번역은 236쪽의 것이다.

15 *미샤룸*(misharum) 칙령을 가리키는 표현.

16 모종의 치안담당자였을 것이다.

17 문자 그대로 '넘겨주다(pass out).' 레 25:28의 히브리어 표현과 똑같다(「개역개정」, '돌려주다'—옮긴이).

18 12줄 정도가 사라지거나 누락 되고 없다. 탄원자가 소유권 조항이 들어있는 새로운 구입 서판을 얻게 된 것으로 여겨진다.

19 그는 문자적 의미의 이발사가 아니라 도시의 분견대장 또는 궁전 수비대장이 틀림없다.

엇이라고 말할 수 있겠느냐'라고 말했습니다. 그러므로 성스러운 분이시여 당신에게 내가 온 것입니다. 나의 주군께서 당사자도 없는 상황에서 재판관들이 서판들을 깨어버린 이 경우를 판결해주십시오.

정기적 채무 탕감, 채무 노예의 해방, 채무 담보로 잡은 토지의 원상 복귀가 창세기 1장과 레위기 25장을 기록한 제사장의 세계에 이미 오래된 관습이었으나 칠 년 면제년과 같은 제사장의 희년 [요벨(yobel)]은 독특한 것이었다. 왕의 임시 칙령 [미샤룸(misharum)]에 따라 가끔 이루어지는 것이 아니라 정기적으로 영원히 지키는 법령이기 때문이다. 희년의 영속성과 사십구 년에 한 번씩 지키는 일정은 제사장의 창조 개념에 나타난 숫자 패턴을 따르나 실용적 목적을 지녔다. 페르시아 시대의 예루살렘 제사장들은 임의로 개혁칙령을 내릴 수 있는 *왕의* 특권을 주장할 수 없으므로 이스라엘에서 정기적으로 채무를 면제하는 관습에 따라 그것을 제사장들만의 버전으로 만들었다.[20]

제사장들은 하나님이 토지와 노비의 궁극적 소유자라는 이론을 말한다. "토지를 영구히 팔지 말 것은 토지는 다 내 것임이니라.... 이스라엘 자손은 다 나의 종들이 됨이라"(레 23:25, 55). 하나님은 이 주장을 근거로 확대 가족의 부동산 보유권을 안정시켜 사회경제적 안녕을 지킨다. 토지나 노동력은 어느 것도 영원히 팔리지 않는다.

채무를 갚으려고 판 토지는 원소유자 또는 그 가족 구성원에 의해 담보로 잡힌 사십구 년 이내에 언제든 되찾을 수 있다. 그러므로 판 것은 토지가 아니라 일정 기간의 사용권이었다. 팔든 무르든 되찾는 비용은 사전에 정한 비율에 따라 산정되었다.

이 희년에는 너희가 각기 자기의 소유지로 돌아갈지라 네 이웃에게 팔든지 네

---

20 주전 5세기에 기록된 사 61:1~2에 면제년 선포를 통해 사회 정의를 회복한다는 비전도 고대에 흔한 특별 선포를 암시하는 것 같다. 여기에서 거론된 기름부음은 왕으로 세움받는 것을 가리킨다.

이웃 손에서 사거든 너희 각 사람은 그의 형제를 속이지 말라 그[지난] 희년 후의 연수를 따라서 너는 이웃에게서 살 것이요 그도 소출을 얻을 연수[다음 희년 전까지]를 따라서 네게 팔 것인즉 연수가 많으면 너는 그것의 값을 많이 매기고 연수가 적으면 너는 그것의 값을 적게 매길지니 곧 그가 소출의 다소를 따라서 네게 팔 것이라.... 만일 네 형제가 가난하여 그의 기업 중에서 얼마를 팔았으면 그에게 가까운 기업 무를 자가 와서 그의 형제가 판 것을 무를 것이요 만일 그것을 무를 사람이 없고 자기가 부유하게 되어 무를 힘이 있으면 그 판 해를 계수하여 그 남은 값을 산 자에게 주고 자기의 소유지로 돌릴 것이니라 그러나 자기가 무를 힘이 없으면 그 판 것이 희년에 이르기까지 산 자의 손에 있다가 희년에 이르러 돌아올지니 그것이 곧 그의 기업으로 돌아갈 것이니라 (레 25:13~16, 25~28).

희년의 목적은 주로 대다수 촌락민이 토지와 가정을 영구히 빼기지 않고 간직하는 데 있었다. 성벽으로 둘러싸인 도시의 재산 — 비교적 잘사는 사람들의 도시 재산 — 은 희년 규정에서 제외되었다. 그 경우는 판 지 일 년 이내에 되찾을 수 있으나 그 후로는 영구히 새로운 소유주의 재산이 되었다.

되찾는 해가 칠 년에서 사십구 년으로 달라졌으나 칠 년째 안식의 개념은 여전히 없어지지 않았다. 오히려 일곱째 해는 토지의 안식년이 되었다. 이스라엘의 광야 여정 중에 여섯째 날에 거둔 만나가 일곱째 날에 먹을 만큼 충분했던 것처럼 칠 년마다 돌아오는 안식년에는 어떤 식량도 거두지 않았다. 여섯째 해에 거둔 식량은 일곱째 해에 먹고 여덟째 해까지 지내기에 충분해야 했다. 일곱째 해에 곡식을 경작하지 않고, 여덟째 해에 다시 일을 시작해서 꼬박 반년이 지나기까지는 식량을 얻을 수 없었기 때문이다.

만일 너희가 말하기를 우리가 만일 일곱째 해에 심지도 못하고 소출을 거두지 못하면 우리가 무엇을 먹으리요 하겠으나 내가 명령하여 여섯째 해에 내 복을 너희에게 주어 그 소출이 삼 년 동안 쓰기에 족하게 하리라 너희가 여덟째 해에는 파종하려니와 묵은 소출을 먹을 것이며 아홉째 해에 그 땅에서 소출이 들어오기까지 너희는 묵은 것을 먹으리라 (레 25:20~22).

이 계획은 팔레스타인 기후와 좀처럼 어울리지 않는다. 여섯째 해에 풍년이 들 수도 있고 가뭄이 들 수도 있는 기후이기 때문이다. 토지의 안식년 주기를 창조와 연결시킨 것은 전형적으로 제사장들의 이론이며, 그 결과 실제로 가난한 주민의 고통을 더욱 가중시켰다.

토지경작을 쉬는 일에 함축된, 토지에서 일상적으로 일하는 얽매인 일꾼들을 쉬게 해 주고 그런 일꾼들도 풀려날 수 있게 한다는 것은 실현되지 못했다. 사실 일곱째 해의 채무면제를 일곱째 해의 휴경과 농사 중지로 변경하면 가난한 자를 보호할 때 심각한 손실을 가져온다. 더욱이 일곱째 해마다 농사를 중지하면 그 해와 그다음 해 그리고 그 전후의 1~2년은 곡식값이 현저히 상승한다. 안식년 휴경은 가난한 자의 채무 상황을 악화시키고 사십구 년째로 제정된 자유를 더욱 불가피하게 만든다는 인상을 피하기 어렵다.

이어지는 단락에서 희년법은 안식년 휴경이 일으킨 곡식 가격 폭등이라는 재난을 예상한다. 여섯째 해 수확이 잘 되었다고 가정해도 상당수 주민이 여섯째 해에 거둔 식량은 아홉째 해까지 견딜 만큼 충분하지 않을 것이고, 그래서 예루살렘의 제사장 계층을 포함해서 곡식 창고를 운영하는 자들에게 식량을 구입하기 위해 돈을 지불하지 않을 수 없을 것이라고 예상할 수 있다. 이런 상황에서 제사장들은 공공 부조를 촉구한다.

네 형제가 가난하게 되어[식량 가격 폭등으로] 빈손으로 네 곁에 있거든 너는 그를 도와 거류민이나 동거인처럼 너와 함께 생활하게 하되 너는 그에게 이자를 받지 말고.... 너는 그에게 이자를 위하여 돈을 꾸어주지 말고 이익을 위하여 네 양식을 꾸어주지 말라 (레 25:35~37).

일곱째 해의 휴경으로 가난한 자들이 생길 경우 제사장들이 자선을 촉구하는 이유는 고대 그리스와 로마 시대의 대다수 도시에 사는 부자들이 궁핍한 주민들에게 식량을 나누어주는 관습에서 엿볼 수 있다. 그것은 영주가 반란의 싹을 제거할 수 있을 뿐 아니라 주민과의 결속력을 강화하고 지지를 확보할 절호의 기회가 되었다. 하지만 그런 상황에서 자선을 베푸는 데는 한계가 있을 것이고, 결과적으로 가난한 사람들이 자신이나 가족의 식량을 얻으려고 어쩔 수 없이 채무를 지게 만들었을 것이다.

율법의 시행

팔려간 종들을 위한 규정은 외부인이 유다 땅에 영향을 미치지 못하게 하려는 제사장들의 생각에서 나온 것이며 유다 사람들 또는 팔레스타인 토착민을 이방인과 구분한다.

> 너와 함께 있는 네 형제가 가난하게 되어 네게 몸이 팔리거든 너는 그를 종으로 부리지 말고 품꾼이나 동거인과 같이 함께 있게 하여 희년까지 너를 섬기게 하라 그때에는 그와 그의 자녀가 함께 네게서 떠나 그의 가족과 그의 조상의 기업으로 돌아가게 하라.... 네 종은 남녀를 막론하고 네 사방 이방인 중에서 취할지니 남녀 종은 이런 자 중에서 사 올 것이며 또 너희 중에 거류하는 동거인들의 자녀 중에서도 너희가 사 올 수 있고 또 그들이 너희와 함께 있어서 너희 땅에서 가정을 이룬 자들 중에서도 그리할 수 있은즉 그들이 너희 소유가 될지니라 너희는 그들을 너희 후손에게 기업으로 주어 소유가 되게 할 것이라 이방인 중에서는 너희가 영원한 종을 삼으려니와 (레 25:39~46)

이방인에게 종이 된 유다 사람은 언제든 희년까지 계산한 값을 치르고 무를 수 있었다.

유다 사람과 이방인을 구별하는 일은 페르시아 시대의 제사장들에게 무척 중요했다. 성전을 중심으로 지역민에게 세금을 거둘 특권, 토지 분배권, 교역 규정은 페르시아보다 그리스의 영향을 더 많이 받은 팔레스타인의 경제와 정치 세력에게 계속 침해당했다. 주전 5세기 동안 아론계 제사장들이 점점 그리스 쪽으로 넘어갔을 때 페르시아 제국에 충성하는 제사장 파벌들이 있었다. 그들은 페르시아와 예루살렘 성전에 충성하는 토착 유다 백성과 그렇지 않은 이방인을 구별하는 일에 관심을 기울였다.

유다 주민을 이렇게 구별하고 우대하는 상황을 놓고 볼 때, 유다 가정이 가정의 배경을 기록으로 남겨 토지 사용권을 물려주는 일은 필수적인 조치였다. 가족의 계보를 유지하는 일은 사회의 기록관이었던 예루살렘 제사장들이 일차적으로 하는 중요한 역할이었다. 이런 역할을 실행할 때 유다 사람의 신분과 그렇지 않은 신분을 식별하는 일은 더욱 중요해졌다.

유다의 토지 소유주의 힘은 제사장들의 위임 통치 시대가 군주 시대보다 훨씬 컸던 것이 분명하다. 출애굽 21:1의 여로보암, 신명기 15:1의 요시야 그리고 훗날 아론 제사장의 경우를 각기 살펴보면, 정기적인 면제 조치가 필요한 까닭은 제사장들이 왕실 또는 중앙 행정부의 특별한 칙령으로 자유(미샤룸 (misharum)]를 시행할 권한이 없었기 때문이다.

그것은 어떤 면에서 페르시아가 유다 지역의 유력한 지주들을 통솔하는 데는 유리했으나 지주에게 불리한 채무 면제법으로 그들을 통제하는 일은 한계가 있었고, 대부분의 페르시아 시대 동안 페르시아 사람들은 팔레스타인에서 권위를 유지하기가 어려웠다. 채무 면제법의 시행은 성전에 유리한 방향으로 작용했다. 성전은 유다와 인근 지역에 분산되어 있는 비예루살렘계 지주들을 통제할 때 중앙 통제력이 되었다. 채무면제의 선언이 성전에 우호적으로 작용한다는 가정은 제3 이사야서(사 56~66장)에 분명하게 나타나 있다. 거기서는 아주 정교한 용어로 여러 가지 절차를 거쳐 부자와 예루살렘 성전의 영향력이 되살아나는 모습을 꿈꾼다. 그것이 자유[드로르(deror)] 선언이다.

주 야훼의 영이 내게 내리셨으니 이는 야훼께서 네게 기름을 부으사 가난한 자에게 아름다운 소식을 전하게 하심이라 나를 보내사 마음이 상한 자를 고치며 포로된 자에게 자유를, 갇힌 자에게 놓임[드로르(deror)]을 선포하며 [채무자를 위한] 야훼의 은혜의 해와 우리 하나님의 보복의 날을 선포하여 (사 61:1~2)[21]

수사적 맥락에서 이 문장들은 국외 거주자와 포로로 잡혀간 유다 사람들의 귀환과 아울러 가난한 자의 풀어줌을 언급하나 자유 선포는 제3 이사야서 전체의 맥락에서 담고 있는 의미가 명백하다. 그것은 성전 재산을 증진하는 일에 기여한다. 제사장의 희년법도 똑같은 상황을 가정한다.

희년법은 채무면제, 노비 해방 그리고 장기간의 가족 토지 소유권 보호를 명시함으로써 이론적으로 자유(면제)의 중요한 원리를 표방한다. 그러나 토착 유다 사람과 유다 사람이 아닌 이방인의 구별, 토지 상실기를 육년에서 사십팔 년까지 길게 연장한 것 그리고 칠 년에 한 번씩 휴경함으로써 생기는 곡식 값의 폭등은 이상적으로 생각하는 것보다 자유의 원리가 상당히 타협되었음을 보여준다.[22]

실천과 이상의 거리는 아론계 제사장들이 창세기 1장의 창조 질서에 대한 이해에 근거하여 자신들을 엘리트 통치계층으로 바라본 결과이다. 자신들을 창조세계를 다스리는 신들보다 약간 못한 존재로 바라보면서 수 세기 동안 지속해온 채무면제 관습을 재해석한 결과는 불가피하게 그들의 지위를 향상시키는 역할을 하였다.

---

21 느 5장도 참조.
22 이것은 현대적 기준으로 제사장 법을 판단하는 것이 아니라 현대 문학에 자주 등장하는 것처럼 단순히 법과 이상의 차이를 지적하는 것이다.

12

신약성서의 제사장 기사

제사장들의 제사는 레위인의 음악이 곁들인 기도 및 찬양과 함께 페르시아 시대에 세워진 제2 성전이 건재하던 수 세기 동안 계속 시행되었다. 주도권을 장악한 제사장 가문들도 한 세기에서 다음 세기까지 권력을 유지했다.

팔레스타인의 유다 주민들은 바빌론이 대다수 지도자를 사로잡아감에 따라 상대적으로 자율 통치가 허용되었고 종교적 정체성을 유지했다. 그러나 다윗 가문의 나라는 지역에 군주제가 허용되지 않았기 때문에 심각하게 타협되었다. 군주 역할을 할 사람이 없으므로 유다의 정체성은 토라 해석에 초점을 맞추었다. 그래서 서기관 계층이 유다 백성이 실천할 자율성을 유지하고 확대하는 과제 실행에 핵심인물들이 되었다. 페르시아인, 그리스인, 로마인은 모두 지역민의 정체성을 배양하였다. 모스크바가 통치력을 유지하기 위해 소련연방의 주민들에게 수십 년 동안 했듯이 말이다.

그러나 지역민의 정체성과 정치적 양보보다 더 많은 것을 원하는 개인과 집단이 반드시 있게 마련이다. 그들은 정치적 정체성을 세우기 원하고 더욱 많은 정치권력을 원한다. 수 세기가 지나면서 성전 제의에 두 가지 커다란 변

화가 생겼다. 첫째는 마카비 가문과 함께 성전을 중심으로 하는 새로운 군주
제가 발전한 것이다. 둘째는 거대한 새 성전이었다.

마카비 가문

알렉산더가 주전 4세기 후반에 동방을 정복했을 때 그리스인은 팔레스타인
에서 페르시아인과 싸운 싸움에서 최종 승리를 거두었다. 동방의 알렉산더 제
국은 둘로 쪼개져 이집트는 프톨레미 가문이 다스리고, 시리아는 셀류시드 가
문이 다스렸다. 주전 3세기에 팔레스타인은 프톨레미 가문이 통치했다. 주전
198년 셀류시드 가문은 프톨레미 가문을 이기고 팔레스타인을 차지했다.

셀류시드 가문의 왕 안티오커스 3세는 결정적인 전쟁을 하기 이전에도 프
톨레미 가문에 대한 유다 주민의 불만을 부추겼다. 예루살렘을 차지한 그는 3
년 동안 세금을 면제해주었고 성전과 제사장들에게 지속적인 면세 혜택을 주
었다. 그러나 서쪽에서 로마의 위협이 닥치자 셀류시드 왕조는 곧 관대한 조
세 정책을 취소하고 지역 성전을 약탈하여 국가 재정을 보충하였다.

유다의 일부 명망 높은 가문은 셀류시드 왕조의 정책을 지지했다. 안티오커
스 4세는 이 가문들을 이용하여 가장 많은 금액을 바치겠다는 측에게 대제사
장 자리를 팔아넘겼다. 한 가문이 대제사장직을 수행하고 나면 다음에는 다른
가문이 그 자리를 차지했다. 그러나 주전 169년 셀류시드 왕조가 이집트 진군
을 멈추었을 때 안티오커스 4세는 이집트와의 국경지대를 강화하려고 결심하
고 예루살렘을 헬라의 관습과 법을 지키는 헬라의 도시로 만들려고 했다. 그
는 도시의 성벽들을 헐고 셀류시드 군부대가 주둔하는 요새로 만들었으며 셀
류시드 왕조에 충성하는 유다 주민과 이방 주민을 섞어 도시에 재정착시켰다.

어느 대제사장이 셀류시드 왕조에게 우호적으로 보일 필요를 포함한 여러
가지 이유로 친(親)헬라주의자들은 유다의 관습과 문화를 억압하기 시작했다.
성전 율법의 시행을 중지시키고 대신에 성전에서 제우스에게 제사하고 할례
와 안식일 준수를 금지하였다. 이런 정책은 예루살렘에 셀류시드 왕조의 군대

를 보강 주둔시켜 실시하였다.

많은 유다 주민이 이 정책에 항거하였고 제사장 맛다디아와 그 아들들 — 그 중 한 명의 별명인 마카비를 따서 마카비 사람들이라고 알려졌다 — 이 이끄는 반란에 동참했다. 예루살렘을 차지하려는 전쟁은 3년간 이어졌다. 주전 164년 마카비 사람들은 예루살렘을 점령하고 조상들이 전해준 제사장의 법에 따라 예배를 드리기 위해 성전을 다시 봉헌했다. 온건한 제사장이 임명되었으나 외국과 맞서 싸우는 싸움은 수그러들지 않았다. 마카비 사람들은 로마의 후원을 받아 독립 쟁취를 위해 싸웠다. 마카비의 요나단은 곧 팔레스타인 땅 상당 부분을 장악하고, 주전 152년에 그의 힘을 이용하여 스스로 대제사장이 되었다. 150년이 되자 요나단은 매우 강력해져 셀류시드 왕조가 다른 지역에서 일어난 반란을 진압하는 것을 돕기 시작했다. 요나단의 형제이며 계승자인 시몬의 리더십 아래 마카비 가문은 팔레스타인에서 대제사장 직분과 세습적인 통치권을 동시에 갖게 되었다. 그 왕조는 맛다디아의 조상 이름을 따 하스몬이라고 불렀다. 하스몬 가문은 반란을 선동하여 결국 유다 왕국을 회복하였다.

주전 140~76년까지 하스몬 왕조는 나라를 확장하여 구백 년 전 다윗의 나라만큼이나 커졌다. 성전과 하스몬 제사장의 영향력이 미치는 범위는 왕국이 커짐에 따라 커졌다. 권한이 줄어들고 지위를 빼앗긴 아론계 제사장들은 예루살렘을 떠나 사해 부근에서 공동체를 구성하고 자신들의 전통을 유지하면서 직분을 수행했다. 이들이 쿰란과 인근 지역의 공동체였다. 하스몬 왕조는 권력이 커지면서 로마와의 관계를 유지했다. 하스몬 왕국은 다른 헬라 왕국과 다를 바가 거의 없었다.

수십 년에 걸쳐 유다인 나라의 행정과 군사조직은 점차 헬라화되어 갔다. 주전 135년부터 104년까지 다스린 존 힐카누스가 이런 발전을 주도했다. 그는 아들들에게 그리스식 이름을 붙여주었다. 다윗을 포함하여 자기보다 먼저 다스린 수많은 팔레스타인 군주들처럼 그리스 용병과 지중해 지역 출신의 용병들을 고용하여 지역민 출신의 군인들에 대한 의존도를 줄였다.

힐카누스의 치하에서 과거 제사장들의 후손이며, 헬라 군주의 개입에 저항했던 마카비 계승자들을 싫어하는 일부 경건한 유다 사람들이 왕의 통치에 제동을 걸었다. 이 대적자들이 나중에 바리새인들의 시발점이 되었다. 물론 아직도 이들의 정확한 관계를 말하기는 어렵다. 마카비 왕가는 더 넓은 영토를 정복하여 조세 기반을 증가시키면서 점점 강력해졌다. 일부 유다 주민은 이러한 새로운 예루살렘의 부(富)로부터 이득을 얻었으나 대부분은 그렇지 못했다. 일부 바리새파의 전신이었던 사람들이 힐카누스에게 대제사장직을 내놓고 마카비의 확장정책을 위한 성전의 재가를 포기하라고 요구했을 때 왕은 하스몬 가문이 왕권을 쥘 때 혜택을 받은 새로운 제사장 가문 중에서 사두개인이라고 부르는 집단의 지지를 구했다.

그래서 사두개인들은 창세기 1장과 나머지 창조 질서의 개념을 근거로 하는 제의체계의 일차 후원자이며 수혜자가 되었다. 유다 주민 대다수는 그들의 통치를 반대했다. 알렉산더 얀네우스가 다스릴 때 내전이 일어났다. 바리새파가 이끄는 민중당은 알렉산더를 축출하기 위해 셀류시드 왕조에게 도움을 요청했다. 그러나 일부 유다 사람은 예루살렘의 권력을 되찾기 위해 셀류시드 왕조의 후원을 받는 일을 주저하고 마음을 바꾸어 알렉산더에게 충성을 바쳤다. 다시 권력을 잡은 그는 수백 명의 바리새인을 십자가형으로 보복했다.

새로운 가문들이 다시 강력해진 군주제 아래 예루살렘 제사장들은 늘 하던 일을 하며 권력을 잡았으나 대중에게는 인기가 없었다. 이런 상황은 제2 성전 시대의 제사장 직제에 처음 일어난 중대한 변화였다. 두 번째 변화는 헤롯 대왕과 그의 후계자들이 다스리던 시절에 성전과 제사장의 역할을 다시 확대한 것이었고 이것은 첫 번째 변화 때문에 생긴 결과였다.

팔레스타인에 로마의 영향이 커짐에 따라 알렉산더와 왕비 살로메 알렉산더 사이에 태어난 두 아들이 권력다툼을 벌였다. 한 아들은 아리스토불루스였다. 그보다 약한 동생 힐카누스는 헤롯의 아버지인 이두메 족장 안티파테르가 지지했다. 주전 63년 두 아들은 로마 장군 폼페이우스에게 지원을 호소했다.

아마도 바리새파가 이끌었을 민중당은 폼페이우스에게 어느 쪽도 편들지 말라고 요청했다. 경쟁자들의 압력에 폼페이우스는 예루살렘을 정복했다. 이후 로마의 팔레스타인 통치는 거의 700년 동안 이어졌다. 그는 아리스토불루스를 로마로 유배하고 힐카누스를 왕이 아닌 대제사장으로 임명했다. 이렇게 해서 하스몬 왕국은 종식되었는데, 그것은 하스몬 가문에 대한 로마의 오랜 지원이 초래한 자연스런 귀결이었다.

헤롯 대왕과 새 성전

주전 40년 안토니우스는 헤롯을 유다 사람들의 꼭두각시 왕으로 삼았다. 헤롯 왕조는 그렇게 시작되었고 주후 70년에 성전이 파괴될 때까지 불규칙하게 다스렸다. 헤롯은 주전 37년에 파르티아족으로부터 예루살렘을 되찾고 거기서 주전 4년까지 로마를 대신하여 통치권을 행사했다.

왕권을 주장하는 자들은 '메시아'(그리스어로 '그리스도')라고 자처했다. 왕권을 주장하는 사람이 자신의 주장을 가장 수긍하도록 만드는 일은 성전을 다시 세우는 것이었다. 이 세상에서 가장 강력한 국가가 지원하는 부유한 왕이었던 헤롯 대왕은 웅장함에서 솔로몬의 것과 견줄 수 있는 대형 건축 사업을 벌였다. 그는 야심을 갖고 거의 백 년에 걸쳐 완공될 엄청난 규모로 성전을 확장하라고 명령했다. 이 어마어마한 성전은 거대한 바닥 위에 세워졌다. 오늘날 예루살렘의 바위 사원(Dome of the Rock)이 서 있는 성전 산, 하라메쉬-샤리프의 바닥에서는 지금도 그 기초를 볼 수 있다.

성전을 확장하면서 사두개인들은 재산이 늘고 영향력도 커졌다. 헤롯과 그의 아들들―불연속적으로 계승―이 다스리는 명목상 유다인의 왕국에서 성전은 다시 한번 국내외의 유다 사람들에게 주요 관심사가 되었다. 당시에 팔레스타인 땅의 동포들보다 숫자가 더 많았던 로마의 도시들과 파르티아 제국에 사는 유다 사람들도 리더십, 가르침과 정체성을 갖기 위해 성전을 찾았고 그리하여 위상을 높였다.

하스몬 가문의 등장은 새롭게 발전할 가능성을 열었고 얼마 전까지만 해도 대중에게 의미 있는 역할을 하지 못했던 개별 지도자와 가문들을 부자로 만들었다.[1] 과거의 귀족사회는 하스몬 가문과 같은 신흥 통치 가문이 대제사장 직분과 왕을 겸직하면서부터 권력을 빼앗기고 신뢰받지 못했다. 하스몬 가문의 세력 확장으로 가신들과 후원자들은 예루살렘이 주도하는 무역과 토지보유로 부유해질 수 있었다. 이 신흥 귀족사회는 전통적인 사독 가문의 명칭을 사용하는 사두개인으로 알려졌다. 그들은 수 세대에 걸쳐 주로 마카비 이전 시대에 실권(失權)한 제사장 중심의 귀족사회와 싸웠다. 그러나 그들은 헤롯 때까지 율법과 제의적 순결을 주장하고 성전의 경전을 철저히 준수하는 것으로 인기를 누렸던 소위 바리새인들과 쌍벽을 이루었다.

헤롯과 그의 아들들 시절에는 하스몬 가문의 신흥 엘리트들이 위상을 잃었다. 로마의 꼭두각시였던 헤롯은 자신의 새 관리들 또는 사두개인들을 보통 팔레스타인 땅 바깥 특히 알렉산드리아와 바빌로니아 출신의 유력한 유다인 가문 출신으로 임명하였다. 성전의 제사장은 경쟁하는 네 가문이 번갈아 차지했으므로 어떤 가문도 헤롯의 위상에 맞설 수가 없었다. 그러므로 주전 40년부터 주후 60년까지 새로운 성전의 권력자들은 로마의 점령군을 위하여 법과 질서를 유지하는 기본적인 사회적 책임을 수행할 수 없었다.[2]

로마는 헤롯과 그 집안을 승격시켜 반란을 진압하였으나 결국 유다 사람들은 여러 명의 왕권 주창자가 주동이 되어 반란을 일으켰다. 마가복음이 거짓 선지자라고 부르는 그들은 모두 독립국 유다를 세우는 데 실패하여 결국 신망을 잃었다. 대다수 유다 사람에 관한 한, 나사렛 예수는 그렇게 신뢰를 잃은 메시아 가운데 한 사람이었고 그를 추종하는 자들은 그들의 메시아가 이스라엘

---

1   Norman K. Gottwald, *The Hebrew Bible: A Socio-Literary Introduction* (Philadelphia: Fortress Press, 1985), 448~451.

2   Martin Goodman, *The Ruling Class of Judea: The Origins of the Jewish Revolt Against Rome A. D. 66~70* (Cambridge: Cambridge University Press, 1987).

을 독립 국가로 세우지 못했기 때문에 유다 사람들 가운데 뿔뿔이 흩어졌다.

성전의 종식

로마 군대에 맞서 팔레스타인에서 일어난 주요 반란으로 성전은 주후 70년에 무너졌다. 이와 함께 거의 200년 가까이 유지되어온 사두개 가문들의 여러 특권도 사라졌다. 유다인의 충성과 정체성의 초점 — 성전과 거기서 일하는 제사장 — 은 이제 다시는 찾아볼 수 없게 되었다. 결과적으로 그동안 성전의 경전으로 전해지던 오경의 제사장 개정판은 주전 6세기에 완성된 이후 다시는 성전과 성전 예배를 거론할 수 없게 되었다. 성전문서가 생각하듯이 유다 백성의 정체성을 이어가려면 경전은 의미 있고 새롭게 해석되어야 했다.

주전 1세기 초 유다인들 사이에는 여러 종파와 파벌이 있었다. 사두개인은 제사장 직분을 수행하는 성전 엘리트로서 대지주들이었다. 바리새인은 예루살렘 바깥에 사는 지방 서기관들이었다. 쿰란 지역의 에세네 사람은 하나님이 오시기를 기다리면서 구별된 삶을 사는 금욕주의자들이었다. 또 하나님의 (물리적) 권능으로 다윗의 나라를 다시 일으킬 것이라고 믿는 혁명주의자도 있었다. 주후 67~70년에 반란이 일어났을 때 권좌를 차지하려고 다툰 파벌들 가운데는 세 가지 유형의 젤롯당이 있었다.

로마제국 전역에는 토라를 다양하게 해석하는 자들이 있었고 그들이 이 팔레스타인 집단들을 이끌었다. 제국의 십 퍼센트는 신앙을 가진 유다인이었고 대부분은 도시 공동체를 이루며 살았다. 알렉산드리아 인구의 1/5은 유다인이었고 시리아의 안디옥에는 사만 오천 명 정도가 살았던 것으로 집계된다. 제국 전역에 흩어져 사는 유다인의 신앙은 팔레스타인의 종파들을 추종했고, 상당수가 성전 유지를 위해 돈을 보내거나 팔레스타인 해방을 위해 노력했다. 유다인이 넓은 세상으로 흩어진 것은 바빌론 포로 사건 전부터 오랫동안 이어져 왔으나 확실히는 바로 그때부터 본격적으로 시작되었다. 엘리트 유다인은 온 세상 도시에 교역망 — 성전에 대한 충성심으로 유지되는 네트워크 — 을 구축

했다. 그들이 단일한 정체성을 간직한 공동체가 된 이유는 바로 이 성전 중심 네트워크 때문이었다. 그러므로 신앙을 잃는 것은 세계의 경제적·사회적 접촉점을 잃는 일이었다.

유다인 정체성의 뿌리였던 성전이 없어지자 남은 종파들은 성전을 대신할 '준비가 되어 있었다.' 현재의 세계질서가 끝나기를 기대했던 에세네 사람들은 제거되었다. 사두개인은 멸절되었고 젤롯당은 신뢰를 받지 못했다. 그들의 혁명은 실패로 돌아갔다. 주전 70년 이전의 유대 전통을 따르는 여러 방식 중에서 두 가지가 가장 적합한 것으로 받아들여졌고 유다 주민에 대한 무자비한 통치 속에서 살아남았다.

성전의 경전들은 제국의 사법권 아래 인정받았고 유다인을 관장하면서 그들의 법적 권리를 다루었다. 이 권리들은 성전이 대표하는 국가 또는 지방 수준의 사법권과 관련이 있었다. 성전이 파괴되자 이 경전들은 재해석될 필요가 있었고 그들의 권리에 대한 관심은 상이한 수준의 사법권으로 이해될 수 있었다. 성전의 경전에 대한 재해석은 성전을 대신하여 유다인 정체성의 중심이 되었다. 두 가지 다른 재해석이 나왔고 그것이 성전 파괴 이후 이백 년 동안 유대인과 기독교인을 규정하였다.

로마에게 무참하게 패배당한 사건은 자율 통치로 지역민의 정체성을 확립하려는 희망을 종식시켰다. 국가나 지역 수준의 사법권도 선택사항이 되지 못했다. 이로 인해 유다인은 팔레스타인의 소도시나 촌락(그리고 그곳을 중심으로 해외까지)에 적용되는 지역 수준의 사법권이 부여하는 정체성을 선택하거나 아니면 로마제국의 도시들에서 사는 삶이 부여하는 정체성을 선택해야 했다. 주후 70년 이후 우리에게 유대인으로 알려진 사람들은 바리새인의 후손으로서 팔레스타인 지역이나 지방 생활에 경전을 적용하여 새로운 정체성을 찾은 유다인들이었다. 그런 곳에서는 삶이 거의 변하지 않았다. 우리에게 그리스도인으로 알려진 사람들은 나사렛 예수의 제자들을 따르던 사람들과 그 후손들로서 제국의 도시 수준에서 경전을 적용하여 정체성을 찾은 유다인들이었다.

그들의 목표는 제국의 개종이었다. 이것이 유대교와 기독교 운동을 소규모 유다인의 집단 운동에서 세계 종교로 탈바꿈하도록 만드는 결정적 원동력이 되었다.

이 집단이 생존하는 비결은 헤롯 시대에 팔레스타인에서 벌어진 상황에 대한 반응에서 찾아야 한다. 각 집단은 성전을 중요하게 여겼으나 정화가 시급한 것으로 여겼다. 어느 집단도 사두개인과 그들의 영적 사회생활에서 보여준 행위를 존중하지 않았다. 그들은 성전을 향하여 비평적이면서도 기대하는 자세를 가졌다. 그들은 사두개인이 주도하는 입장과 다르게 성전이 운영되기를 원했다. 사두개인들이 존재하는 동안 그들은 불편한 관계에 있었다.

유대인과 기독교인

주후 70년 이후 유대인들은 성전이 회복되기를 희망했으나 당시의 관심사는 토라 규정을 준수하는 일이었다. 이런 규정들에는 주전 6세기의 것들이 포함되어 있었다. 토라의 준수는 팔레스타인 땅을 다시 정결하게 하는 방편으로 이해되었다. 그러나 성전이 파괴되어 구약 자체가 다시는 문화적으로 '살아 있는 권위'가 될 수 없게 되었으므로 팔레스타인 도시와 촌락의 랍비로 알려진 유대교 지도자들과 서기관들은 성전이 없는 상태에서 토라를 어떻게 적용할 수 있는지를 해석하였다. 유대인의 당면한 필요를 위한 그들의 토라 해석을 미쉬나에서 볼 수 있다. 미쉬나는 주후 2세기 말부터 랍비 유대교의 살아 있는 경전이 되었다.

하지만 주후 70년 이후 랍비들은 처음부터 두각을 나타내지 못했다. 주후 2세기에 그들은 지도력을 잡기 위해 신망을 잃고 지위를 뺏긴 사두개인이 남겨놓은 자리에서 후원자가 되었던 갈릴리 지역의 부유한 지주이며 회당의 명망 높은 가문들과 싸웠다. 유대교가 촌락에 모여 있으므로 미쉬나는 전 세계의 유대인에게 수백 년에 걸쳐 점진적으로 다가갔고 유대인이 누구인지를 알려주는 문서가 되었다. 미쉬나의 최종 해석인 탈무드는 주후 4세기 또는 5세기가 되어서 비로소 완성되었다.

기독교 측에서는 돌이킬 수 없는 성전 파괴를 구체적으로 적용하였다. 70년 이전의 기독교인들은 성전 제의에 참여하면서 성전을 정체성의 중요한 부분으로 주장하였고 메시아가 성전에 재림하여 다스려주기를 대망했다. 그러나 사두개인이 운영하는 타락한 성전 제도를 향한 날선 비판은 제국 전역의 도시들에 생긴 소규모 기독교인 모임의 경우 지리적으로 성전과 동떨어져 있어서 로마가 성전을 파괴했을 때 기독교인 저자들의 성서관은 성전을 전부 배제하는 식으로 표현되었다. 그들은 성전의 경전을 재해석하여 성전예배와 제사장 직제가 오경이 실제로 의도하는 바가 아니었음을 보여주려고 했다.

성전의 역할에 대한 이러한 재해석을 해외에 거주하는 유대인이었던 다소의 바울이 옹호했다. 주후 70년의 위기 이전에 로마 시민이었던 그는 팔레스타인의 동료 유대인과 반대되는 입장을 갖고 제국 전역에 도시 네트워크를 만드는 데 기여했고 그것이 그런 집단들이 살아남는 데 중요한 열쇠가 되었다. 바울 서신들은 기독교 경전 가운데 다수가 되었다. 그가 팔레스타인 땅이나 성전을 떠나서도 기독교인이 될 수 있다는 견해를 탁월하게 펼쳤기 때문이다. 주후 70년 이전이었다면 바울의 그런 주장은 교회의 지도자들에게 인정받지 못했을 것이다. 유대인들은 그가 성전의 권위를 거역한다고 비난했다. 그보다 먼저 스데반이라는 기독교인은 토라가 성전을 가리키는 것이 아니라는 주장을 했다는 죄목으로 돌에 맞아 죽기까지 했다. 신약성서의 대다수 문서는 비슷한 이유로 포함되었다. 예를 들어 누가복음과 사도행전은 성전과 기독교를 예리하게 구별한다. 에베소서는 교회가 어떻게 성전을 대체하고 있는지를 보여주기 때문에 28장이 마지막인 사도행전의 29장이라고 부를 정도이다. 바울이 쓰지 않은 것으로 추정되는 이 서신의 저자는 누가복음과 사도행전의 말미처럼 가이사에게 호소한다. 하지만 저자는 유다 사람에 대한 결백을 주장하는 대신 지중해 연안의 교회 공동체들 안에서 이방인과 유다인 사이에 가득한 평화를 제국의 평화를 이룩한 사례로 보아달라고 요청한다. 달리 말해서 누가복음과 사도행전 그리고 에베소서는 모두 주후 70년 이후의 상황을 놓고 사도 바울의 서신을 재해석하고 있다. 마가복음이 다른 복음서의 기초가 된 까닭도 성전 파괴를 다루면서 그 자리를 교회가 대체한다는 내용을 다루기 때문이다.

유대인 가운데 살아남은 두 가지 신앙 형태, 즉 하나는 경전에 대한 신앙이고 다른 하나는 성전 제도에 대한 충성 사이의 기본적인 차이는 성전을 어떻게 보는가에 있다. 하나는 성전이 사라지고 다시는 운영되지 않았음에도 불구하고 그것을 정체성에 필수적인 것으로 본다. 다른 하나는 성전을 생략하고 그것이 사라진 것은 정의롭고 회복 불가능하게 심판을 받은 것으로 간주한다.

주후 70년부터 기독교 공동체들은 70년 이전에 생각하고 들은 내용 상당 부분이 성전을 정죄하고 예루살렘 경전을 신봉하는 자들에게 성전의 존재가치가 사라졌다고 말한 것처럼 해석할 수 있었다. 따라서 주후 70년 이전에 이루어지고 기록된 내용을 바탕으로 성전이 파괴된 뒤에 해석된 내용과 성전이 파괴된 후에 이루어지고 들은 것을 구별하는 일이 필요하다.

예수

예수는 자신을 성전 제사장의 관점보다는 구약에 나타난 예언자적 관점을 가진 존재로 여긴 것 같다. 그는 사람들을 치유했고 음식을 공급했으며 백성들의 힘든 삶을 통해 느낄 수 있는 현실과 달리 하나님은 그들이 행복하기를 원한다고 가르쳤다. 그는 성전에 근거를 두고 세워진 사회질서를 의도적으로 어긴 적도 있다. 그래서 정결, 온전함, 용서 그리고 정상적인 사회생활로 복귀를 위해서 불가피하게 성전과 성전의 제의 집례자와 연결되어 있는 제의 시스템에 의문을 제기했다.[3]

---

3   신약성서의 제사장 정결법에 대한 철저한 논의를 위해 L. William Countryman, *Dirt, Greed, and Sex: Sexual Ethics in the New Testament and Their Implication for Today* (Philadelphia: Fortress Press, 1988) 참조.

예수는 모세의 율법을 지키는 일이 중요하다는 점에 관해서는 바리새인과 견해가 같았다. 물론 그들이 위선을 가장하는 모습들은 거부한 것으로 묘사된다. 율법에 대한 순수하면서도 선택적인 접근법은 마가복음에 기록된 예수와 바리새인의 논쟁에 잘 나타나 있다. 모세의 권위에 근거하여 이혼을 주장하는 바리새인의 입장에 반대하는 예수는 창세기 1장과 2장을 인용하였다. 이것은 당시에 바리새인이 가진 본문보다 더 '오래된' 것으로 믿어졌으며 그래서 더욱 권위가 있었다.[4]

예수의 정치적 야심은 모호하나 그는 로마의 식민지 점령군과 성전 권력자 양측에 위협이 될 정도로 추종자를 많이 거느렸기 때문에 그들은 그를 처형하지 않을 수 없었다. 최근의 어느 역사가는 예수가 목수로서 다른 촌민보다 넓은 집단에 영향을 주었고 여러 집단의 관계를 중재하는 역을 감당하여 상호 열등감을 극복하고 서로 도움을 주도록 했다고 주장한다.[5] 그래서 그가 무시할 수 없는 정치세력으로 인식되었다. 그가 죽은 뒤에는 그가 이끌었던 조직은 그의 동생이 장악하여 하나의 가족 집단으로 연결되고 끈끈한 힘을 발휘했다. 이 가족 조직은 무덤이 있는 예루살렘에서 세워졌다. 예수 같은 강력한 존재가 자기 무덤 근처에 다시 나타날 것이라는 기대감 때문이었다. 그곳은 자기 백성을 위한 사회 정의 프로그램을 실천할 수 있는 장소이며 유대인 정체성의 핵심인 성전과 가깝다.

바리새인들은 자신들의 생각에 인간 중에 가장 내밀한 집단 즉 하나님이 가장 사랑하는 사람이 되는 일에 몰두했다. 그들에게 성전과 제의는 하나님이 사람에게 관심을 표현하는 자리였다. 그러므로 가장 내밀한 집단이 되는 일은 성전과 어떤 관계를 맺느냐에 따라 달라진다. 이것은 다시 제사장이 개정한

---

4   이것은 예수가 창 1장에서 인용한 것으로 묘사된 유일한 본문이다.

5   Douglas E. Oakman, *Jesus and The Economic Questions of His Day*, Studies in the Bible and Early Christianity, 8 (Lewiston, N.Y.: Edwin Mellen Press, 1986), 194~198.

토라의 세 가지 언약 준수에 달려 있다. 고기를 먹는 식사법이나 할례의 표시나 안식일을 지키지 않는 이방인은 자동으로 유대인에게만 예비된 이 내밀한 집단에서 제외되었다. 나중에 등장한 유대교 경전은 모세 율법을 상세히 설명하나 상대적으로 고기를 먹는 식사법과 할례에는 거의 관심을 쏟지 않았다.

예수는 바리새인처럼 팔레스타인 촌락과 소도시의 토착 유다 주민에게 관심을 쏟았다. 하지만 그의 관심사는 제의적으로 특권을 지닌 집단에 속하는 일이 아니었고 결과적으로 언약에 대한 태도도 달랐다. 고기를 먹는 언약은 유다 사람이 아니라 모든 인류에게 해당하고 할례의 언약은 이스마엘 족속을 포함하므로 예수의 말씀에는 할례와 고기 먹는 일에 관한 내용이 전혀 없다. 그가 남긴 것으로 여겨지는 말씀들은 유다 사람에게 국한된 세 번째 언약 조항에만 관심을 쏟는다. 안식일에 관한 예수의 언급은 제사장 저자들과 달리 안식일을 준수하는 것이 하나님이 기뻐하는 집단에 속하는 길이기 때문에 안식일을 지켜야 한다는 것이 아님을 보여준다. 대신에 모세 율법이 사람들에게 휴식과 구호를 통하여 백성을 도우려는 의도가 있으므로 안식일을 지키는 것이라고 가르친다. 안식일 준수가 백성의 생존권을 침해할 경우에는 안식일이 양보해야 한다.

제의 규범을 지켜 내부 집단에 속하는 것보다 개인의 행복에 우선순위를 두는 예수의 모습은 여성의 처지에 관하여 피가 지니는 의미를 거부하는 모습에 분명히 나타난다(막 5:21~43). 분명 예수는 여성에 관한 제사장들의 금기 사항과 그것 때문에 생긴 장애를 전부 거부했을 것이다.

바울

예수의 공생애와 가르침은 사복음서에 나타나 있으나 최초의 기독교 문서는 바울서신이다. 바울은 창세기 1장에서 빌려온 용어로 그리스도를 새로운 피조물이라고 두 번이나 말했다.

어두운 데서 빛이 비치라 말씀하셨던 그 하나님께서 예수 그리스도의 얼굴에 있는 하나님의 영광을 아는 빛을 우리 마음에 비추셨느니라 (고후 4:6)

하나님이 미리 아신 자들을 또한 그 아들의 *형상*[창 1:26~27]을 본받게 하기 위하여 미리 정하셨으니 이는 그로 많은 형제 중에서 맏아들이 되게 하려 하심이니라 (롬 8:29)

로마서 서두에서 바울은 예수처럼 창세기 1장에 의지하여 하나님의 형상으로 지음 받은 인간은 남성과 여성이었다는 점을 강조하고 이것이 기본 사회질서라고 주장한다. 그러므로 우리 피조물이 창조주에게 영광을 드리지 못할 때 인간사회에서 생기는 무질서를 서술하면서 남성과 여성을 구별하는 범주를 어기는 것이 모든 무질서의 뿌리라고 말한다. 바울의 관점에서 보면 이러한 질서 위반 때문에 하나님은 소돔 사람들에게 저 악명 높은 진노의 심판을 내린 것이다. 그는 이런 행동이 불의, 탐욕, 패륜, 살인, 사기 등등의 온갖 악을 일으킨다고 주장한다. 그는 창세기 1장 27절을 직접 인용하고 있지는 않으나 분명히 암시하고 있다.

하나님의 진노가 불의로 진리를 막는 사람들의 모든 경건하지 않음과 불의에 대하여 하늘로부터 나타나나니 이는 하나님을 알 만한 것이 그들 속에 보임이라 하나님께서 이를 그들에게 보이셨느니라 창세로부터 그의 보이지 아니하는 것들 곧 그의 영원하신 능력과 신성이 그가 만드신 만물에 분명히 보여 알려졌나니 그러므로 그들이 핑계하지 못할지니라.... 그러므로 하나님께서 그들을 마음의 정욕대로 더러움에 내버려 두사 그들의 몸을 서로 욕되게 하게 하셨으니 이는 그들이 하나님의 진리를 거짓 것으로 바꾸어 피조물을 조물주보다 더 경배하고 섬김이라.... 이 때문에 하나님께서 그들을 부끄러운 욕심에 내버려 두셨으니 곧 그들의 여자들도 순리대로 쓸 것을 바꾸어 역리로 쓰며 그와 같이 남자들도 여자

쓰기를 버리고 서로 향하여 음욕이 불 일 듯하매 남자가 남자와 더불어 부끄러운 일을 행하여 그들의 그릇됨에 상당한 보응을 그들 자신이 받았느니라 (롬 1: 18~27)

바울서신 중 창세기 1장을 언급한 네 번째이자 마지막 경우는 고린도전서 11장 7절에 나온다. 거기서 바울은 여성의 발언권을 막기 위해 '하나님의 형상으로' 지음받은 존재는 여성이 아니라 남성뿐이라고 주장한다. 바울이 제사장의 금기와 똑같은 이유를 대고 있지는 않으나 여성에 대한 제사장들의 편견을 공유하고 있었다는 점은 의심의 여지가 없어 보인다.

바울에게 창세기 1장이 지닌 중요한 의미는 포용의 문제 때문이다. 그는 제사장 역사에 나오는 두 번째 언약의 표적인 할례에 초점을 맞춘다. 그것은 이스라엘뿐 아니라 이스마엘(에돔 족속)과 이스마엘을 통해 퍼진 남부 사막의 베두인 지파들을 포용한다. 이 문제와 결부된 가장 중요한 내용이 갈라디아서에 나온다. 여기서 바울은 우선 모세 언약이 정의한 식사법 또는 육식 금기 문제를 언급한다. 팔레스타인 유다 사람들 사이에서 모세 언약에 나타난 율법을 그리스도의 제자들이 지켜야 하는지는 아직 확정되지 않았었다. 나중에 복음서들은 그렇지 않았음을 명백하게 보여주나 성전이 파괴되기 전의 50년대와 60년대에는 이 문제가 명료하지 않았다.

도리어 그들은 내가 무할례자에게 복음 전함을 맡은 것이 베드로가 할례자에게 맡음과 같은 것을 보았고… 게바가 안디옥에 이르렀을 때에 책망받을 일이 있기로 내가 그를 대면하여 책망하였노라 야고보[예수의 형제, 교회 정치의 중심이었던 예루살렘 교회의 수장]에게서 온 어떤 이들이 이르기 전에 게바가 이방인과 함께 먹다가[자신이 모세의 육식 금지와 피를 먹어서는 안 된다는 율법을 위반했다] 그들이 오매 그가 할례자들[P의 아브라함 언약을 지켜야 한다고 주장하는 자들]을 두려워하여 떠나 물러가매 (갈 2:7, 11~12)

바울에 의하면 베드로는 예루살렘의 막강한 지도자들에게 위협받는다고 느끼지 않는 한 모세 언약을 따르는 자 외에도 그리스도인으로 포용할 수 있다는 방식의 정체성을 열심히 강조했다. 그런데 위협을 느끼자 할례를 받아야 한다고 고집하던 데서 육식에 관한 율법도 지켜야 한다는 식으로 한발 물러섰다. 바울은 베드로가 포용 입장을 내세우지 못한 것보다는 예루살렘 교회 지도자들의 위계적 권위 앞에 굽실대는 모습을 탓했다. 그들의 권위를 두려워하는 모습은 그의 행위와 관점이 잘못되었다는 증거이다. 바울은 갈라디아서의 핵심 구절에서 예루살렘에서 온 교회 지도자들에 관하여 "그들이 너희에게 대하여 열심 내는 것은 좋은 뜻이 아니요 오직 너희를 이간시켜 너희로 그들에게 대하여 열심을 내게 하려 함이라"(갈 4:17)라고 말한다. 바울이 생각하기에 음식법과 할례로 사람들을 배척하는 것은 그들의 처지를 불변한 것으로 여기는 일만큼이나 나쁜 일이었다. 이것이 사실은 제사장들이 창세기 1장에 기초를 둔 언약들의 기능이었다. 다른 세계에 살던 바울은 그것을 이론적으로 즉각 거부했다.

바울은 예루살렘으로 돌아와서 겪은 일을 말할 때 이방인에 대한 그의 사명은 '본래부터 힘써 행하'였던 것처럼 '가난한 자들 — 어쩌면 팔레스타인의 교회였을 것이다 — 을 기억'한다는 조건 아래 예루살렘에서 용납되었다고 설명한다(갈 2:1~10). 사도행전 15장은 이 회합에 대해 두 번째 쓴 기사이며 사건보다 약 30년 뒤에 기록되었다. 사도행전에 의하면 포용 문제는 제사장 언약들에 비추어 보다 정확하게 해결되었다. 야고보의 판결은 다음과 같다.

그러므로 내 의견에는 이방인 중에서 하나님께로 돌아오는 자들을 괴롭게 하지 말고 다만 우상의 더러운 것과 음행과 목매어 죽인 것과 피를 멀리하라고 편지하는 것이 옳으니 이는 예로부터 각 성에서 모세를 전하는 자가 있어 안식일마다 회당에서 그 글을 읽음이라 하더라 (행 15:19~21)

이것들은 이방인에게 요구하는 잡다한 금기 사항이 아니라 노아 언약에 근거를 둔 제사장 규칙이었다. 피는 명백하게 노아 언약에서 유래한 것이다. 목매어 죽인 것은 피를 전부 빼지 않은 고기를 말한다. 우상의 더러운 것이란 제사장이 정한 방식에 따라 올바르게 도살하지 않은 고기로서 노아 언약의 규정을 내포한 모세 율법을 실행하지 않는 것을 말한다. 음행은 바울이 로마서 1장에서 제기한 것과 똑같은 주장에 기초해 있다. 남자가 다른 남자와 성관계하는 일은 금지한다. 하나님이 인간을 남자와 여자로 창조했기 때문이다. 노아의 아들 또는 손자는 노아가 벌거벗은 모습을 보았다는 이유로 저주받았다. 그 저주로 인해 동성애를 하는 소돔 사람들이 처벌받았다. 달리 말해서 그리스도의 언약 안에 이방인을 포용하는 일은 원칙 없이 이루어지면 안 되고 제사장의 토라를 엄격히 적용해야 하는 일이다. 아브라함과 모세의 언약은 바울이 설교하는 이방인들이 이스라엘의 후손이 아니므로 적용되지 않는다. 그러나 노아 언약은 모든 사람이 노아의 후손이므로 적용할 수 있다. 그리스도에게 관심이 있는 자라면 누구나 노아에 대해 알고 있었다. 왜냐하면 안식일에 회당이나 가정교회에 그리스도인들이 모여 모세(즉, 토라)를 읽었기 때문이다.

사도행전이 예루살렘에서 열린 이 중요한 회합의 내용을 정확히 보도하는지는 확실하지 않다. 그래도 이 사안에 대한 생각은 아마 정확할 것이다. 이방인을 받아들이는 문제는 성전의 경전에 비추어 정당화되어야 했다. 바울이 모세 언약의 규정들에 비교적 무관심한 채[6] 할례의 법 적용을 중지하자고 열렬히 주장하나 피를 먹는 일을 금지하는 법을 지키는 일도 똑같이 주장했을 것이다. 그에게는 제사장 경전의 언약들이 누가 하나님의 백성으로 포함되어야 하는지 그리고 누가 그리스도의 언약에 포함될 수 있는지를 결정해주었다.

---

6   베드로가 관련된 사건처럼 신실함이 부족하게 판단되는 경우는 제외된다.

마가

4복음서는 전부 성전이 파괴된 이후에 기록되었고, 예수와 제사장 경전의 관계는 이 사건에 비추어 보아야 한다. 이 경전과 예수의 관계도 이방인 즉 유다인이 아닌 기독교 지도자들이 끼친 영향에 비추어 보아야 한다. 그들의 관심사는 성전 파괴가 예수를 따르는 자들에게 영원한 가치가 있다고 생각하는 일에 있었다.

최초의 복음서인 마가복음에서는 성전 파괴가 그리스도이신 예수의 의미에 결정적이다. 마가복음 11:11~13:37에서 예수가 성전을 세 번 방문한 기록은 성전을 기술적으로 정죄한다. 그의 마지막 말은 성전 파괴에 관한 환상이다.

> 네가 이 큰 건물들을 보느냐 돌 하나도 돌 위에 남지 않고 다 무너뜨려지리라 하시니라.... 무화과나무의 비유를 배우라 그 가지가 연하여지고 잎사귀를 내면 *여름*이 가까운 줄 아나니 (막 13:2, 28)

여름이란 단어를 사용하는 마가복음 저자는 여름 과실(히브리어 *케츠*) 광주리가 나라와 성전의 멸망(히브리어로 똑같이 *케츠*)을 나타낸다는 아모스의 환상을 인용한다(암 8:1~2; 겔 7:5). 성전은 예레미야가 겁을 준 대로 열매를 맺지 못하는 무화과나무일 뿐이다. 성전의 정화 제도는 신뢰를 잃었다.

> 너희는 이것이 야훼의 성전이라, 야훼의 성전이라, 야훼의 성전이라 하는 거짓말을 믿지 말라.... 내 이름으로 일컬음을 받는 이 집이 너희 눈에는 도둑의 소굴로 보이느냐 보라 나 곧 내가 그것을 보았노라 야훼의 말씀이니라...포도나무에 포도가 없을 것이며 무화과나무에 무화과가 없을 것이며 그 잎사귀가 마를 것이라 (렘 7:4, 11; 8:13)

예레미야에게 빌려온 어투를 사용하는 마가복음의 예수는 마찬가지로 성전 제의를 신뢰하지 않는다.

> 예수께서 예루살렘에 이르러 성전에 들어가사... 때가 이미 저물매... 베다니
> 에 나가시니라
> 이튿날 그들이 베다니에서 [성전으로] 나왔을 때에 예수께서 시장하신지라 멀
> 리서 잎사귀 있는 한 무화과나무를 보시고 혹 그 나무에 무엇이 있을까 하여 가
> 셨더니 가서 보신즉 잎사귀 외에 아무 것도 없더라 이는 무화과의 때가 아님이라
> 예수께서 이르시되 이제부터 영원토록 사람이 네게서 열매를 따 먹지 못하리라
> 하시니 제자들이 이를 듣더라 그들이 예루살렘에 들어가니라 예수께서 성전에
> 들어가사 성전 안에서 매매하는 자들을 내쫓으시며... 이에 가르쳐 이르시되 기
> 록된 바 내 집은 만민의 기도하는 집이라 칭함을 받으리라고 하지 아니하였느냐
> 너희는 강도의 소굴을 만들었도다.... 날이 저물매 그들이 성 밖으로 나가더라
> 그들이 아침에 지나갈 때에[성전으로 가는 중에] 무화과나무가 뿌리째 마른
> 것을 보고 베드로가 생각이 나서 여짜오되 랍비여 보소서 저주하신 무화과나무
> 가 말랐나이다 예수께서 그들에게 대답하여 이르시되 하나님을 믿으라 내가 진
> 실로 이르노니 누구든지 이 산더러 들리어 바다에 던져지라 하며 그 말하는 것이
> 이루어질 줄 믿고 마음에 의심하지 아니하면 그대로 되리라 그러므로 내가 너희
> 에게 말하노니 무엇이든지 기도하고 구하는 것은 받은 줄로 믿으라 그리하면 너
> 희에게 그대로 되리라 서서 기도할 때에 아무에게나 혐의가 있거든 용서하라 그
> 리하여야 하늘에 계신 너희 아버지께서도 너희 허물을 사하여 주시리라 하시니
> 라 (막 11:11~25)

'이 산'은 다른 산이 아니라 그들이 쳐다보고 있는 산, 즉 성전이 세워져 있
는 산을 말한다. 이 산이 바다에 던져지라고 기도하는 사람은 우주의 바다를
정복한 뒤에 성전을 건축하는 원래의 창조 기사로 주의를 돌린다. 예수의 말
씀을 보면 성전은 나왔던 곳, 즉 창조하기 이전의 혼돈의 바다로 되돌아간다.

마가복음의 관점에서 성전의 파괴는 새로운 창조 즉 새로운 사회 질서를 세우기 전에 필수적인 조건이다. 이것이 바울이 이미 예상했던 견해이다.

성전이 없다면 해소의식(개역개정, '속죄제')도 없을 것이다. 성전 제의를 제정한 제사장들과 예수 당시 제사장들의 견해에 따르면 그것은 용서의 표시 또는 기초였다.[7] 하지만 용서란 누군가가 다른 사람을 용서하는 일과 더불어 하나님이 하시는 일이다. 이와 같은 단순한 용서는 헤롯이 세운 사두개인의 성전과 성전의 복잡한 제의와 정화체계를 불필요하게 만든다.

마가는 성전의 중심성을 혁명적으로 뒤엎는 일을 예상하면서 복음서 초반에 병든 자를 용서하고 치유하는 예수 이야기를 배치한다. 네 명이 중풍 병자를 들것에 실어 예수에게 데려왔다. 예수가 머문 집에 도착했을 때 군중이 너무 많아 어쩔 수 없이 지붕을 뜯어낸 틈으로 들것과 함께 병자를 내려보냈다.

> 예수께서 그들의 믿음을 보시고 중풍 병자에게 이르시되 작은 자야 네 죄 사함을 받았느니라 하시니 어떤 서기관들이 거기 앉아서 마음에 생각하기를 이 사람이 어찌 이렇게 말하는가 신성모독이로다 오직 하나님 한 분 외에는 누가 능히 죄를 사하겠느냐.... 예수께서...이르시되 어찌하여 이것을 마음에 생각하느냐 중풍 병자에게 네 죄 사함을 받았느니라 하는 말과 일어나 네 상을 가지고 걸어 가라 하는 말 중에서 어느 것이 쉽겠느냐 (막 2:5~11)

주후 70년 이후의 그리스도인들의 견해에 의하면 사람이었던 예수는 친히 성전의 자리와 해소의식을 대신했다. 예수의 시험을 다룬 마가의 이야기는 이 혁명적 주장을 증인들이 믿지 못하고 이해하지 못했음을 강조한다.

---

7   Herbert C. Brichto, "On Slaughter and Sacrifice, Blood and Atonement," *Hebrew Union College Annual* 47 (1976), 35~36.

어떤 사람들이 일어나 예수를 쳐서 거짓 증언하여 이르되 우리가 그의 말을 들으니 손으로 지은 이 성전을 내가 헐고 손으로 짓지 아니한 다른 성전을 사흘 동안에 지으리라 하더라 하되 그 증언도 서로 일치하지 않더라.....지나가는 자들은 자기 머리를 흔들며 예수를 모욕하여 이르되 아하 성전을 헐고 사흘에 짓는다는 자여 네가 너를 구원하여 십자가에서 내려오라 하고 (막 14:57~59; 15:29~30)

마가의 이야기에서 성전 권력자들이 예수에게 내린 판결 선고는 예수가 죽자마자 성전에 남김없이 성취된다.

예수께서 큰 소리를 지르시고 숨지시니라 이에 성소 휘장이 위로부터 아래까지 찢어져 둘이 되니라 (막 15:37~38)

마가는 팔레스타인이나 시리아에서 복음서를 기록했을 것이다. 그 지역은 주후 70년 이후 그리스도인 공동체들이 잠시나마 유지될 수 있는 것처럼 보였었다. 이러한 기대감은 곧 잘못된 것으로 드러났고 2세기에 교회는 대부분 팔레스타인에서 사라졌다. 로마가 통치하던 팔레스타인 식민지의 수도였던 가이사랴는 예외였다. 마가는 안식일, 음식법, 모세 언약 가운데 피 식용 금지법을 다루고 있으나 할례는 다루지 않는다. 마가의 독자들은 아브라함 언약의 할례가 정당한 것으로 여겼다. 그들에게 중요한 사안은 모세 언약이 주는 가르침의 위상이다. 그는 분명 예루살렘 야고보와 베드로의 권위를 굳게 믿으나 성전이 파괴되어 예루살렘 교회와 지도자들이 망신당한 일로 충격받고 당혹스러워하는 독자들을 위해 글을 썼다.

마가는 안식일을 치유와 가르침에 관한 전체 이야기 중 첫 번째 주제로 삼는다(1:12~3:6). 이 단락은 "그들이 가버나움으로 들어가니라 예수께서 안식일에 회당에 들어가 가르치시매"로 시작하고 "안식일이 사람을 위하여 있는 것이요 사람이 안식일을 위하여 있는 것이 아니니 이러므로 인자는 안식일에도 주인이니라…. 안식일에 선을 행하는 것과 악을 행하는 것, 생명을 구하는 것과 죽이는 것, 어느 것이 옳으냐 하시니"라고 마무리한다. 이 단락의 마지막 문장, "바리새인들이 나가서 곧 헤롯당과 함께 어떻게 하여 예수를 죽일까 의논하니라"는 말씀은 예수의 시험과 처형을 예견한다.

마가는 음식법에 관한 예수의 가르침을 이야기의 중심에 놓는다.

> 무엇이든지 밖에서 들어가는 것이 능히 사람을 더럽게 하지 못함을 알지 못하느냐 이는 마음으로 들어가지 아니하고 배로 들어가 뒤로 나감이라 이러므로 모든 음식물을 깨끗하다 하시니라 (막 7:18~19).

마태

마태는 모세의 율법 중 무엇이 효력이 없는지에 관한 마가의 강조점을 이어가면서도 무엇이 얼마나 유효한지를 보다 정확하게 밝힌다.

> 내가 율법이나 선지자를 폐하러 온 줄로 생각하지 말라 폐하러 온 것이 아니요 완전하게 하려 함이라 (마 5:17)

마태는 마가보다 더 많은 율법을 다룬다.

> 서기관과 바리새인들이 모세의 자리에 앉았으니 그러므로 무엇이든지 그들이 말하는 바는 행하고 지키되 그들이 하는 행위는 본받지 말라 (마 23:2)

마태가 볼 때 예수의 목적은 성전과 성전 종사자의 권위를 무너뜨리는 일이지 경전 즉 모세의 율법을 무너뜨리는 일이 아니었다. 바리새인들은 경전에 관한 지엽적 견해를 유지해온 집단이었고 복음서는 성전 회복의 염원을 포함하여 복음서와 반대되는 모든 견해를 그들의 탓으로 돌리는 경향이 있다. 심지어 예수를 죽인 혐의도 그들에게 있다고 본다.

　마태는 성전의 제사장 율법을 중심에 두고 그것을 성전이 없는 상태의 제사장 율법과 구별한다. 모세 언약은 성전의 존속과 무관하게 지킬 때 유익한 율법들이 많다. 마태의 경우 그리스도인들이 전례 없이 엄격한 어조로 계속 지킨 것들은 바로 이런 율법들이다. 마태의 예수는 성전에 기초한 모세의 율법을 담은 다섯 두루마리와 평행하게 다섯 번의 담론에서 성전 없는 새 율법을 전개한다. 주전 70년 이전에 유래한 예수의 기도"우리가 우리에게 죄 지은 자를 사하여 준 것 같이 우리 죄를 사하여 주시옵고"(원문: "우리가 우리에게 채무가 있는 자를 면제해 준 것 같이 우리 채무를 면제해 주시옵고"—옮긴이 삽입)]는 그리스도인이 제사장 율법을 재해석한 것이 정당함을 보여준다. 성전은 이제 다시 채무와 토지 소유권 문제를 다루지 않으므로 새로운 사회로 발돋움하는 교회는 이 문제를 직접 다루어 그것을 하나님의 새 피조물로서 어떻게 다루어야 하는지 보여주었다. 죄의 용서는 새로운 피조물로 지음받고 성전 없는 사회에서 살아가는 당사자들이 채무를 용서하는 일로 확대되었다(막 11:20~25).

누가-사도행전

　누가는 마태처럼 제사장의 창조 기사에 기초를 둔 율법 자체를 반대하지 않는다. 다만 성전과 그 성전이 인정하고 다루는 사회질서의 강조를 반대한다. 예언자 미가처럼 누가의 경우 성전 파괴는 가난한 자의 편에 서서 채무와 토지 보유권을 개편하는 일이 필요했다. 그러므로 누가-사도행전은 예수의 공생애를 희년처럼 채무 면제년의 선포로 시작한다.

　　예수께서 ... 나사렛에 이르사 안식일에 늘 하시던 대로 회당에 들어가사 성경을 읽으려고 서시매 선지자 이사야의 글을 드리거늘 책을 펴서 이렇게 기록된 데를 찾으시니 곧

"주의 성령이 내게 임하셨으니 이는 가난한 자에게 복음을 전하게 하시려고 내게 기름을 부으시고 나를 보내사 포로 된 자에게 자유를, 눈먼 자에게 다시 보게 함을 전파하며 눌린 자를 자유롭게 하고 주의 은혜의 해를 전파하게 하려 하심이라"하였더라 책을 덮어 그 맡은 자에게 주시고 앉으시니 …. 이에 예수께서 그들에게 말씀하시되 "이 글이 오늘 너희 귀에 응하였느니라" 하시니 (눅 4:16~21)

여기에서 선포된 희년의 채무면제는 가난한 자에게 혜택이 주어지고 성전에 돌아올 혜택은 없다. 이것은 희년을 가난한 자와 성전 모두에게 혜택이 되는 것으로 보는 제사장 저자 및 제3 이사야의 주장과 대조된다. 제사장 저자와 제3 이사야는 희년에 성전으로부터 가난한 자가 혜택을 받는 것으로 보는 전제를 타당한 것으로 받아들였다. 주후 70년 이후 채택된 기독교 복음은 이 전제를 배척했다.

제사장 저자와 제3 이사야는 성전을 통해 표현된 하나님의 정의가 궁극적인 정의일지라도 페르시아의 팔레스타인 통치가 가난한 자를 정의롭게 후원할 수 있다고 생각하였다. 누가는 제국의 팔레스타인 통치가 정의롭게 이루어질 수 있다는 이 가정을 포기하지 않았다. 제국이 예수의 죽음에 어떤 역할을 했는지에 대하여 복음서가 침묵하고 있다는 사실을 주목할 필요가 있다. 심지어 누가는 페르시아 통치가 로마의 통치로 바뀌었다는 점을 분명히 밝힌다. 그래서 사도행전의 마지막 1/3은 로마의 정의로운 판결을 구하는 바울의 모습을 전한다. 실제로 바울은 로마에서 패소했던 것 같다. 비록 사도행전이 이런 결과가 나오기 전에 기록되었을지라도 이야기는 바울의 소송이 매듭지어지기 전에 끝난다. 그래서 누가는 로마의 정의가 성전의 정의를 대체한다는 전제가 손상당하는 것을 원치 않았음을 암시한다.

누가-사도행전의 이야기는 파괴당한 성전 제도와 예수의 관계를 설명하는 긴 단락으로 시작한다. 누가의 예수는 마가복음서에서 했던 것과 똑같은 표현으로 성전을 고발하고 그런 이유로 처형된다. 스데반은 토라를 해설하면서 성전은 그곳에 언급된 적이 없다고 논증하는데 바로 그런 이유로 처형된다. 이야기는 성전과 결탁한 유다의 지도자들과 맞서 바울이 로마의 법정에 호소하면서 끝난다. 그들은 바울을 죽이려고 했다. 누가-사도행전의 관점에서 볼 때 성전과 성전에 계속 의탁하는 자들은 가난한 백성의 삶에 해를 끼친다. 가난한 백성은 예수와 결합하여 해방되며 그들의 경제적 향상은 곧 하나님이 정의롭다는 증거이다.

제사장 저자의 범주를 사용하여 사도행전 15장에서 기독교 공동체의 포용의 용어를 정확하게 사용하는 자는 바로 누가이다. 누가의 관점은 토라의 출애굽 기사와 일치하며 경전의 예언자와 일치한다. 이것에 비추어 볼 때 가난한 자는 하나님이 사랑하는 백성의 특징으로 정의된다. 하나님의 정의가 이루어지는 집단은 누가가 볼 때 가난한 자의 삶으로 정의되며 노아의 언약을 지키는 일과 마찬가지로 모세의 토라가 정의한 집단과 이론상 같은 집단이다.

요한

요한복음은 독특한 복음이지만 여기서도 예수를 따르는 자들은 일차적으로 성전과의 관계를 바탕으로 '유다 사람들'과 구별된다. 요한은 창세기 1장에서 언급한 하나님의 창조의 말씀을 활용한 유명한 서언으로 시작한다. "태초에 말씀이 계시니라." 예수 안에서 그리고 그가 일으킨 심판 안에서 구현된 이 말씀은 성전에 초점을 맞춘 창조의 부당함을 드러내고 의롭게 판결하는 세상을 재창조한다. 창조는 타당하고 그 타당성은 반복될 필요가 있다. 하나님은 성전에 있는 자기 백성 가운데 머물지 않고 그들과 함께 '거한다(tabernacles).'

말씀이 육신이 되어 우리 가운데 거하시매 우리가 그 영광을 보니 아버지의 독생자의 영광이요 은혜와 진리가 충만하더라 (요 1:14)

요한복음에서 하나님은 창세기 1장에서 바다 위에 운행하셨고 첫 번째 장막에 임했던 것과 똑같은 영으로 계속해서 인류에게 임재한다. 다른 복음서처럼 예수는 성전의 파괴를 예고하고 자신을 새로운 성전으로 제시한다. 벧엘의 야곱이 하나님의 천사들이 거대한 사다리를 타고 하늘로 오르내리는 모습을 보고 그가 누운 곳을 하나님이 인간 세상에 임재하는 장소로 인식하듯이 예수는 자신을 새로운 *벧엘*(beth-'el), 즉 새로운 하나님의 성전으로 묘사한다.

하늘이 열리고 하나님의 사자들이 인자 위에 오르락내리락 하는 것을 보리라 (요 1:51)

예수가 공생애 끝에 성전을 방문하는 마태, 마가, 누가와 달리 요한복음의 예수는 성전을 세 번 방문하고 그것을 복음서 전체에 걸쳐서 묘사한다. 첫 번째 성전을 방문했을 때

성전 안에서 소와 양과 비둘기 파는 사람들과 돈 바꾸는 사람들이 앉아 있는 것을 보시고 노끈으로 채찍을 만드사 양이나 소를 다 성전에서 내쫓으시고 돈 바꾸는 사람들의 돈을 쏟으시며 상을 엎으시고 비둘기 파는 사람들에게 이르시되 이것을 여기서 가져가라 내 아버지의 집으로 장사하는 집을 만들지 말라 하시니 제자들이 성경 말씀에 주의 전을 사모하는 열심이 나를 삼키리라 한 것을 기억하더라 이에 유대인들이 대답하여 예수께 말하기를 네가 이런 일을 행하니 무슨 표적을 우리에게 보이겠느냐 예수께서 대답하여 이르시되 너희가 이 성전을 헐라 내가 사흘 동안에 일으키리라 유대인들이 이르되 이 성전은 사십육 년 동안에 지었거늘 네가 3일 동안에 일으키겠느냐 하더라 그러나 예수는 성전된 자기 육체를 가리켜 말씀하신 것이라 (요 2:14~21)

조금 있다 예수는 사마리아 여인에게 참된 예배 장소에 관하여 가르치신다.

여자여 내 말을 믿으라 이 산에서도 말고 예루살렘에서도 말고 너희가 아버지
께 예배할 때가 이르리라.... 아버지께 참되게 예배하는 자들은 영과 진리로 예
배할 때가 오나니 곧 이때라 아버지께서는 자기에게 이렇게 예배하는 자들을 찾
으시느니라 하나님은 영이시니 예배하는 자가 영과 진리로 예배할지니라 (요
4:21~24)

나중에 요한복음에 분명히 드러나듯이 '영과 진리'라는 표현은 공정하고 정
직한 판결과 관련이 있다. 그것이 사회의 참된 정의의 기초이다.

요한의 관점에서 볼 때 모세 율법은 정당하나 성전이 일시적이므로(즉 곧 파
괴될 것이므로─옮긴이) 개혁이 필요하다.

율법은 모세로 말미암아 주어진 것이요 은혜와 진리[즉, 율법을 정의롭게 적
용하는 일]는 예수 그리스도로 말미암아 온 것이라.... 내가 너희를 아버지께 고
발할까 생각하지 말라 너희를 고발하는 이가 있으니 곧 너희가 바라는 자 모세니
라 모세를 믿었더라면 또 나를 믿었으리니 이는 그가 내게 대하여 기록하였음이
라 그러나 그의 글도 믿지 아니하거든 어찌 내 말을 믿겠느냐 (요 1:17; 5:45~47)

모세가 정당하다면 성전 제의 가운데 정의된 모세와 아브라함 언약의 조항
들은 그렇지 않다. 그러므로 예수는 바리새인들이 아브라함의 자손이라는 주
장의 정당함, 특히 할례에 관하여 긴 논쟁을 벌인다(요 8:1~59). 예수는 "아브
라함이 나기 전부터 내가 있느니라"고 주장하고 마친다. 그의 말이 질서와 정
의를 재창조하는 영의 도구로서 성전보다 우위에 있다는 주장을 감추지 않고
분명하게 '나는 스스로 있는 자'라고 말하므로 바리새인들은 이에 흥분하여
"돌을 들어 치려 하거늘 예수께서 숨어 성전에서 나가시니라."

히브리서

성전이 파괴된 이후 창세기 1장에 기초하여 제사장 제의의 중요성을 가장 명쾌하게 주석한 글은 히브리서의 저자가 썼다. 이 저자에게 믿음은 창조된 세계가 입증하고 있듯이 보이지 않는 것과 관련이 있다. "믿음으로 모든 세계가 하나님의 말씀으로 지어진 줄을 우리가 아나니 보이는 것은 나타난 것으로 말미암아 된 것이 아니니라"(히 11:3). 신약성서의 이 서신에는 제사장 제의를 유사 플라톤주의 입장에 서서 상세히 비판하며 그것이 불가시성의 기준에 미치지 못한다고 판단한다. 제사장 저자가 기록한 모든 것은 실재(본체)를 적당히 모방한 것이다. 그 배후에는 또 다른 보이지 않는 의미가 들어있다. 대제사장은 사실상 보이지 않는 예수 그리스도이며 예수 자신이 제물이다.

히브리서는 플라톤주의로 비판하는 것에 그치지 않는다. 제사장 토라의 핵심인 출애굽 사건으로 요약되는 시련은 견뎌내야 한다. 히브리 문화에서 히브리서 저자가 알고 있듯이 믿음은 잘못 기소된 자를 신뢰하는 것이 아니라 그런 사람들을 위한 증거의 진실함과 그런 사람들에게 우호적인 증언을 신뢰하는 일이다. 히브리서 11장의 믿음 묘사는 법정 용어로 가득하다. 믿음은 히브리 성경의 '실재'(개역개정, '실상')이며 의로운 조상들을 위한 '참된 증거'(개역개정, "하나님을 기쁘시게 하는 자라 하는 증거")이다. 그래서 주후 70년 이후의 신앙인들을 위한 증거이기도 하다. 믿음이 만들어내는 것은 희망하지만 아직 보지 못한 것 즉 잘못 기소되고 처형당한 자들의 옹호, 정당화, 그리고 무죄선고였다. 이렇게 제의를 통해 이루어지는 판결은 그리스도 안으로 옮겨졌다. 그리스도 안에서 성전 제의의 비효율성과 잘못된 실재는 중지되었다.

초기 그리스도인 저자들의 글에 암시되어 있고 히브리서에 명시된 이 이론은 그리스도인들의 해석과 구약성경에 대한 제사장들의 해석 사이의 합의를 깨어버렸다. 이로써 그리스도교 신앙과 실천의 제사장적 특성은 로마의 사법적 후원을 받으면서 3세기에 걸쳐 새롭게 재건되어야 했다.

우리 시대의 창조

　제사장 저자들은 낯설면서도 매력적인 세계 안에 살았다. 우리는 제사장들을 이스라엘 나라의 종교 지도자로 생각한다. 그래도 그들이 하는 일은 대체로 값비싼 시설물을 관리하면서 짐승을 도살하는 일이었다. 그들은 사실상 비밀스러운 본문이 되어버린 글을 쓰는 일을 감독했다. 그들은 성전을 천막으로 생각했다. 그것은 세상을 현실과 다르게 상상하는 일이었다. 그들은 백성의 고된 노동의 수혜자였던 것과 동시에 백성의 고통을 경감시켜줄 목적의 율법을 재가했다.

　예루살렘의 제사장들은 사실상 계급제도를 만들었다. 소수의 운 좋은 고위급의 특권은 표현되어 있지 않으나 제사장의 창조 기사에 적잖게 나타나 있다. 고대 근동의 모든 창조 기사처럼 구약의 창조 기사에는 그것이 지지하는 사회적 현실이 반영되어 있다. 이 엘리트 단체는 유다의 최고 종교 전문가들이었다. 의식(rite)은 특권(right)을 만든다.

우리 세계와 만나기

주전 6세기 제사장들은 20세기의 산업사회에 익숙한 우리들의 본능에 호소하려고 그들의 의식을 고안하지 않았다. 현대의 도시적 감수성은 창세기 1장을 근엄하게 읽는 도중에 아직도 뜨거운 피에서 나는 냄새와 짐승 내장의 역겨운 냄새, 흥분한 가축들이 울며 꽥꽥대고 짖는 소리, 도살 용품의 쨍그랑거리는 소리와 긁는 소리를 견디기 어려울 것이다. 인류학적 호기심을 넘어서서 창세기 1장의 창조 기사가 말도 안 되는 내용이라고 여길 수도 있다.

그래도 제사장들의 세계는 우리가 사는 세계와 흥미로운 접촉을 한다. 그것은 미국의 과도한 고기 소비와 통하는 면이 있다. 공동체의 바비큐 의식은 말할 것도 없다. 아무런 번역을 하지 않아도 제사장들의 세계는 곧 우리가 사는 세계와 너무 흡사하다. 제사장 저자들에게 창조는 음식, 출생, 토지보유권과 같은 현실과 상관이 있다. 제사장의 사고방식에 따르면 이런 사회적 삶의 기본은 예배하는 일과 관련지어 의미가 부여되었다. 그것은 우리도 마찬가지이다. 자본주의 사회질서에 중요한 시간과 돈은 농경사회에 중요한 토지, 곡식, 가축을 대신한다. 제사장들의 창조 개념은 폭넓은 통합과 포용 개념을 전한다. 중요한 모든 것은 각기 서로 연결되어 있다. 제사장들의 창의적 사변은 이렇게 가장 중요한 종교적 충동으로 우아하게 표현되어 있다. 거룩함은 만물이 본질상 상호 연계되어 기능하는 개념이며 일상을 하나님이 창조한 세계의 신성한 표식으로 변화시킨다.

지금처럼 그때도 동일한 사변이 우리에게 아주 친숙한 또 다른 반대되는 종교적 충동을 고취시킨다. 어떤 사회라도 질서와 구조는 위계질서가 필요한 것으로 보인다. 그것이 나라의 중심이고 주변에는 평민이 있다. 이 위계질서는 내부인과 외부인을 정의한다. 이런 위계질서로 정의한 거룩함은 평범한 일상 — 평민과 그들에게 필수적인 삶 — 을 바닥과 주변과 외부로 격하시킨다. 이것은 가난한 자의 삶에 희생을 요구한다. 한마디로 말해서 생명의 표식으로서 피를 흘려야 한다. 제사장의 질서 안에서 생명을 인정하는 일은 생명을 파괴하는 일이었다. 제사장의 의도와 달리 이 생명의 파괴는 평민의 삶을 심각하게 축소시킨다.

이러한 모순은 고대 예루살렘 제사장 직제의 전유물이 아니었다. 제사장들이 실제로 무질서하고 질서 없는 사회 한가운데서 질서 있는 삶의 합리적인 근거를 이론적으로 제시한 작업은 누군가에게는 구원이 될 수 있으나 또 다른 사람에게는 삶을 위협하고 파괴하는 특권의 기초를 세우는 일이기도 하다. 그것은 그런 특권을 정의하고 확증한다. 가장 중요한 특권은 제사장들이 거룩함과 평범함을 사칭하여 그것을 구분하고 실행에 옮기고 이득을 취하는 일이다. 이것이 모든 신성한 의식들이 조성하는 특권이며 누가 사람과 재물과 활동을 계층과 범주에 따라 분류하는지 모든 사람이 생각하도록 만드는 특권이다. 이것이 제사장의 지위를 뒷받침해온 특권이다. 이것이 제사장이 지은 시 8편("그를 하나님보다 조금 못하게 하시고")에서 그를 신의 반열에서 수혜를 입는 자로 표현하고 있는 바로 그 특권이다. 하나님의 창조세계를 따라 분류하고 구역을 나누어 구별하는 일은 제사장 직무에 독특성을 부여하고 제사장 직무를 평범한 삶과 분리시킨다. 사회의 모든 구성원은 고대 예루살렘 제사장들의 지휘를 받아 그렇게 구역 나누기에 참여하여 이론으로 삼고 이념을 만들어 그것을 확증한다.

특권의 구조화: 개혁과 혁명

특권을 합리화하는 경향을 안다고 해서 그것이 사회의 무질서에 기여하는 바를 줄일 수 있을지 장담할 수 없다. 특권은 본질적으로 악하지 않다. 분리도 마찬가지이다. 특권을 정당화하는 일은 역사적 기능에 따라 다양하다. 사회적 정체성을 분리하는 특권은 압제할 뿐만 아니라 적어도 도중에 구원을 주기도 한다. 압제냐 구원이냐 어느 쪽인지는 역사적 상황에 따라 달라진다. 역사 속에서 압제받는 집단은 자신들을 의로운 자로 생각하는 조직을 만들고 이 생각에 따라 압제로부터 구원을 얻으려고 노력한다.

구조화된 특권이 구원을 가져다준다고 생각하는 길은 보통 두 가지가 있다. 이것은 사실 정의를 실현하는 두 가지 길이다. 첫 번째 길에 따르면 특권은 책임을 부여한다. 현대 사회가 시작될 즈음에 드 레비스(De Levis)가 한 말을 빌리면 "특권에는 의무가 뒤따른다"(nobility obligates). 특권을 가진 자는 지위를 이용하여 선한 질서를 유지하고 회복시킨다. 이것은 개혁주의적 접근법이다.

두 번째 길, 혁명주의적 접근에 따르면, 대립하는 질서는 불가피하게 갈등을 일으키고 하나님의 도움을 받아 선한 질서가 악한 질서를 극복한다. 압제받는 자는 무력투쟁을 통하여 질서의 특권을 옹호한다. 결과적으로 투쟁이 벌어지고 옳은 자가 승리한다. 혁명적 질서를 통해 물려받은 특권은 압제받는 사회질서를 통해 다져온 특권을 무너지게 만든다.

두 가지 정의에 관한 질서에 근거하여 두 가지 특권 가운데 어느 것이 옳은지는 사회질서에 기초한 특권의 내재적 성격이 아니라 개입된 집단의 역사에 따라 달라진다. 책임과 갈등, 개혁과 혁명을 말하는 두 가지 접근들은 역사 가운데 지속적으로 기능한다. 부와 가난이 유일한 기준은 아닐지라도 가장 공통된 기준일 것이다. 이것으로 어떤 질서가 올바른지 판단할 수 있다.

두 가지 접근 모두 성경에 나타난다. 개혁 운동은 다윗의 J, 여로보암의 E, 요시야의 신명기 역사서, 제사장 역사, 에스라, 느헤미야처럼 하나의 정부에서 다른 정부로 변화하는 것을 나타낸 본문에 표현되어 있다. 이 글들은 주로 역사와 율법으로 질서를 정의한다. 혁명적 운동은 새로운 창조 개념으로 표현되어 있다. 성서에서 새 창조는 창조만큼이나 중요하다. 새 창조는 아모스, 이사야, 예레미야, 에스겔, 스가랴 등과 같은 예언서 본문에 중요하게 표현되어 있다. 이 글들은 주로 하나님의 심판이란 말로 질서를 정의한다. 그것은 예측할 수 없고 진노하는 만큼 긍휼히 여긴다. 압제받고 상처받고 쫓겨나고 모욕당하는 자에게 귀중한 서막으로서 긍휼은 기존 질서에 위배된다. 그런 위배는 견고한 사회구조와 이미 확정된 질서로 표현되기 어렵다. 그래서 은유법을 사용하는 경향이 있고 새롭게 만든다.

제사장 문서는 새 창조보다 개혁을 더 많이 다루는 것으로 보인다. 하지만 둘 다 지지한다. 11장에서 보듯이 그것은 분명히 개혁 프로그램을 제시한다. 동시에 새 창조를 염두에 두고 있다. 이를테면 성전을 암암리에 성막으로 재창조하는 생각이나 군주제를 국가의 역할에서 거의 배제하다시피 하는 모습에서 살펴볼 수 있다. 제사장 문서는 이러한 이중 개념을 구현하고 있다. 그것은 적어도 현재 형태가 깊은 박탈감으로부터 나왔기 때문이 아니다. 달리 말해서 그것은 군주시대 예루살렘에 확립된 제사장 직제의 전통이 아니라 예루살렘 제사장들이 알고 있듯이 사실상 창조 질서의 붕괴를 출발점으로 삼기 때문이다.

제사장 문서는 여기서 그리스도교 성경과 유대교 성경을 읽는 후손 모두와 연결된다. 신약과 미쉬나는 히브리 성서에 뿌리를 둔 경전이며 주후 70년의 성전 파괴라는 혼돈과 무질서에 기초를 두고 있다. 초대 교회가 로마의 통치에 대하여 취한 개혁주의적 사명과 초창기 랍비들이 지역 관할권 활성화를 위해 헌신하는 것은 두 집단 모두 새 질서의 새 창조('구전 율법'의 정당화처럼) 개념과 함께 재난으로부터 유래한 것이다. 이는 어느 집단과 경전도 고대 제사장 제의나 그 특권의 정당성을 두 번 다시 유지하지 못했기 때문이다(다만 랍비의 관할권 아래 있는 유대인의 제사장 가문은 유지되기는 했다).

질서의 선택

이렇게 모든 종교인과 집단이 직면하는 선택은 삶 속의 질서와 무질서 사이에서 이루어지는 것이 아니라 하나의 질서와 또 다른 질서 사이에서 이루어진다. 성직자의 과제는 새로운 창조의 가능성을 담은 창조 질서를 지향하는 행위를 개념화하고 제안하는 일이다.

하나님의 영은 창조를 유발하고 혁명을 일으키는 영이다. 시간이 시작되는 제사장 역사의 시초에 하나님의 영은 어디에나 있고 형태 없는 물 위의 어둠 속에서 창조의 형태를 잉태한 채 움직였다. 제사장 집단의 경전 전체 속에서

이 영은 무질서가 가득한 곳에서 새로운 질서들을 창조한다. 그것을 제사장들이 피를 처리하는 방식과 이에 알맞게 장막을 창조하는 기사(출 31:3; 35:31), 기독교 복음서 저자가 심판받을 때 중생하는 기사(요 3:3), 사도가 영에 사로잡힌 여인들과 만나는 기사들(고린도전서), 유대인 현자가 재해석한 율법 등에서 볼 수 있다. 그 영은 브살렐에게 '지혜, 총명, 지식과 여러 가지 재주' 즉 예술적 재능을 주었다. 다른 경우 그것은 새로운 질서를 만들 자격을 준다. 참된 창조의 영은 이렇게 새로운 창조 안에 있는 질서와 규율의 영이다.

그러므로 유대인과 기독교인은 둘 다 우리에게 익숙한 무질서에서 나오는 새 질서를 예언자적으로 연습하는 영적 가르침에 대하여 말한다. 태초와 같이 마지막 때에 하나님의 거듭나게 하시는 창조 사역을 미리 보여주는 것이 바로 이런 모습이며 그들의 정신이다.

더 읽을 글

들어가는 말

Bera, Tim M. *Evolution and the Myth of Creationism: a Basic Guide to the Facts in the Evolution Debates*, Stanford: Stanford University Press(1990).

Carvin, W. P. *Creation and Scientific Explanation*. Edinburgh: Scottish Academic Press(1988).

Hyers, Conrad. *The Meaning of Creation: Genesis and Modern Science*. Atlanta: John Knox Press(1984).

Livingston, David N. *Darwin's Forgotten Defenders: The Encounter Between Evangelical Theology and Evolutionary Thought*. Grand Rapids: Eerdmans(1987).

Marsden, George. "A Case of the Excluded Middle: Creation Versus Evolution in America." In *Uncivil Religion*. ed. Robert Bellah and Frederick Greensphan. New York: Crossroad(1987), 132~155.

Ruse, Michael. ed. *But Is It Science? The Philosophical Question in the Creation/Evolution Controversy*. Buffalo: Prometheus Books(1988).

Van Till, Howard J. ed. *Portraits of Creation: Biblical and Scientific Perspectives on the World's Formation*. Grand Rapids: Eerdmans(1990).

Wills, Garry. *Under God: Religion and American Politics*. New York: Simon and Schuster(1990), 97~124.

Young, Davis A. *Christianity and the Age of the Earth*. Grand Rapids: Zondervan(1982).

1장

Brandon, S. G. F. *Creation Legends of the Ancient Near East*. London: Hodder & Stoughton (1963).

Clifford, Richard J. "Cosmogonies in the Ugaitic Texts and in the Bible." *Orientalia* 53(1984),

183~201.

Coogan, Michael David. *Stories from Ancient Canaan*. Philadelphia: Westminster(1978).

Doria, Charles, and Harris Lenowitz, eds. *Creation Texts from the Ancient Mediterranean*. Garden City: Doubleday(1975).

Fisher, Loren R. "Creation at Ugarit and in the Old Testament." *Vetus Testamentum* 15(1965), 313~324.

Frymer-Kensky, Tikva. "The Planting on Man: A Study in Biblical Imagery." In *Love and Death in the Ancient Near East: Essays in Honor of Marvin H. Pope*, ed. John H. Marks and Robert M. Good. Guilford, Conn.: Four Quarters Publishing Company(1987), 129~136.

Heidel, Alexander. *The Babylonian Genesis: The Story of Creation*. Chicago: University of Chicago Press(1942[1], 1952[2]).

Jacobsen, Thorkild. "The Eridu Genesis." *Journal of Biblical Literature* 100(1981), 513~529.

Koch, Klaus. "Word und Einheit des Schöpfergottes in Memphis und Jerusalem." *Zeitschrift für Theologie und Kirche* 62(1965), 251~293.

Menu, Bernadette. "Les cosmogonies de l'ancienne Egypte." In *La création dans l'Orinet Ancien*. Congress of the Association catholiques française pour l'etude de la Bible, Lille(1985). ed. Fabien Blanquart. Paris: Edition du Cerf(1987), 97~120.

Müller, Hans Peter. "Eine neue babylonische Menschenschöfungserzählung im Licht keilschriftlicher und biblischer Parallelen." *Orientalia* 58(1989), 61~85.

Oppenheim, A. Leo. "The Care and Feeding of the Gods."*Ancient Mesopotamia: Portrait of a Dead Civilization*. Chicago: University of Chicago Press(1964), 183~198.

Pritchard, James B., ed. *Ancient Near Eastern Texts according to the Old Testament*. 2d ed. Princeton: Princeton University Press(1955).

Seux, Marie-Joseph. "La création du monde et de l'homme dans la littérature seméro-akkadienne." In *La création dans l'Orient Ancien*, Congress of the Association catholiques française pour l'étude de la Bible, Lille, 1985, ed. Fabien Blanuart. Paris: Editions du Cerf(1987), 41~78.

2장

Anderson, Bernhard W. "Creation." In *The Interpreter's Dictionary of the Bible*, ed. George Arthur Buttrick. Nashville: Abingdon Press(1962), vol. 1, 725~732.

_____, ed. *Creation in the Old Testament*. Issues in Religion and Theology, 6. Philadelphia: Fortress Press(1984).

Clifford, Richard J. "The Hebrew Scriptures and the Theology of Creation." *Theological Studies* 46(1985), 507~523.

Fishbane, Michael. "Jeremiah IV 23-26 and Job III 3-13: A Recovered Use of the Creation Pattern." *Vetus Testamentum* 21(1971), 151~167.

3장

Beard, Mary, and John North, eds. *Pagan Priests: Religion and Power in the Ancient World.* Ithaca: Cornell University Press(1990).

Budd, P. J. "Holiness and Cult." In *The World of Ancient Israel: Sociological, anthropological and Political Perspectives*, ed. R. E. Clements. Cambridge: Cambridge University Press (1989), 275~298.

Clévenot, Michael. "The Priestly Caste, the P Document, and the System of Purity." *Materialist Approaches to the Bible.* Maryknoll, N. Y.: Orbis Books(1985), 35~41.

Cody, Aelred. *A History of the Old Testament Priesthood.* Rome: Pontifical Biblical Institute(1969).

Cross, Frank M. *Canaanite Myth and Hebrew Epic.* Cambridge: Harvard University Press(1973), 195~215.

Friedman, Richard E. *Who Wrote the Bible?* New York: Summit Books(1987).

Hallo, William W. "The Origins of the Sacrificial Cult: New Evidence from Mesopotamia and Israel." In *Ancient Israelite Religion: Essays in Honor of Frank Moore Cross*, ed. Patrick D. Miller, Paul D. Hanson, and S. Dean McBride. Philadelphia: Fortress Press(1987), 3~13.

Haran, Menahem. *Temples and Temple-Service in Ancient Israel: An Inquiry into the Character of Cult Phenomena and the Historical Setting of the Priestly School.* Oxford: Clarendon Press(1978).

Kautsky, John H. *The Politics of Aristocratic Empires.* Chapel Hill: University of North Carolina Press(1982).

Lenski, Gerhard E. *Power and Privilege: A Theory of Social Stratification.* New York: McGraw-Hill(1966); Chapel Hill: University of North Carolina Press(1984), 256~266.

Levine, Baruch A. "Priests." In *Interpreter's Dictionary of the Bible*, Suplementary Volume, ed. Keith Crim. Nashville: Abingdon Press(1976), 687~690.

McEwan, Gilbert J. P. "Distribution of Meat in Eanna." *Iraq* 45(1983), 187~198.

Meyers, Eric M. "The Shelomith Seal and the Judean Restoration: Some Additional Considerations." *Eretz Israel* 18(1985), 33*~38*.

Rivkin, Ellis. "Aaron, Aaronides." In *Interpreter's Dictionary of the Bible*, Supplementary Volume, ed. Keith Crim. Nashville: Abingdon Press(1976), 1~3.

Sjoberg, Gideon. *The Preindustrial City, Past and Present.* New York: Fress Press, Macmillan (1960).

Vaux, Roland de. *Ancient Israel.* Vol. 2, Religious Institutions. New York: McGraw-Hill(1961).

Wenham, Gordon J. *The Book of Leviticus.* Grand Rapids: Eerdmans(1979), 47~160.

4장

Beauchamp, Paul. "Création et fondation de la loi en Gn 1, 1-2, 4." In *La création dans l'Orient Ancien.* Congress of the Associaltion catholique française pour l'etude de la Bible, Lille, 1985, ed. Fabien Blanquart. Paris: Editions du Cerf(1987), 139~182.

Blenkinsopp, Joseph. "The Structure of P." *Catholic Biblical Quarterly* 38(1976), 275~292.

Brueggemann, Walter. "The Kerygma of the Priestly Writers." In *The Vitality of Old Testament Traditions*, ed. Walter Brueggemann and Hans Walter Wolff. Atlanta: John Knox Press (1975[1], 1982[2]), 101~113.

Cross, Frank Moore. "The Priestly Work." *Canaanite Myth an Hebrew Epic: Essays in the History of Religion of Israel.* Cambridge: Cambridge University Press(1973), 293~325.

Cryer, F. H. "The Interrelationships of Gen 5, 32; 11, 10-11 and the Chronology of The Flood (Gen 6-9)." *Biblica* 66(1985), 241~261.

Emerton, J. A. "The Priestly Writer in Genesis." *Journal of Theological Studies* 39(1988), 381~400.

Fishbane, Michael. *Text and Texture: Close Readings of Selected Biblical Texts.* New York: Schoken Books(1979), 3~16.

Friedman, Richard E. *The Exile and Biblical Narrative: The Formation of the Deuteronomistic and Priestly Works.* Chico: Scholars Press(1981), 44~136.

Fritz, Volkmar. "Das Geschichtsverständnis der Priesterschrift." *Zeitschrift für und Kirche* 84 (1987), 426~439.

Frymer-Kensky, Tikva. "The Atrahasis Epic and Its Significance for Our Understanding of Genesis 1-9." *Biblical Archaeologist* 40(1977), 147~155.

Gottwald, Norman K. *The Hebrew Bible: A Socio-Literary Introduction.* Philadelphia: Fortress Press(1985), 469~482.

Habel, Norman C. *Literary Criticism of the Old Testament.* Philadelphia: Fortress Press(1971).

Renaud, B. "Les généalogies et la structure de l'histoire sacerdotale dans le livre de la Genèse." *Revue biblique* 97(1990), 5~30.

Saebø, Magne. "Priestertheologie und Priesterschrift: Zur Eigenart der priesterlichen Sicht im Pentateuch." In *Congress Volume: Vienna 1980*, Supplements to Vetus Testamentum, 32, ed. J. A. Emerton, Leiden: Brill(1981), 357~374.

Weimar, P. "Sinai und Schöpfung: Komposition und Theologie der priesterschriftlichen Sinaigeschichte." *Revue biblique* 95(1988), 337~385.

Zenger, E. *Gottes Bogen in den Wolken: Untersuchungen zu Komposition und Theologie der priesterschriftlichen Urgeschichte.* Stuttgart: Verlag Katholische Biblewerk(1983).

5장

Bird, Phyllis. "'Male and Female He Created Them': Genesis 1:27b in the Context of the Priestly Account of Creation." *Harvard Theological Review* 74(1981), 129~159.

_____. "Sexual Differentiation and Divine Image in the Genesis Creation Texts." In Image of God and Gender Models in Judeo-Christian Tradition, ed. Kari Børresen. Oslo: Solum Forlag(1991).

Steck, Odil Hannes. *Der Schöpfungsbericht der Priesterschrift: Studies zur literarkritischen und überlieferungsgeschichtelichen Problematik von Genesis 1, 1-2, 4a.* Göttingen: Vandenhoeck & Ruprecht(1975[1], 1981[2]).

Weinfeld, Moshe. "Sabbath, Temple and the Enthronement of the Lord: The Problem of the Sitz im Leben of Genesis 1:1-2:3." In *Festschrift Cazelles*, Altes Orient und Altes Testament 212. Neukirchen-Vluyn: Nuekirchener Verlag(1981), 501~511.

6장

Douglas, Mary. "The Abomination of Leviticus." *Purity and Danger: An Analysis of Concepts of Pollution and Taboo.* Hardmondsworth: Penguin Books(1966), 54~72.

Eilberg-Schwartz, Howard. "Creation and Classification in Judaism: From Priestly to Rabbinic Conceptions." *History of Religions* 26(1987), 357~381.

Harris, Marvin. "Pig Lovers and Pig Haters." *Cows, Pigs, Wars, and Witches: The Riddles of Culture.* New York: Random House(1974), 28~38.

_____. "The Abominable Pig." *Good to Eat: Riddles of Food and Culture.* New York: Simon and Schuster(1985), 67~87.

Hesse, Brian. "Animal Use at Tel Miqne-Ekron in the Bronze Age and Iron Age." *Bulletin of the American Schools of Oriental Research* 264(1986), 17~27.

Hübner, Ulrich. "Schweine, Schweineknochen und ein Speiseverbot im alten Israel." *Vetus Testamentum* 39(1989), 225~236.

McEwan, Gilbert J. P. "Ditribution of Meat in Eanna." *Iraq* 45(1983), 187~198.

Milgrom, Jacob. "The Biblical Diet Laws as an Ethical System: Food and Faith." *Interpretation* 17 (1963), 288~301. Reprinted in Jabob Milgrom, *Studies in Cultic Theology and Terminology.* Leiden Brill(1983), 104~118.

Pond, Wilson G. "Modern Pork Production." *Scientific American* 248: 5(May 1983), 96~103.

Soler, Jean. "The Dietary Prohibitions of the Hebrews." *The New York Review of Books*, June

14(1979), 24~30[(from *Food and Drink in History*. Baltimore: Johns Hopkins University Press(1979)].

Stachowiak, L. "Der Sinn der sogenannten Noachitischen Gebote(Genesis ix 1-7)." In *Congress Volume: Vienna 1980*. Supplements to Vetus Testamentum, 32, ed. J. A. Emerton. Leiden Brill(1981), 395~404.

Wenham, Gordon J. *The Book of Leviticus*. Grand Rapids" Eerdmans(1979), 161~185.

7장

Biale, David. "The God with Breasts: El Shadai in the Bible." *History of Religions* 21(1982), 240~256.

Bird, Phyllis A. "'Male and Female He Created Them.': Genesis 1:27b in the Context of the Priestly Account of Creation." *Harvard Theological Review* 74(1981), 129~159.

_____. "The Place of Women in the Israelite Cultures." In *Ancient Israelite Religion: Essays in Honor of Frank Moore Cross*, ed. Patrick D. Miller, Paul D. Hanson, and S. Dean McBride. Philadelphia: Fortress Press(1987), 397~419.

Gruber, Mayer I. "Women in the Cult According to the Priestly Code." In *Judaic Perspectives on Ancient Israel*, ed. Jacob Neusner. Philadelphia: Fortress Press(1987), 35~48.

Knauf, Ernst Axel. "El Shaddai-der Gott Abrahams?" *Biblische Zeitschrift* 29(1985), 97~103.

Piage, Karen Ericksen, and Jeffrey M. Paige. "Male Circumcision: The Dilemma of Fission." *The Politics of Reproductive Ritual*. Berkeley: University of California Press(1981), 122~166.

Weimar, Peter. "Genesis 17 und die priesterschriftliche Abrahamsgeschichte." *Zeitschrift für alttestamentliche Wissenschaft* 100(1988), 22~60.

8장

Andreasen, Niels-Erik A. *The Old Testament Sabbath: A Tradition-Historical Investigation*. Missoula: Society of Biblical Literature(1972).

Colson, F. H. *The Week: An Essay on the Origin and Development of the Seven-Day Cycle*. Cambridge: Cambridge University Press(1926).

Gaster, Theodor H. *Festivals of the Jewish Year: A Modern Interpretation and Guide*. New York: Morrow(1952).

Hallo, William W. "New Moons and Sabbaths: A Case-Study in the Contrastive Approach." *Hebrew Union College Annual* 48(1977), 1~18.

Kearney, Peter J. "Creation and Liturgy: The P Redaction of Ex. 25-40." *Zeitschrift für die alttestamentliche Wissenschft* 89(1977), 375~387.

Lemaire, André. "Le sabbat à l'époque royale israélite." *Revue biblique* 80(1973), 161~185.

Rocherg-Halton, F. "Elements of the Babylonian Contribution to Hellenistic Astrology." *Journal of the American Oriental Society* 108(1988), 51~62.

Shafer, Byron E. "Sabbath." In *Interpreter's Dictionary of the Bible*, Supplementary Volume, ed. Keith Crim. Nashville: Abingdon Press(1976), 760~762.

Tigay, Jefferey H. "shabbat." In *Encyclopedia Miqra'it*. Jerusalem: Bialik Institute(1950~1982), vol. 7, cols. 504~517.

9장

Clifford, Richard J. "The Tent of El and the Israelite Tent of Meeting." *Catholic Biblical Quarterly* 33(1971), 221~227.

Cross, Frank M. "The Tabernacle: A Study from an Archaeological and Historical Approach." *Biblical Archaeologist* 10(1947), 45~68. Revised and reprinted as "The Priestly Tabernacle," in *The Biblical Archaeologist Reader*, ed. G. Earnest Wright and D. N. Freenman. Garden City: Doubleday Anchor Books(1961), 201~228.

_____. "The Priestly Tabernacle in the Light of Recent Research." In *The Temple in Antiquity*, ed. T. G. Madsden. Provo, Utah: Religious Studies Center, Brigham Young University (1984), 91~105.

Fritz, Volkmar. *Temple und Zelt: Studiesn zum Tempelbau in Israel und zu dem Zeltheiligtum der Priesterschrift*. Neukirchen: Neukirchener Veralg(1977).

Hurowitz, Victor. "The Priestly Account of the Building of the Tabernacle." *Journal of the American Oriental Society* 105(1985), 21~30.

10장

Anderson, Gary A. *Sacrifice and Offerings in Ancient Israel: Studies in their Social and Political Importance*. Atlanta: Scholars Press(1987).

Bailey, Lloyd R. *Leviticus*. Knox Preaching Guides. Atlanta: John Knox Press(1987).

Baker, David W. "Leviticus 1-7 and the Punic Tariffs: A Form Critical Comparison." *Zeitschrift für die alttestamentliche Wissenschaft* 99(1987), 188~197.

Brichto, Herbert C. "On Slaughter and Sacrifice, Blood and Atonement." *Hebrew Union College Annual* 47(1976), 19~55.

Davies, Douglas. "An Interpretation of Sacrifice in Leviticus." *Zeitschrift für die alttestamentliche Wissenschaft* 89(1977), 387~399.

Detienne, Marcel, and Jean-Pierre Vernat, eds. *The Cusine of Sacrifice Among the Greeks*. Chicago: University of Chicago Press(1989).

Eilberg-Schwarz, Howard. *The Savage in Judaism: An Anthropology of Israelite Religion and*

Ancient Judaism. Bloomington: Indiana University Press(1990).

Frymer-Kensky, Tikva. "Pollution, Purification, and Purgation in Biblical Israel." In *The Word of the Lord Shall Go Forth: Essays in Honor of David Noel Freedman*, ed. Carol L. Meyers and M. O'Connor. Winona Lake: American Schools of Oriental Research and Eisenbrauns(1983), 399~414.

Gaster, Theodor H. "Sacrifices and Offerings, OT." In *Interpreter's Dictionary of the Bible*, Supplementary Volume, ed. Keith Crim. Nashville: Abingdon Press(1976), 147~159.

Gellner, M. J. "Shurpu Incantations and Lev. V. 1-5." *Journal of Semitic Studies* 25(1980), 181~192.

Gray, George Buchanan. *Sacrifice in the Old Testament: Its Theory and Practice*, 1925 reprint. New York: KTAV(1971).

Haran, Menahem. *Temples and Temple-Service in Ancient Israel: An Inquiry into the Character of Cult Phenomena and the Historical Setting of the Priestly School*. Oxford: Clarendon Press(1978).

Hecht, Richard D. "Studies on Sacrifice, 1970-1980." *Religious Studies Review* 8:3(July 1982), 253~259.

Henninger, Joseph. "Sacrifice." In *The Encyclopedia of Religion*, ed. Mircea Eliade. New York: Macmillan(1987), vol. 12, 544~557.

Kiuchi, N. *The Purification Offering in the Priestly Literature: Its Meaning and Function*. Sheffield: JSOT Press(1987).

Levine, Baruch A. *In the Presence of the Lord: A Study of Cult and Some Cultic Terms in Ancient Israel*. Leiden: Brill(1974).

_____. *The JPS Torah Commentary: Leviticus*. Philadelphia: The Jewish Publication Society (1989).

McCarthy, Dennis J. "Symbolism of Blood and Sacrifice." *Journal of Biblical Literature* 88(1969), 166~176.

_____. "Further Notes on the Symbolism of Blood and Sacrifice." *Journal of Biblical Literature* 92 (1973), 205~210.

Milgrom, Jacob. *Cult and Conscience: The Asham and the Priestly Doctrine of Repentance*. Leiden: Brill(1976).

_____. "The Cultic šggh and Its Influence in Psalms and Job." *Jewish Quarterly Review* 58 (1967), 115~125.

_____. "Leviticus." In *Interpreter's Dictionary of the Bible*, Supplementary Volume, ed. Keith Crim. Nashville: Abingdon Press(1976), 541~545.

_____. "A Prolegomenon to Leviticus 17:11." *Journal of Biblical Literature* 90(1971), 149~156.

_____. "Sacrifices and Offerings, OT," In *Interpreter's Dictionary of the Bible*, Supplementary Volume, ed. Keith Crim. Nashville: Abingdon Press(1976), 763~771.

Toorn, K. van der. *Sin and Sanction in Israel and Mesopotamia: A Comparative Study*. Assen/Mastricht: Van Gorcum(1985).

Turner, Victor. "Sacrifice as Quintessential Process: Prophylaxis or Abandonment?" *History of Religion* 16(1977), 189~215.

Wenham, Gordon J. *The Book of Leviticus*. Grand Rapids: Eerdmans(1979).

Zohar, Noam. "Repentance and Purification: The Significance and Semantics of *ḥṭ't* in the Pentateuch." *Journal of Biblical Literature* 107(1988), 609~618.

11장

Chaney, Marvin L. "Debt Easement in Old Testament History and Tradition." In *The Bible and the Politics of Exegesis: Essays in Honor of Norman K. Gottwald*, ed. David Jobling, Peggy Day, and Gerald T. Sheppard. New York: Pilgrim Press(1991).

Couroyer, B. "'EDUT: Stipulation de traité ou enseignement?" *Revue biblique* 95(1988), 321~331.

Finkelstein, J. J. "Ammisaduqa's Edict and the Babylonian 'Law Codes.'" *Journal of Cuneiform Studies* 15(1961), 91~104.

_____. "Some New *misharum* Material and its Implications." In *Studies of Honor of Benno Landsberger*. Assyriological Studies, 16. Chicago: University of Chicago Press(1965), 233~246.

Lewy, Julius. "The Biblical Institution of *deror* in the Light of Akkadian Documents." *Eretz-Israel* 5(1958), 21*~31*.

North, R. *Sociology of the Biblical Jubilee*. Rome: Pontifical Biblical Institute Press(1954).

Patrick, Dale. "The Holiness Code and Priestly Law." *Old Testament Law*. Atlanta: John Knox Press(1985), 144~188.

van Selms, Adrianus. "Jubilee, Year of." In *Interpreter's Dictionary of the Bible*, Supplementary Volume, ed. Keith Crim. Nashville: Abingdon Press(1976), 496~498.

von Rad, Gerhard. *Old Testament Theology*. Vol. 1. New York: Harper & Row(1962), 232~279.

12장

Countryman, L. William. *Dirt, Greed, and Sex: Sexual Ethics in the New Testament and Their Implications for Today*. Philadelphia: Fortress Press(1988).

Daly, Robert J. *The Origins of the Christian Doctrine of Sacrifice*. Philadelphia: Fortress Press (1978).

Eilberg-Schwartz, Howard. "Creation and Classification in Judaism: From Priestly to Rabbinic Conceptions." *History of Religions* 26(1987), 357~381.

Fallon, Frank T. *The Enthronement of Sabaoth: Jewish Elements in Gnostic Creation Myths*. Leiden: E. J. Brill(1978).

Pagels, Elaine. "Exegesis and Exposition of the Genesis Creation Accounts in Selected Texts from Nag Hammadi." In *Nag Hammadi, Gnosticism, and Early Christianity*, ed. Charles W. Hedrick and Robert Hodgson, Jr. Peabody: Hendrickson(1986), 257~285.

Ringe, Sharon H. *Jesus, Liberation, and the Biblical Jubilee*. Philadelphia: Fortress(1985).

Sanders, James A. "From Isaiah 6q to Luke 6." In *Christianity, Judaism, and Other Greco-Roman Cults: Studies for Morton Smith at Sixty*. Part I: New Testament, ed. Jacob Neusner. Leiden: Brill(1975), 75~106.

후기

Levenson, Jon L. *Creation and the Persistence of Evil: The Jewish Drama of Divine Omnipotence*. San Francisco: Harper & Row(1988).

Niditch, Susan. *Creation to Cosmos: Studies in Biblical Patterns of Creation*. Chico: Scholars Press(1985).

Westermann, Claus. *Creation*. Philadelphia: Fortress Press(1974).

추가 참고문헌

1991년에 본서가 출판된 이래 이 책이 다룬 주제에 관하여 상당히 많은 연구가 이루어졌다. 인터넷 검색을 해보면 쉽게 그런 자료를 확인할 수 있다. 그래서 아래의 저술과 논문 모음집들을 더 읽어보기를 추천한다. 아울러 성서 사전이나 성서학 관련 백과사전에서도 관련 글을 읽어볼 수 있다.

Batto, Bernard F. *Slaying the Dragon: Mythmaking in the Biblical Tradition*. Louisville: Westminster(1992).

Bernat, David A. *Sign of the Covenant: Circumcision in the Priestly Tradition*. Atlanta: SBL(2009).

Boorer, Suzanne. *The Vision of the Priestly Narrative: Its Genre and Hermeneutics of Time*. Atlanta: SBL(2016).

Calaway, Jared C. *The Sabbath and the Sanctuary: Access to God in the Letter to the Hebrews and Its Priestly Context*. Tübingen: Mohr Siebeck(2013).

Chavel, Simeon. *Oracular Law and Priestly Historiography in the Torah*. Tübingen: Mohr Siebeck(2014).

Douglas, Mary. *Leviticus as Literature*. Oxford: Oxford University Press(1999).

Feldman, Liane M. *The Story of Sacrifice: Ritual and Narrative in the Priestly Source*. Tübingen: Mohr Siebeck(2020).

Gaines, Jason M. H. *The Poetic Priestly Source*. Minneapolis: Fortress(2015).

Gane, Roy E. and Ada Taggar-Cohen, eds. *Current Issues in Priestly and Related Literature: The Legacy of Jacob Milgrom and Beyond*. Atlanta: SBL(2015).

Garr, W. Randall. *In His Own Image and Likeness: Humanity, Divinity, and Monotheism*. Leiden: Brill(2003).

George, Mark K. *Israel's Tabernacle as Social Space*. Atlanta: SBL(2009).

Hartenstein, Friedhelm and Konrad Schmid, eds. *Abschied von der Priesterschrift?: Zum Stand der Pentateuchdebatte*. Leipzig: Evangelische Verlagsanstalt(2015).

Hundley, Michael B. *Keeping Heaven on Earth: Safeguarding the Divine Presence in the Priestly Tabernacle*. Tübingen: Mohr Siebeck(2011).

King, Thomas J. *The Realignment of the Priestly Literature: The Priestly Narrative in Genesis and Its Relation to Priestly Legislation and the Holiness School*. Eugene: Pickwick(2009).

Knohl, Israel. *The Sanctuary of Silence: The Priestly Torah and the Holiness School*. Minneapolis: Fortress(1995).

Leuchter, Mark and Jeremy M. Hutton. *Levites and Priests in Biblical History and Tradition*. Atlanta: SBL(2011).

Lohfink, Norbert *Theology of the Pentateuch: Themes of the Priestly Narrative and Deuteronomy*. Minneapolis: Fortress(1994).

Nihan, Christophe *From Priestly Torah to Pentateuch: A Study in the Composition of the Book of Leviticus*. Tübingen: Mohr Siebeck(2007).

Olyan, Saul M. *Rites and Rank: Hierarchy in Biblical Representations of Cult*. Princeton: Princeton University Press(2000).

Rendtorff, Rolf and Robert A. Kugler, eds. *The Book of Leviticus: Composition and Reception*. Leiden: Brill(2003)

Shectman, Sarah and Joel S. Baden, eds. *The Strata of the Priestly Writings: Contemporary Debate and Future Directions*. Zürich: Theologischer Verlag(2009).

해마다 열리는 미국 성서학회(Society of Biblical Literature)와 국제 성서학회에서 발표된 논문 중 이 책의 주제와 관련된 것들은 인터넷 사이트 주소(www.sblcentral.org)에 들어가서 '제사 장'(priestly)이라는 단어를 검색하면 찾아볼 수 있다. 이 학회에 가입하지 않은 비회원은 직접 저자들에게 요청하면 해당 자료를 얻을 수 있다.

찾아보기

저자명

주제어

지은이

로버트 B. 쿠트 Robert B. Coote

1966년 하버드 대학교의 학부를 졸업하고 1972년 동 대학원에서 Ph.D 학위를 받았으며, 1975년부터 샌프란시스코 신학대학원(San Francisco Theological Seminary)과 버클리의 신학대학원연합(Graduate Theological Union; GTU)의 구약학 교수를 역임하다가 은퇴하였다. 성서와 고대 중동 분야에서 국제적으로 명성이 높은 학자로서, 주로 이스라엘의 초기역사 및 성서의 형성사를 연구하였다.

주요 저서로는 *The Bible's First History: From Eden to the Court of David with the Yahwist* (데이빗 오르드와 공저), *In Defence of Revolution: The Elohist Hsitory*, *In the Beginning: Creation and the Priestly History* (데이빗 오르드와 공저), *The Deuteronomistic History*, *Is the Bible True: Understanding the Bible Today* (데이빗 오르드와 공저), *Early Israel: A New Horizon*, *Power, Politics, and the Making of the Bible: An Introduction* (메리 쿠트와 공저), *Amos Among the Prophets: Composition and Theology* 등이 있다.

데이빗 R. 오르드 David R. Ord

샌프란시스코 신학대학원을 졸업하고 미국장로교 목사로 사역활동을 하였으며, 현재는 종교서적 전문출판사인 미국 나마스테 퍼블리싱(Namaste Publishing)의 편집장으로 일하고 있다. 스승인 로버트 쿠트 교수와 함께 *The Bible's First History* 와 *In the Beginning: Creation and the Priestly History* 및 *Is the Bible True* 등을 저술하였으며, 그 외에도 *Your Forgotten Self: Mirrored in Jesus the Christ* 등의 저서가 있다.

옮긴이

우택주

한양대학교와 서울신학대학교 대학원을 졸업하고, 연세대학교 연합신학대학원에서 신학석사 학위를 받았다. 그 후 뉴욕의 유니온신학원(Union Theological Seminary)에서 신학석사, 쿠트 교수가 재직하던 버클리의 신학대학원연합(GTU)에서 Ph.D 학위를 받았다. 1993년부터 1998년까지 쿠트 교수에게서 사사하였으며, 현재 침례신학대학교 구약학 교수로 재직하고 있다. 쿠트 교수의 저서 중『아모스서의 형성과 신학』및『성서 이해의 지평』을 번역하였다.

미국성서학회(Society of Bible Literature) 정회원이고, 한국구약학회의 정회원으로서 부회장을 역임하였으며, 동 학회에서 발행하는 『구약논단』의 편집위원과 *Canon & Culture*의 편집위원을 역임하였다.

주요 저서로는『8세기 예언서 이해의 새 지평』,『요나서의 숨결』,『모두 예언자가 되었으면』,『구약성서와 오늘1』,『구약성서와 오늘2』,『최근 구약성서개론』(공저)이 있고, 역서로『성서의 처음 역사』(공역),『여로보암과 혁명의 역사』(공역),『신명기 역사』,『농경사회 시각으로 바라본 성서 이스라엘』(공역),『아모스서의 형성과 신학』,『성서 이해의 지평』이 있다.

한울아카데미 2436

태초에: 창조와 제사장 역사

지은이 **로버트 쿠트·데이빗 오르드**
옮긴이 **우택주**
펴낸이 김종수
펴낸곳 한울엠플러스(주)
편   집 김용진

초판 1쇄 인쇄 2023년 4월 10일
초판 1쇄 발행 2023년 4월 25일

주소 10881 경기도 파주시 광인사길 153 한울시소빌딩 3층
전화 031-955-0655
팩스 031-955-0656
홈페이지 www.hanulmplus.kr
등록번호 제406-2015-000143호

Printed in Korea
ISBN 978-89-460-7436-1 93230 (양장)
        978-89-460-8237-3 93230 (무선)

* 책값은 겉표지에 표시되어 있습니다.
* 무선 제본 책을 교재로 사용하시려면 본사로 연락해 주시기 바랍니다.